용신론

실전해설편

용신론
실전해설편

개정판 1쇄 발행 2024년 9월 25일

지은이 김문식
펴낸이 장길수
펴낸곳 지식과감성#
출판등록 제2012-000081호

교정 김혜련
디자인 윤혜성
편집 윤혜성
검수 백승은, 윤혜성
마케팅 김윤길, 정은혜

주소 서울시 금천구 벚꽃로298 대륭포스트타워6차 1212호
전화 070-4651-3730~4
팩스 070-4325-7006
이메일 ksbookup@naver.com
홈페이지 www.knsbookup.com

ISBN 979-11-392-2125-1(93180)
값 40,000원

- 이 책의 판권은 지은이에게 있습니다.
- 이 책 내용의 전부 또는 일부를 재사용하려면 반드시 지은이의 서면 동의를 받아야 합니다.
- 잘못된 책은 구입하신 곳에서 바꾸어 드립니다.

지식과감성#
홈페이지 바로가기

用神論

실전해설편

용신론

度憬 김문식 지음

지식감정

목차

들어가며 6

01 용신(用神)에 대한 서론(序論) 9
02 용신(用神)과 희기신(喜忌神) 서론(序論) 35
03 24절기(節氣)와 사령용신(司令用神) 53
04 용신(用神)과 희기신(喜忌神) 목차 79
05 자축월령(子丑月令)의 환경특징 85
06 인묘월령(寅卯月令)의 환경특징 107
07 묘진월령(卯辰月令)의 환경특징 131
08 사오월령(巳午月令)의 환경특징 157
09 오미월령(午未月令)의 환경특징 183
10 申酉, 酉戌, 亥子, 子丑월령의 환경특징 209
11 용신과 병약(病藥)용신의 이해 239
12 병약(病藥)용신 자축(子丑) - 사오(巳午)월령 267
13 병약(病藥)용신 오미(午未) - 해자(亥子)월령 289
14 유용지신(有用之神) 317
15 당령(當令)의 상생식 331
16 임상연습 345

맺는말 378

들어가며

　명리실전 용신론에 대한 자료를 정리하며 많은 생각을 하게 되었다. 과연 이 책을 출판하는 것이 옳은 것인지 아니면 전가(傳家)의 보도(寶刀)처럼 부여잡고 강의를 통해서 조금씩 세상에 내놓을 것인지 고민을 하게 되었다. 마침 코로나19라는 전염병이 지구촌 전체를 강타하고 금방 지나갈 줄 알았던 것이 2년을 훌쩍 넘기니 앞으로 언제나 다시 과거처럼 강의를 할 수 있을까 회의(懷疑)가 드는 것은 나만의 생각이 아닐 것이라 생각해본다.

　사실 나 도경(度憼)의 입장에서는 전염병보다 더 심각하고 아픈 것은 나 자신의 지병(持病)이다. 10년 정도 조금씩 진행되어 오던 폐(肺)의 섬유화가 드디어 말기단계까지 진행되었으니 이제 숨쉬기조차 힘이 들어 아내의 조력이 없이는 아무것도 할 수 있는 게 없어진 것이다. 이 책을 쓰면서도 신촌 세브란스병원 15층 병동에 세 차례나 입원과 퇴원을 반복하였다. 이제 마지막 희망은 폐이식 수술이라 모든 절차를 마치고 기다리고 있지만, 언제까지 기다려야 할지 알 수 없는 일이고 자칫하면 수술을 받지 못하고 이번 생을 마감할 수도 있겠다는 생각이 문득문득 들기도 한다.

　각설(却說)하고 '용신론'에서는 월령을 기준으로 당령용신과 사령용신 그리고 용신의 활동을 원활하게 도와주는 희신(喜神)과 기신(忌神)에 관해 상세하게 기술하였다. 또한 사주를 볼 때 기준이 되는 조화(調和)와 조후(調候)가 잘못되었을 때 나타나는 병약용신(病藥用神)을 기준으로 월령별 현상을 상세하게 서술하였다.
　상담 현장에서 일하거나 후학들을 위해 강의를 하거나 혹은 책을 저술하기 위해서는 반드시 알아야 할 주옥같은 내용들을 가감(加減) 없이 담담하게 서술해놓았으니 독자들의 실력향상에 많은 도움이 될 것을 믿어 의심치 않는다.

명승재(命承齋)에서
도경 김문식

01 용신(用神)에 대한 서론(序論)

用神을 공부하는 이유는 누구나 직업 활동을 하기 위해 자신이 부여받은 임무와 그 임무를 수행해나갈 재능의 정도를 알아야 할 뿐 아니라, 日干인 당사자의 정신상태의 온전함도 알아야 하기 때문이다. 너무 소극적이거나 열정적이거나, 대인기피 증상을 가졌거나 지나친 집착을 하거나, 한난조습(寒暖燥濕)적 의미의 희망과 좌절, 긍정과 부정으로 인해 자신의 재능을 거부하거나 지나치게 과신(過信)하는 경우를 허다하게 보게 된다. 그 사람의 부귀빈천(富貴貧賤)을 알기 위한 格局을 공부하기 전에 用神을 이해하지 못하면 格局은 시작조차 할 수 없으니 용신론의 중요성은 아무리 강조해도 부족함이 없을 것이다. 이번 기회에 용신의 기본적인 개념과 체계만 이해하면 쉽게 정복할 수 있을 것이다.

1. 용신이란

용신이란 간단히 말하면 하늘에서 나에게 부여한 임무이며, 시령(時令)에 존재한다.

1) 이기(二氣)

이기(二氣)란 병화(丙火)와 임수(壬水)로 시작한다.
이는 자신의 목적에 따른 사회참여 의지인데 온도변화에 따라 각기 다르게 나타난다.

(1) 丙火: 동지(冬至)부터 하지(夏至)까지, 따뜻한 기운이 점점 상승하고 추운(寒) 기운은 점점 내려간다. 이때는 생장(生長) 기간이 되니 사람을 위한 조직 운영 의지가 목적이 된다. 사람을 적재적소에 쓸 줄 안다는 뜻이다.

(2) 壬水: 하지(夏至)부터 동지(冬至)까지, 추운(寒) 기운이 점점 상승하고, 따뜻(暖)한 기운은 점점 하강한다는 뜻이다. 성멸(成滅) 기간이 되니, 사물을 쓰는 경영 의지가 목적이 된다.

2) 이분(二分)
계수(癸水)와 정화(丁火)로 시작하는데 습도의 변화에 따른 사회참여 기간으로서 목적을 이루기 위한 목표 과정이라 한다.

(1) 癸水: 춘분(春分)부터 추분(秋分)까지, 습도가 점점 상승하고, 조(燥)한 기운은 점점 하강한다. 이때는 사람을 키우고 성장시키는 과정이다.

(2) 丁火: 추분(秋分)부터 춘분(春分)까지, 습도가 점점 상승하는데, 이는 습도의 등락 폭을 뜻하는 것으로 사물을 기르고 가꾸는 과정이다. '만들고 제작하다'와 같은 의미이다.

이렇게 癸水 丙火와 丁火 壬水를 실용적 짝으로 보는 것이다.

이때 계수를 목표라 하기도 하고, 병화란 목적을 이루기 위한 과정이라 하기도 한다. 또한 丁火를 목표로 한다면 壬水란 목적을 이루기 위한 과정으로 본다.

冬至부터 夏至까지는 丙火가 주관하고, 夏至부터 冬至까지는 壬水가 주관하는 것이다. 또 春分부터 秋分까지는 癸水가 관장하고, 秋分부터 春分까지는 丁火가 관장한다. 이렇게 중복되어서 관장한다. 壬丙은 온도라 하고 癸丁은 습도라 한다.

습도가 점점 상승하는 것은 春分부터 秋分까지이고, 습도가 점점 떨어지는 것은 秋分부터 春分까지다. 온도가 상승하는 것은 冬至부터 夏至까지이고, 온도가 하강하는 것은 夏至부터 冬至까지다. 이렇게 이분이지(二分二至)로 구성되어 있다. 이것이 춘하추동(春夏秋冬)의 용신이다.

진로 적성을 볼 때는 사시(四時)의 용신에서 중복되는 구간이 많다.

이를 구간별로 나누어서 설명하면, 일 년 중 冬至와 夏至를 중심으로 가운데 春分과 秋分이 들었는데, 春分부터 秋分까지는 습도가 늘어나는 구간으로 癸水 丁火가 주관하고, 秋分부터 春分까지 습도가 하강하는 구간으로 丁火 癸水가 주관한다. 그러니 水火가 서로 중복되는 기간이 많다.

동지(冬至) - 하지(夏至): 온도 상승 구역 (癸 - 丙)
하지(夏至) - 동지(冬至): 온도 하강 구역 (丁 - 壬)
춘분(春分) - 추분(秋分): 습도 상승 구역 (癸 - 丁)
추분(秋分) - 춘분(春分): 습도 하강 구역 (丁 - 癸)

冬至에서 春分 사이에 丁火 癸水가 중복되고,
夏至에서 秋分 사이에 癸水 丁火가 중복된다.

또한 癸水와 丙火가 있어야 할 시기에 癸水와 壬水가 있을 수가 있다. 만약 癸水가 丙火를 만난 습도는 사람을 기르고 가꾸는 습도지만, 癸水가 壬水를 만난 습도는 하지 이후의 분야에 있는 습도이니 이는 만물을 기르고 가꾸는 습도가 된다. 가장 먼저 이것을 이해하면 된다. 여기까지가 사시(四時)의 용신(用神)이라 한다.

진로 적성을 공부할 때는 冬至부터 春分까지를 癸水라 하면 안 된다. 冬至부터 春分까지는 습도보다 건조함이 더 높으니 조도(燥度)라 한다. 그러니 조습(燥濕)을 구분할 때는 온도와 습도가 헷갈리지 않게 조심해야 한다.

동지 → 병화(暖) ← 하지 | 하지 → 임수(寒) ← 동지
춘분 → 계수(濕) ← 추분 | 추분 → 정화(燥) ← 춘분

동지, 하지, 춘분, 추분을 이분이지(二分二至)라 부른다.

3) 환경의 특징

1년을 45일씩 8개의 환경으로 나누어서 설명한다.

(1) 子丑월령(45일): 지식습득 환경
(2) 寅卯월령(45일): 교육체계 환경
(3) 卯辰월령(45일): 정책체계 환경
(4) 巳午월령(45일): 운영체계 환경(조직관리 조직운영)
(5) 午未월령(45일): 기술체계 환경(4차산업 금융환경)
(6) 申酉월령(45일): 생산체계 환경(공산품 제조 환경)
(7) 酉戌월령(45일): 상품 구성체계 환경
(8) 亥子월령(45일): 통상체계 환경(유통체계 환경)

이렇게 환경을 정한 다음, 8개월령으로 환경변화를 본다.
이를 팔당령(八當令) 또는 팔월령(八月令) 혹은 팔품(八稟)이라 고도 하는데 모두가 같은 의미로 사용된다.

① 方合: 주어진 주변 여건이나 인맥, 환경을 활용하라는 뜻이다.
방합은 월령을 기준으로 한 寅卯辰, 巳午未, 申酉戌, 亥子丑

② 三合: 자기 개인 재능을 활용하는 환경이라 한다.
월령을 기준으로 한 寅午戌, 申子辰, 巳酉丑, 亥卯未

환경의 양대 산맥이 있는데 方合과 三合이라 한다.

方合은 자신의 가족이나 주변 사람 또는 주변 환경을 활용하라는 뜻이고, 三合은 자신의 역량을 활용하라는 뜻이다. 주변 사람을 활용하느냐, 자기 능력을 활용하느냐는 의미가 담겨 있다. 그럼 자신의 능력을 활용하려면 三合이고, 옆 사람과 상부상조하려면 方合이다.

③ 六合: 사회적 상하관계를 활용하는 환경이다.
월령을 기준으로 한 子丑, 寅亥, 卯戌, 辰酉, 巳申, 午未

육합에 方合이나 三合과 합쳐서 연관관계를 보면 된다.
사주에 六合이 있으면 주변 사람들의 관계가 상하로 연결되어 있다고 보면 된다.

④ 배열(配列): 가족 환경이다.
월령을 기준으로 한 子丑, 寅卯, 辰巳, 午未, 申酉, 戌亥
⑤ 상충(相沖): 다른 환경과 접목 효과, 환경의 섞임 효과이다.
월령을 기준으로 한 子午, 丑未, 寅申, 卯酉, 辰戌, 巳亥

그럼 三合이 相沖인지, 方合이 相沖인지, 六合이 相沖인지, 배열이 相沖인지 찾아야 한다. 무조건 相沖이라고만 하면 사건 내용을 알 수 없으니 반드시 월령을 기준으로 合 + 相沖이 연결되어 있어야 한다.

三合과 方合이 함께 만난 것을 會合이라 하고, 合이 相沖을 만난 것을 會沖이라 한다. 六合과 배열은 회합(會合)에 포함되지 않는다. 方合이 相沖을 만난 것은 내 환경과 다른 환경이 접목되는 효과이다. 그래서 환경접목 효과이다. 환경 섞임 효과이다.

方合이 相沖이면 지역 환경 섞임이다.
三合이 相沖이면 내 능력에 타인의 능력이 섞임이다.
六合이 相沖이면 상하관계가 섞인 것이다.
배열이 相沖이면 가족의 것을 뺏어 쓰면 된다.
배열이 相沖되면 원진살(元嗔殺)이 발생하고,
六合에 相沖이 발생하면 육해살(六害殺)이 발동한다.
三合이나 方合이 相沖을 만나면 형충파해(刑沖破害)가 발생하기 시작한다. 이런 것들도 감당하기 시작해야 한다.

습도가 발생하는 것은 冬至부터지만, 실제는 春分에 발생해서 秋分에 사라진다. 秋分이 지나면 건조해져서 피부가 건조하기 시작한다는 뜻이다. 그래서 습도가 없어서 과일이 저절로 떨어지고 알밤이 저절로 벌어진다. 春分이 되면 밖에 신발을 신고 다니면 흙이 묻으니 습도가 발생한다는 뜻이다. 四時(二分二至)까지는 동양철학 분야이고, 팔당령(子丑 寅卯 卯辰 巳午 午未 申酉 酉戌 亥子)부터는 명리학의 분야이다.

4) 당령(當令): 환경에서 해야 하는 임무
(1) 子丑월령: 癸水 당령, 제1 희신(喜神) 甲木 (癸甲)
월령(月令)은 환경에 속하고 當令이란 그 환경의 임무에 속한다. 이 말은 子丑월령이란 환경에서 행하는 임무가 癸水라는 뜻이다.

그럼 子丑월령이란 환경은 지식체계 환경이다.

당령이 되는 癸水는 창의력과 사고력을 의미한다.

그럼 子丑월령은 당령이 癸水이니 지식체계 환경에서 창의력과 사고력을 배우고 익히는 것이 그 사람의 임무라는 뜻이다.

이는 자신의 개인적 임무가 아니라 환경 전체 사람들의 임무로서 사람들이 할 일은 창의와 사고, 생각이나 상상력, 허상이나 픽션이라 해도 된다.

地支에 子가 있거나 丑이 있는 사람들이 우울증에 걸리는 이유는 생각이 많아서이다. 子나 丑이 있으면 '인생이란…' '삶이란…' 하고 돈 안 되는 생각들을 많이 하게 된다.

(2) 寅卯월령: 甲木 당령, 제1 희신(喜神) 癸水 (癸甲)

위의 방식대로 생각하면 된다. 寅卯월령이란 교육체계 환경에서 甲木 당령은 습득력과 교습 능력이다. 배우고 가르치는 능력이다.

이때 누구에게 배우는 것과 스스로 생각하는 것은 의미가 다른데, 子丑월령과 寅卯월령을 합친 용어를 자기계발이라 한다. 여기까지를 冬至부터 春分까지라 하고 癸水와 甲木을 합친 것이다.

지금 팔당령(八當令)과 사령(司令) 중 당령(當令)에 관해서 논하는 중이다. 월령은 환경의 특징이고, 당령은 환경에서 하는 일이라면, 사령(司令)은 자기 자신이 해야 하는 일이다. 구분을 명확히 해야 한다. 업무와 직무 중에 當令이란 환경에서 하는 것이니 직무에 해당하고, 司令이란 자기 자신이 해야 하니 업무에 해당한다. 司令은 자신이 해야 할 임무이다. 司令은 뒤에서 논하기로 하고 이 장에서는 먼저 當令만 논하기로 한다.

(3) 卯辰월령: 乙木 당령, 제1 喜神 丙火 (乙丙)
卯辰이란 정책체계 환경에서 乙木은 인간관계 능력과 설득력이다. 대인관계 소통능력이다. 甲木이 논리력이라면 乙木은 설득력이라 한다. 甲木은 없고 乙木만 있으면, 논리력도 없이 설득만 하려는 사람이니, 설득하려고는 하는데 논리가 없는 말들만 한다. 그러니 둘 다 있어야 한다.

(4) 巳午월령: 丙火 당령, 제1 喜神 乙木 (乙丙)
巳午라는 조직 운영체계 환경에서 丙火는 소통과 지도력이 된다.
子丑寅卯 환경에서 자기계발을 했으면, 卯辰巳午 환경에서는 계발한 것을 활용해야 한다. 그래서 卯辰과 巳午를 합쳐서 사회활동, 조직활동, 직업활동 등을 통한 능력 발휘이다. 子丑寅卯와 卯辰巳午를 합치니 癸甲乙丙이 된다. 자신의 지위나 위치 때문에 활동한다. 이를 貴라고 한다.

(5) 午未월령: 丁火 당령, 제1 희신 庚金 (丁庚)
기술체계의 환경에서 기술력과 경제력이다.
子丑月令은 마음만 잘 먹으면 살 수 있지만, 午未月令은 돈을 벌어야 산다. 子丑月令은 지식이 있어야 살고, 午未月令은 기술이 있어야 산다. 자신이 사는 환경이 그런 것이다. 고기를 잡으러 간다면 子丑 환경은 고기 잡는 방법을 알아야 하고, 午未월령은 고기 잡는 기술이 있어야 한다. 그러니 子丑月令이 고기 잡으러 간다면 양복을 입고 가는 격이니 환경에 맞지 않는 것이다.

午未월령은 기술체계 환경이며 丁火는 기술과 실용이다. 이때 가장 중요한 단어는 경제력이다.

(6) 申酉월령: 庚金, 제1 喜神 丁火 (丁庚)

申酉월령의 생산체계 환경에서의 庚金은 제조와 치안, 사회적 규범 등이다. 생산했으면 그것에 대한 보안과 치안, 방어력이 있어야 한다. 규제, 방어, 군대 등을 의미한다. 무언가 연장을 만들었는데 흉기로 쓰면 안 되고 생활 도구로 써야 한다. 그러니 연장을 만들었는데 무기를 만들었느냐, 생활 도구를 만들었느냐가 여기에 있다.

午未月令과 申酉月令은 과학적 기술개발이다. 전문성이다.
寅卯月의 학문적 자기계발에서, 申酉月令은 활용적 자기계발이다.
寅卯月은 내가 필요해서 내가 계발한 것이라면, 申酉月은 외부에 영향력을 미치려는 개발이다. 개발에 전문성이 들어가는 것이다.

(7) 酉戌월령: 辛金 당령, 제1 喜神 壬水 (辛壬)

酉戌월령의 상품운용체계 환경에서의 辛金의 상품구성 능력

(辛壬)과 재활 능력(丁辛)이다. 지난 상품을 다시 쓸 건지 버릴 건지 재활하는 것이다. 상품구성 능력은 壬水가 있어야 하고, 재활 능력은 丁火가 있어야 한다. 둘 다 있으면 구성과 재활을 같이 하면 된다.

(8) 亥子월령: 壬水 당령, 제1 喜神 辛金 (辛壬)

亥子월령의 통상체계 환경에서의 壬水는 판매와 유통, 경영 능력이다. 巳午月令은 판매가 아니라 소통이다. 같은 개념이다. 巳午는 지도력, 亥子는 경영력이다. 巳午는 사회활동, 亥子는 수익활동이라 한다.

午未 申酉月令과 酉戌 亥子月令을 합쳐서 수익활동이라 한다 (丁庚+辛壬).

丁庚辛壬은 富와 貴중 富 때문에 활동한다.

子丑月令에서 이해관계는 서로 간의 생각이 다른 것으로 이념이나 사상, 생각의 차이, 종교의 차이로 인해 발생한다.

午未月令에서의 이해관계는 네 가치가 높으냐, 내 가치가 높으냐 하는 기술적 가치 때문에 발생한다.

巳午월령의 이해관계는 자리다툼, 신분 다툼으로 인해 발생한다.

亥子月令의 이해관계는 영역확장, 수익 다툼으로 인해 발생한다.

寅卯月令에서 이해관계 발생은 교육의 차이이니 학력이나 스펙 문제이다. 지식의 차이, 학력의 차이 때문에 발생하는 것이다.

그럼 이 개념들이 여덟 개의 월령으로 섞여 있으니 섞인 것을 개발해야 한다.

팔당령(八當令)에서 적응력 4가지가 발생한다.

癸甲 乙丙 丁庚 辛壬이다.

또 활용 능력에서 4개의 식(式)이 발생한다. 환경에 적합한 실력만 있다고 되는 게 아니라 준비한 실력을 활용도 할 수 있어야 한다.

그러니 癸甲丙, 癸乙丙, 丁庚壬, 丁辛壬 이렇게 네 개가 발생한다.

가령 亥子月에 태어났으면 辛壬이 있어야 환경에 적합한 실력을 갖춘 것이다. 먼저 當令을 확실하게 한 다음 司令으로 넘어가야 한다. 그럼 준비한 능력을 발휘하려면 丁辛壬이 있어야 한다.

그러니 亥子月에 출생해서 辛壬만 있으면 환경에 적합한 역량을 갖춘 것이고, 갖추어진 적합한 역량을 통해서 결과를 내거나 지도력까지 갖추려면 丁辛壬이 되어야 한다.

이런 것이 나중에 세부적인 변화가 필요하다.

辛壬은 토수합일(土水合一)이란 과정을 통해서 辛壬甲이란 상생식이 성립된다. 또 巳午에서 적합한 능력은 乙丙인데, 활용까지 하려면 癸乙丙이다. 그럼 금화교역(金火交易)이란 과정을 통하여 乙丙庚을 해야 한다.

환경(월령)과 당령표

월령	子丑	寅卯	卯辰	巳午	午未	申酉	酉戌	亥子
당령	癸	甲	乙	丙	丁	庚	辛	壬
	자기계발		사회활동		기술개발		수익활동	
목적	지식성		貴		전문성		富	

이 표는 월령의 변화와 당령의 역할, 그리고 월령과 당령의 배합으로 나타나는 성격을 나타낸다(여기서 배합이란 당령과 제1 희신의 조합을 말한다).

월령: 5가지의 환경변화(삼합, 방합, 육합, 배열, 상충)
당령: 당령의 배합으로 나타나는 특징
목적: 월령과 당령의 배합이 섞임으로 나타나는 성격

合에 대한 도표

월령(환경)	子丑寅卯	卯辰巳午	午未申酉	酉戌亥子
① 환경적합성: 성향	癸甲	乙丙	丁庚	辛壬
② 환경변화 적합성: 효과	己癸甲	乙丙戊	丁己庚	戊辛壬
③ 재능전문성: 효과	辛癸甲	乙丙庚	乙丁庚	辛壬甲
④ 재능활용성: 효과	癸甲丙	癸乙丙	丁庚壬	丁辛壬

① 환경 적합성이란 자기 환경에서 주로 하는 임무이다. 배합이 되면 공부를 잘한다고 했다. 그렇지만 ①번 성향은 실제 능력이 아니라 잠재능력이다.

만약 子丑월령에 癸甲이면 환경에 적합한 능력이라고 했는데, 午未月令에 태어나서 癸甲을 하는 사람이 있다.

그럼 子丑환경이 아니라 다른 환경으로 이전(移轉)을 한 것이다. 그럼 환경은 변하지 않지만 자질은 다른 것이다.

생산 현장에 참여하지 않고, 산업환경에서 지식교육을 하는 것이다. 이런 환경의 섞임에 따른 변화도 생각해야 한다.

② 환경변화 적합성: 자기 능력을 변화하는 환경에 맞추어 개발해야 한다. 시대변화, 세대변화에 대한 적합성이다.

③ 재능전문성 효과: 수원(水源)과 인화(引火)로서 금화교역과 토수합일로 전문성을 높여나간다. 보호받고 싶은 마음이 있다. 전문성이 활용성보다 가격이 더 비싸다.

※ 토수합일(土水合一)이란 입동(立冬)에서 입춘(立春) 사이에 일어나는 土剋水 현상이다. 흔히 亥中 甲木이 丑中 辛金으로 변하는 과정에 土剋水가 나타난다.

㉮ 辛癸甲: 지식체계에 대한 전문성
㉯ 乙丙庚: 지도력에 대한 전문성
㉰ 乙丁庚: 탐구와 기술체계에 대한 전문성
㉱ 辛壬甲: 통상과 교류 능력에 대한 전문성

④ 재능활용성 효과: 수화기제(水火旣濟)로 활용성을 높여나간

다. 파급성 효과, 점유율, 지지율 효과 등.

→ ① ② ③ ④로 배합의 섞임을 보는 것은 재능의 변화 때문이다.

①은 환경에 적합성이니 환경에 잘 맞춘다.

④번이 되면 책임자가 된다. 능력을 인정받는다. 水火旣濟

5) 태과불급(太過不及)의 기(忌)현상

當令의 배합이 적합하다고 해도 가장 조심할 것은 태과불급(太過不及)이다.

(1) 土가 돈후(敦厚)한 사람은 세상과의 타협은 잘 하지 않지만, 자기 용서를 너무 많이 하는 사람이다.

(2) 수원(水源)과 인화(引火)의 태과불급은 재능이나 기술에 대한 특허의 필요함을 느끼지 못한다. 필요 없다고 생각한다. 이런 사람은 '공수래공수거(空手來空手去)인데 뭐 하려고 애써? 인생 뭐 있어?' 하며 시간을 낭비한다.

水源이 태과불급에 걸리면 해동(解凍)이 되지 않는다. 금한수냉(金寒水冷)이다.

※ 금한수냉이란 立冬에서 立春까지 金生水가 왕(旺)한 것을 말한다. 금화교역(金火交易)이 太過不及에 걸리면 염상(炎上)이 된다. 화다목고(火多木枯)라 한다.

立夏부터 立秋까지의 火剋金을 금화교역이라 한다. 여름에서 가을로 바뀌면서 꽃이 열매로 변하는 현상이 금화교역이다.

引火가 태과불급에 걸리면 염열(炎熱)하다. 화다목분(火多木焚), 화다금소(火多金銷)에 걸린다. 인생무상이라 생각하니 수행이나 수양, 휴식이라는 목적으로 많이 산다.

※ 乙丁과 甲丁 木生火를 引火 또는 引丁이라 한다.

(3) 수화기제(水火旣濟)에 난기(亂氣)가 발생하여 丙火나 癸水가 지나치면 火多木枯이다. 많이 배웠는데 쓸모가 없다는 의미다. 癸乙이 잘못되면 환경은 매우 좋은데 계급이 낮다. 癸乙丙이 지식의 차이, 계급의 차이라면, 丁辛壬은 수입의 차이, 연봉이나 수익의 차이이다.

6) 임상 연습 방법
(1) 월령(月令)
① 방합(方合)
② 삼합(三合)
③ 육합(六合)
④ 배열(配列)
⑤ 상충(相沖)

※ 사주에 없는 것을 설명하는 것이 통변이다.

(2) 當令
① 환경적합성(잠재력)
② 환경변화 적합성
③ 재능전문성
④ 재능활용성

※ 當令에 적합하면 직장형이다. 當令의 배합이 없고 司令의 배합이 있으면 개인 처세법이 있다. 그럼 자영업 오너가 된다.

7) 조후(調候)와 병약(病藥)의 재구성

임상
甲戊丙戊 乾
寅辰辰戌 5

(1) 월령부터 설명하면 타고날 때 가져온 것이 主旺하고, (辰戌丑未 月令), 乙木이 當令이고, 寅辰으로 方合을 했다. 월령에서 다섯 개의 합충(合沖) 중 있는 것과 없는 것을 설명해야 한다. 方合이 있으니 지역적 이점이 있고, 三合이 없으니 재능을 만들지 않고, 배열이 없으니 가족의 도움이 없다. 六合이 없으니 잘난 사람 못난 사람이란 경쟁의식은 없지만, 相沖이 있으니 잘나가는 사람을 따라잡기 위한 오기는 가졌다. 이렇게 있는 것과 없는 것을 설명하는 것이 통변이다. 있는 것만 설명하면 할 말이 별로 없다.

다음은 格으로 보는 것이다. 主旺으로 잡을지, 令으로 잡을지, 用으로 잡을지 선택해야 한다. 三合이 없으니 用으로 잡지는 못한다. 當令인 乙木으로 잡으려니까 甲木이 투간되었다. 辰月은 잡기(雜氣)월령인데 日干이 戊土이니 격(格)으로 쓸 수 없고 甲木인 偏官이 格이 되었다.

'귀하는 환경에 적합한 재능인 대인관계나 소통 능력보다는 甲木으로 교육을 통해 세상을 살아가고자 합니다'

여기서 辰월령이란 타고난 환경을 뜻하고 天干은 자신이 스스로 이루어야 한다는 의미가 들어 있다. 甲丙이 있다고 그냥 되는 게 아니라 천간은 노력해야 개발되는 것이다. 그러니 자신에게 적응할 것이 아니라 丙火라는 喜神에 적응해야 하니 환경에 순응하거나 손님이란 조직에 적응해야 한다는 뜻이다.

乙丙이 되었으니 환경에는 적합하다. 그럼 전문성이 돋보여야 하니 癸乙丙을 해야 한다. 그런데 辰中 癸水가 三合을 이루지 못했으니 남들보다 전문성이 뛰어나지 못하다. 이 사주는 乙丙戊 환경에서 甲丙戊를 하고 있으니 환경에 적합한 노력보다는 자기가 좋아하는 것으로 살고자 한다. 만약 地支에 巳가 있으면 적합함을 타고난 것이지만, 천간에 丙火가 있으니 스스로 적합하게 노력해야 한다. 천간과 지지의 의미가 다르다. 내가 노력해서 사람들에게 잘 보여야 하느냐, 아니면 가만있는데 그냥 상대가 나를 좋게 봐주느냐이다. 천간과 지지의 차이를 알아야 한다.

戊土가 태과불급에 걸렸다. 그럼 기존에 하던 것을 버리고 甲木으로 새로운 능력을 다시 준비해야 한다. 辰月이니 환경에 맞는 계발효과가 있으려면 庚金의 金生水가 있어야 한다. 金生水가 없으니 능력을 통한 지배력 효과가 부족하다. 활용력이 있다는 것이지 활용효과가 있는 건 아니다.

그리고 辰中 戊土가 主旺하므로 장소적 의미가 있다. 삶의 환경에 반드시 장소를 기준으로 하는 것이 필요하다. 주변 인물들의 비위도 맞추어야 하고 언제나 미소를 잃지 않아야 하며 서비스 정신이 필요하다.

① 方合(○): 지역적 특징이 있다.
② 三合(×): 재능을 계발하지 않는다.
③ 六合(×): 富의 차이나 貴의 차이를 의식하지 않는다. 상하 관계에 대한 뚜렷한 경계가 없다.

※ 육합의 상충은 육해살(六害殺)이다. 이 사주는 육해살이 없으니 열등감이 별로 없다. 주변 사람으로 인한 스트레스를 받지 않는다.

④ 배열(×): 가족의 도움이 부족하다.
⑤ 相沖(○): 다른 환경에 대한 접목 능력이 있다. 相沖이 있으니 보지 않고도 뒤와 옆이 잘 보인다. 그런데 相沖도 조화가 맞지 않으면 동경심만 생긴다. 시기질투형 相沖이냐, 배합형 相沖

이냐 구분해야 한다.

여기서 주의할 것은 조화(調和)가 맞지 않으면 조후(調候)를 맞출 수가 없다.
추워서 옷을 사 입으려면(조후) 돈이 있어야 한다. 돈이 있으려면 그동안 돈을 벌어야 한다. 이것을 조화라 한다. 그동안에 무얼 했느냐는 조화이고, 지금 무얼 하고 싶냐는 조후다. 그런데 조화(調和)가 맞지 않았으면 불균형하니 균형을 맞추어야 하니 중화(中和)를 맞춰야 한다. 조화(調和)란 월령(月令)에 맞는 배합을 의미한다.

(2) 당령의 조화
子丑월령은 辛癸甲, 寅卯월령은 癸甲丙, 卯辰월령은 癸乙丙, 巳午월령은 乙丙庚, 午未월령은 乙丁庚, 申酉월령은 丁庚壬, 酉戌월령은 丁辛壬, 亥子월령은 辛壬甲이 조화다.

먼저 사주에서 이 조화가 맞아야 비로소 조후를 볼 수 있다. 사주에 조화가 맞지 않는데 운(運)에서 조화가 맞는다고 좋아하면 안 된다. 사주에 맞지 않으면 맞지 않는다고 생각해야 한다.

지난 己亥年은 辰亥원진(元嗔)이다. 원래 辰巳 배열이 없었으니 자기 안의 허상과 싸운다. 배열이 있고 원진살(元嗔殺)이 오면 상대와 싸운다. 이런 원진살은 자체적 갈등이다. 누군가 싸울 사람이 있어야 한다. 부부나 남녀관계에서도 조화가 맞으면 사랑싸움이지만, 조화가 맞지 않으면 헤어질 수도 있다. 없는 것도 모두 통변해주어야 한다.

(3) 卯辰월령 환경의 특징

辰月은 주왕(主旺)하고, 乙木이 슈이다. 정책, 제도, 사람을 적재적소에 운영하는 관계 소통환경이다. 영업, 대인 관계망, 네트워크가 중요한 환경에 산다. 이때는 친절이 가장 중요한 환경의 특징이다. 정책이니 행정이니 하는 건 나라의 행정부처를 총괄적으로 쓴 것이고 자기 위주로 보지 말고 반드시 환경 위주로 봐야 한다. 주변 인물 위주로 비유를 해주어야 한다. '언제나 웃음을 잃지 않도록 하세요. 아침에 출근할 때는 꼭 화장도 하시고 단정한 옷차림으로 나가셔야 합니다' 이런 환경특징을 설명해야 한다.

主旺인 진술축미(辰戌丑未)월령을 설명하면 '당신은 삶의 환경이 반드시 장소를 기반으로 하는 것이 필요합니다' 主旺은 장소적 의미를 뜻한다.

※ 主旺이란 辰戌丑未 월령인데 土에 司슈한 것을 主旺이라 한다.

(4) 위 辰月생 사주 정리

乙木이 當슈이니 丙火에게 적합한 재능을 발휘해야 한다. 월령은 환경이니 타고나는 것이다. 當슈은 환경이 해야 할 임무다.

乙丙이 있다고 되는 게 아니라 스스로 해서 이루어야 한다. 當令 用神에는 노력이 들어가야 계발된다. 그러므로 자기한테 적응해야 하는 게 아니라 丙火 희신(喜神)에게 적응해야 한다. 사람들의 요구에 적응해야 한다는 뜻이다. 위 사주는 乙丙으로 丙火가 천간에 있으니 환경에 적합하게 행동해야 한다. 다시 말하지만 地支에 巳가 있다면 그냥 저절로 적합한 것이다. 天干은 적합하게 행동해야 한다와 地支의 그냥 적합하다는 의미가 다르다. 癸乙丙 중 계수의 삼합이 없으니 계발에 대한 노력이 부족하다. 또한 庚金이 없으니 지배적 효과나 활용 효과도 부족한 사주다.

만약 庚癸乙이 있었다면 활용성을 위주로 보는 게 아니라 그 안에 활용 가능한 내용물을 본다. 예를 들어 회사를 매각할 때도 고정 고객 상황을 볼 수도 있지만, 운영프로그램 내용을 볼 수도 있다. 이 사주는 金生水가 안되었으니 특별한 내용이 없다. 또 戊土가 태과하니 활용성도 부족하다.

그리고 辰巳午월생에게는 乙丙庚이 목적이 되고, 戌亥子월생은 辛壬甲이 목적이 된다. 그러니 夏節생은 乙丙庚이 있어야 효과가 좋고, 冬節생에게는 辛壬甲이 있어야 결과가 좋은 것이다. 그러나 이건 사람이 노력하여 일구어낸 결과이다. 순수하게 공간이나 장소 자체가 좋으려면 夏節생은 丙戌, 동절생에게는 戊壬이 되어야 한다. 또 마음이 편안한 장소로 가려면 秋節생은 丁己, 春節생은 己癸가 있어야 한다. 그럼 氣를 받는 편안한 장소가 된다. 그러나 여기는 장사가 잘되는 장소는 아니다. 언제든지 명소에 있는 사람은 戊丙과 戊壬이다.

이 사주는 乙木이 當令이니 金生水 水生木이 잘되었으면 내력이 있는 것이니 조화가 잘 맞은 것이다. 그러나 金生水 水生木이 안되었다. 丙火가 있으면 水生木만 있는 것이 아니라 金生水까지 있어야 한다. 내력이 없으니 조화가 맞지 않아서 부정적 측면으로 설명한다. 모든 조화(調和)는 과거의 내력을 보는 것이다. 辰中의 乙木은 金生水 水生木을 보는 것이고 寅中의 甲木은 水生木을 보는 것이다. 그럼 조화가 잘 맞느냐 안 맞느냐가 나온다. 위 사주는 六合구역이 아니라 方合구역에서 살기 때문에 이 정도의 乙木은 水生木만 해도 된다. 六合구역처럼 경쟁이 치열하지 않기 때문이다. 그러나 六合구역에서 산다면 金生水까지 봐야 한다. 이런 것이 한꺼번에 눈에 들어와야 한다. 자기의 마음과는 상관없이 환경만 본 것이다.

그럼 육합의 경쟁에서 이기고 지는 걸 보는 방법도 조화(調和)가 맞지 않으면 경쟁에서 지게 되고 조화가 맞으면 이길 수가 있다. 그러니 큰 시장에서 노는 것은 六合이다. 조화가 맞으면 가서 이길 수 있는 것이다. 이를 단지(團地) 효과, 집단경쟁 효과라 한다. 水源과 引火만 있으면 단지 효과나 집단경쟁 효과를 얼마든지 얻어낼 수 있다. 그런데 조화가 맞지 않으면 경쟁 스트레스, 집단경쟁 스트레스를 받게 된다.

만약 主旺에 났으면, 반드시 장소가 필요하며 나중에 돈을 많이 벌면 임대업도 가능하다. 乙木이 사령(司令)인 경우는 자기의 절대적 능력보다는 환경에 적합하게 행동하는 능력을 발휘해야 한다. 六合이 있으면 富나 貴의 차이가 많은 곳에 가서 살게 된다. 하지만 方合이 있으니 지역의 이점을 활용할 수 있다. 그리고 三合이 없으니 귀하께서는 일만 하지 자기 능력을 업데이트하지 않으니 이는 큰 문제이다. 남들은 퇴근 전에 30분 연습하고 퇴근 후에 30분을 복기하니 남는 시간을 쪼개서 능력을 개발할 생각은 하지 않고 불평불만만 늘어놓을 수가 있다. 또 배열이 없으니 친족 간에 협조가 부족하다. 그러니 원진살(元辰殺)이 있어야 서로 협조하게 된다. 으뜸원 별진, 원진살(元辰殺)이 있어야 '당신은 나의 별이야, 당신이 고생하는 걸 못 보겠어, 내가 할게' 한다. 그런데 원진살(元辰殺)과 원진살(元嗔殺)을 구별하지 않고 원진살만 있으면 갈라놓으려고 애쓴다. 둘이 만나면 원망한다고 하는데 이는 틀린 말이다.

當令으로 볼 때와 司令으로 볼 때 이렇게 맥락을 잡아야 한다. 當令에 배합이 있으면 조직에 적합하게 하니 직장형이다. 當令의 배합이 없고 司令의 배합만 있으면 직장을 다니지 못하고 환경 적합성이 없고 자신한테만 적합하려고 하니 자기 사업을 한다. 그런데 위의 사주는 이런 내용들과 아무런 관계가 없다. 왜냐하면 病藥에 걸렸기 때문이다. 戊土가 높아서 토다회화(土多晦火)에 걸린 것이다.

(5) 태과불급의 忌(病藥)

춘절에 戊土가 많은 것은 두텁다고 한다.
하절에 戊土가 많은 것은 높다고 한다.
추절에 戊土가 많은 것은 지나치게 둘러쌌다고 한다.
동절에 戊土가 많은 것은 水의 흐름을 막는다.

위 사주는 辰月이면 夏節이니 土가 높다. 丙火를 가려서 회화(晦火)가 되었다. 주변에 관심을 가지지 않는 것이다. 그럼 乙木이 고초(枯草)되었다. 사람이 죽지 않고 바짝바짝 마르는 것이다. 눈이 퀭하고 배는 툭 튀어나온다. 해결법은 庚金으로 갈아엎고 재개발을 하든지 甲木으로 등라계갑(藤蘿繫甲)을 해라. 그럼 이 사주는 1번이 등라계갑이다. 그럼 의지(依支)를 해야 한다. 다른 사람의 상표를 사용해라. 브랜드를 차용해라. 백화점 입점이라도 하라고 해야 한다. 庚金으로 하면 재개발해라. 바꿔라. 그런데 20년 庚子年에 庚金이 왔으니 바꾸라고 해야 한다.

조후(調候)는 함부로 보는 게 아니다. 조후는 결정을 내리지 못하더라도 병약에서는 최종 결정을 내려야 한다. 戊土가 높이 솟아서 丙火를 가렸으니 乙木이 고초되었다. 乙丙戊는 환경적합성, 변화적합성 효과인데 戊土가 높으니 환경 적합에서 부적합으로 바뀐 것이다. 그러니 戊己土라는 年運에 환경의 부적합이 드러난 것이다. 그래서 자기가 바짝 마른 것이다. 반드시 病藥을 공부해야 한다. 이를 『자평진전(子平眞詮)』에서 太過不及의 忌 현상이라 했다.

만약 조화(調和)가 맞았다면 相沖이나 方合 같은 건 볼 필요가 없다. 왜냐하면 내공이 있기 때문이다. 조화가 맞았으면 地支의 변화는 보지 않아도 된다. 세월이 무색하기 때문이다. 위의 사주는 乙丙戊로 조화가 맞았지만 戊土가 너무 높아서 병약(病藥)이 발생했다. 동양철학에서는 난기(亂氣)라 하고 명리학에서는 병약(病藥)이라 하고 전문용어는 태과불급(太過不及)의 기(忌)현상이라고 하는데 잘 알아듣지 못하니 그냥 병약이라 하는 것이다.

조화가 잘 맞았다는 것은 子丑月에 태어났으면 金生水가 잘 되어야 하고 寅卯월에 태어났으면 水生木이 잘 되어야 한다. 卯辰월에 태어났으면 金生水 水生木이 되어야 한다. 巳午月에 태어나도 金生水 水生木을 해야 조화가 잘 맞은 것이다. 그럼 지난 시절의 내력을 잘 닦았기 때문에 환경이 아무리 변해도 그 내력이 유지된다. 그런데 조화가 맞지 않으면 환경의 변화에 휘둘리게 된다. 그러므로 조화가 맞지 않으면 나이 40을 먹든 50을 먹든 계속 반복해서 능력을 쌓아야 한다. 이 점을 명심해야 한다.

02

용신(用神)과 희기신(喜忌神)
서론(序論)

령(令) 공부를 하려면 먼저 체용(體用)을 구분해야 한다. 令의 기운이 체에 있느냐 용에 있느냐이다. 체에 있다면 체가 완성되었느냐, 용에 있으면 용이 완성되었느냐다. 가령 丑中 辛金이면 용에 있는 것이다. 그럼 三合이 되어야 그 용이 과거로부터 와서 완성까지 되어 미래에 성장까지 가능하다고 설명한다. 개인 재능의 완성도를 설명하는 것이고, 체(體)는 환경의 완성도를 뜻한다. 환경의 이점(利點)을 뜻하는데, 체(體)도 寅中 甲木이면 체인데 寅卯로 되었나 寅辰으로 되었나, 寅卯辰으로 되었나, 寅으로만 되었나이다. 方合으로 되었으면 완성도가 있다는 것이다. 그러니 方合인 체(體)로 되었으면 환경의 이점이 있다는 뜻이고, 三合인 용(用)을 얻었으면 재능의 이점이 있다는 뜻인데 이는 개인적 재능을 뜻한다.

그런데 완성도는 三合과 方合에 따라 각기 나누어지니 體用구분을 먼저 하고 가야 한다. 그러니 체(體)로 되었으면 체가 용사(用事)하는 것이고, 用으로 되었으면 용이 용사(用事)하는 것이다.

체(體)는 그냥 用事한다고 해서 나중에 格으로 잡아준다. 用이 用事하려면 三合이 되어야 格으로 인정한다. 이를 월령용사지신(月令用事之神)이라 해서 쓸 수 있나 없나 따질 때 묻는 말이다. 子午卯酉는 體用 구분이 되지 않고 모두 체이다. 다만 內外 구분만 하는 것이다.

子中 壬水가 用으로 令을 받았으면 외부적 업무에 주안점이 되고, 대외관계, 고객관계에 주안점을 놓고, 癸水가 用으로 令을 받았다면 내부 관리업무의 주

안점을 가진다는 內외적인 요소만 말하는 것이고, 子午卯酉 이외 나머지는 모두 體用이 구분된다.
丑中의 辛金, 未中의 乙木, 戌中의 丁火, 辰中의 癸水가 用이고, 나머지는 体이다.

辰戌丑未 土는 시화지토(時化之土), 중화지토(中和之土), 사계(四季)의 土, 사시(四時)의 土 등으로 말하는데, 이를 함토(含吐)라 한다. 지금은 體用의 구분과 當令의 역할만 하는데 좀 더 풀어서 설명한다. 寅中의 甲木은 体가 되고, 寅中의 丙火는 用이 된다. 用은 자기 재능을 충분히 쌓아야 하는데 그러려면 寅午戌 火局이 되어야 體의 능력이 완벽하게 짜인 것을 用으로 받는다는 뜻이다. 그러니 用은 미완성된 것이 허다하다. 환경도 완성이 되었나 되지 못했나 구분해야 한다.

1. 임무

1) 體와 用

令의 기운이 体에 있느냐, 用에 있느냐, 체가 완성됐느냐, 용이 완성됐느냐이다. 用은 개인적, 재능의 이점이 있다.

丑중 辛金은 用이다. 三合이 되어야 그 用이 과거로부터 완성값이 내려와서 미래의 성장값이 더 있는 것이다.
體는 환경의 완성도이다. 환경의 이점이 있다.
寅중 甲木이 寅으로 되어 있냐, 寅卯로 되어 있냐, 寅辰으로 되어 있냐, 寅卯辰으로 되어 있냐에 따라 환경의 완성도가 달라진다.

2) 당령(當令)

3) 함토(含吐)

4) 사령(司令)

體用 구분, 當令의 역할. 令(用神) 공부를 하려면 體用 구분을 잘해야 한다.

2. 임무의 중요성

1) 當令 배합의 중요성

각각의 當令이 다른 當令과 배합되어야 하나의 역할을 행할 수 있는 능력이 계발된다. 이를 用神과 喜忌神으로 말하니 當令의 배합이라 하고, 이를 五行으로 말하면 調和가 맞는다는 뜻이다.

司令 또한 같은 배합을 이뤄야 역할수행을 할 수 있는 능력을 갖추게 된다. 當令은 환경에 능력을 적합하게 갖추는 것이다.

司令은 자기에게 맞게 적합한 능력을 갖춘다는 의미로 해석한다.

(1) 子丑월령 癸甲: 子丑月令인 癸水는 인간의 본질을 중요하게 여기는 환경에서, 사고력을 중요하게 여기는 환경에서, 자연의 본질도 중요하게 여기는 환경에서라고 하면 된다.

水生木인 癸甲으로 相生하면 인성(人性)을 바탕으로 자질을 계발하여 지식체계를 세운다.

인간을 중요하게 여기는 자질을 계발하여 지식체계를 세운다는 것이다. 癸水 甲木의 當令이다.
① 이때 火가 지나치면 사람의 본연을 중심으로 하지 않고, 甲木이란 지식 중심으로 자질을 계발할 수 있는 허점이 있다. 여기서 病藥이 나오기 시작한다.
② 또한 金生水가 지나치면 金寒水冷이 되니, 열악한 인간관계 환경에서, 환영받지 못하는 인간관계 환경에서, 도저히 배울 점이 없는 인간관계 환경에서, 바른 인성을 기반으로 한 자질계발을 할 수 있겠는가? 물을 수 있다. 가정환경의 힘겨움을 말한다.

(2) 寅卯월령 癸甲: 寅卯月令의 甲木은 지식을 중요하게 여기는 환경으로, 水生木인 癸甲으로 相生하면 지식을 바탕으로 자질을 계발하여 교육에 기반을 둔 지식체계를 세운다. 그러니 인성(人性)을 바탕으로 하는 것이 아니라, 지식을 바탕으로, 교육에 필요한 지식체계를 세운다. 그러니 지식체계란 것이 교육에서 비롯된 것과 인성(人性)에서 비롯된 것이 다르다. 癸甲에서 둘로 나누어진 것이라 생각하면 된다.

① 하지만 水가 지나치면 교육적 지식보다는 사람 됨됨이만을 주장하는 인성적 지식체계로 사고가 전환되어 소통에 장애가 될 수 있다.
② 火氣가 지나치면 체계적 교육보다는 여가 생활적 교육체계를 세울 수 있다. 문화예술이라고도 한다. 요즘은 이것을 바른

학습이 아니라고 할 수는 없다. 과거와는 인식기준이 달라졌기 때문에 판단할 때 조심해야 한다.

그러니 癸水의 癸甲이란 인성을 기반으로 한 지식체계와 甲木의 교육을 기반으로 한 癸甲이란 지식체계가 있는데, 水가 旺하면 어떻고, 火가 旺하면 어떻고, 말하는 중인데, 人性을 기반으로 한 癸甲에서는 水가 왕해야 좋고, 교육적 임무인 甲木 중심의 癸甲에서는 火가 왕(旺)해야 당연한 것이다.

子丑月令 癸甲에서는 水가 왕해야 당연한 것이고 火가 왕하면 잘못된 것이다. 寅卯月令은 火가 왕해야지 水가 왕하면 잘못된 것이다.

뭐든지 너무 지나치면 잘못된 것이지만, 이렇게 구분해서 생각하면 된다.

만약 寅卯月令에 甲木에게 水가 지나치게 旺하면 꼰대가 되어 버린다는 의미다. 그러니 癸甲은 지식체계를 세운다고 통변하지만 태과불급(太過不及)을 고려하여야 한다. 子丑月令 癸甲은 水旺이 마땅하나 火旺은 不調和다.

寅卯月令의 癸甲은 火旺은 마땅하나 水旺은 不調和다.

(3) 卯辰월령 乙丙: 卯辰月令의 乙木은 사람의 쓰임을 중요하게 여기는 환경으로(사람을 중심으로 조직이 구성된 환경으로), 木生火인 乙丙으로 相生하면 사회생활(조직생활)에 적합한 능력을 만들어 행정력(제도, 사회적 규칙, 규정 등)을 기반으로 삼는다.

卯辰月의 乙丙은 사람을 기반으로 하는 것으로, 각자의 실력이나 재능을 골고루 쓸 수 있다. 각자의 재능을 기반으로 사람을 적재적소에 배급하는 적용력이 있다. 사회체제 속의 사람 적용력이라 한다.

(4) 巳午월령 乙丙: 巳午令月의 丙火는 각 개인의 능력보다는 조직을 중요하게 여기는 환경으로 이때는 개인적 능력을 별도로 발휘하면 안 된다. 木生火인 乙丙으로 相生하면 전체를 파악하는 안목으로 조직 운영에 적합한 능력을 만들어 관리책임자의 기반으로 삼는다. 巳午月令의 乙丙은 사람 개인보다는 전체 속에 하나가 되어야 하니, 이를 조직통솔력이라 한다. 그래서 적용술과 통솔력으로 구분한다.

卯辰月令 乙丙의 적용술, 巳午月令 乙丙의 통솔력이라 한다. 조직의 명령과 조직의 규정 등을 중요하게 여기는 환경이다. 이것이 설득력, 관계력, 행정력, 기획력 등으로 사회생활에 들어간다. 전체 속의 하나가 되어야 하니 조직통솔력이라 한다.

① 하지만 卯辰月令의 乙丙이 火旺하면 개인 능력보다는 전체적 조직생활력을 보니, 개인적 능력을 무시하는 단점이 나타날 수 있다. 단체행동을 중요시해야 한다는 강압적, 충성 강요가 나타날 수 있다.

② 巳午月令의 乙丙이 金生水가 지나치면, 전체조직의 동반관계 및 단체협동심이 필요한 환경에서 개인적 성향을 중요하게 생각하는 단점이 나타날 수 있다. 개인기로 민폐를 끼칠 수 있다. 그러니 卯辰月令 乙丙은 水로 旺해야 하고, 巳午月令 乙丙은

火로 旺해야 하는데 반대로 나타나면 단점이 될 수 있다.

(5) 午未월령 丁庚: 午未月令의 丁火는 사물의 본질을 중요하게 여기는 환경에서, 기술 가치를 중요하게 여기는 환경에서, 자연재해를 중요하게 여기는 환경에서, 火剋金인 丁庚으로 製鍊하게 되면 기술을 바탕으로 가치를 개발하여 재능을 이룬다. 庚金을 봄으로서 기술력이 재능이 되고 재능이 발전한다. 기술기능이니 재능이다. 생산 재능, 제조 재능을 뜻한다.

(6) 申酉월령 丁庚: 申酉月令의 庚金은 제품성능을 중요히 여기는 환경으로, 火剋金인 丁庚으로 製鍊하면 기술을 바탕으로 제품을 생산하는 名人의 기반이 된다.
 午未月令의 丁庚은 기술력이 된다. 자기가 기술력이 바탕이 되어야 한다.
 申酉月令의 丁庚은 생산제조력이 되어야 한다. 품질력이라 한다.
 기술이 좋은 사람과 품질을 잘 만드는 사람이 있다.
 연구기술이 좋은 사람과 만드는 기술이 좋은 사람의 차이이다.
 ① 하지만 午未月令의 丁庚이 水가 지나치면(金生水) 기술개발이나 기술 능력을 쌓기보다는 생산력에 치우쳐서 기술 가치가 낮아지게 된다. 午未月令의 病은 金生水가 旺한 것이다.
 ② 申酉月令은 水가 더 왕해야 하는데 丁庚이 木生火가 지나치면 생산제품에 대한 성능 우수성보다는 기술 향상성만 생각하여, 활용 능력이 저조한 모양을 보이게 된다. 申酉月令의 病은 木生火가 지나친 것이다.

(7) 酉戌월령 辛壬: 酉戌月令의 辛金(卯辰月令과 같다)은 시장에 상품 출시를 위해 상품을 기획하는 것을 운용이라 하는데, 상품 운용을 중요하게 생각하는 환경으로 金生水인 辛壬으로 相生하면 이익 활동에 적합한 상품가치를 구성하여 운용력의 기반으로 삼는다.

상품을 출시하기 위해서는 상품을 기획해야 한다.

상품기획, 상품구축, 상품구성 등을 운용술이라 한다.

마치 판매하기 전에 DP(디스플레이)가 상품을 진열하는 것과 같은 것이다.

酉戌月令의 辛壬은 이익 활동에 적합한 상품가치를 구성하여 운용력의 기반으로 삼는다. 또한 자기의 상품가치인 가격을 좋게 만드는 게 우선이다.

(8) 亥子월령 辛壬: 亥子月令의 壬水는 각 개인의 상품가치보다는 조직의 이윤을 중요하게 여기는 환경으로 金生水인 辛壬으로 相生하면 조직 운영에 적합한 능력을 만들어 경영자의 기반으로 삼는다.

그러니 酉戌月令의 辛壬이란 자기의 상품가치에 대한 가격을 좋게 만드는 것이 우선이지만, 亥子月令의 辛壬이란 자기 가치보다는 시장성을 좋게 만드는 것이다.

亥子月令의 辛壬이란 상품가치나 가격보다는 이윤을 남겨야 하니 시장성이 좋아야 한다. 亥子月令의 辛壬은 조직 운영에 적합한 능력을 만들어 조직경영자로서의 기반으로 삼는다.

① 하지만 酉戌月令이 水(金生水)가 지나치게 旺하면 상품가치보다는 시장성에 초점을 맞추니 박리다매이다.

② 亥子月令은 水旺해야 상품가치가 나오는데, 火旺하면 시장성 있는 제품이나 상품을 유통하여 이윤을 챙기기보다는, 자기 성향을 높게 만들려고 하여 때를 놓치는 경우가 허다하다.

그러니 酉戌月令의 病은 水가 지나친 것이고, 亥子月令의 病은 火가 지나친 것으로 설명하면 된다.

司令이 當令이란 주최자의 영역에서 자신이 해야 할 임무와 같다면, 辰戌丑未란 四季의 土는 司令 및 當令을 보좌하는 역할을 취하게 된다.

2) 土의 함토(含吐) 역할

司令은 當令이란 주체자의 영역에서 자신이 해야 할 임무와 같다면, 四季의 土는 司令 및 當令을 보좌하는 역할을 수행하게 된다.

즉, 當令이 총괄 임무라고 한다면, 司令은 當令의 명령에 따라 종사해야 하는 부분별 임무를 수행하게 하는 책임자가 된다. 그러니 司令은 부분별 책임자와 같다.

當令의 명령을 받아 부분적 임무를 받은 책임자이다. 여기에서 當令은 모든 것을 총괄하는 총사령관이 된다.

이에 辰戌丑未에 임한 土는 시기(時期)별로 분류하여 보좌하는 임무와 같고, 寅申巳亥에 임한 土는 사안(事案)별로 분류하는 보좌 임무와 같다.

이러한 임무의 조건에 의하여 土를 별도의 司令으로 분류하여 논하지 않고 보좌하는 역할로 취하는 것이다.

고서(古書)에 월률분야(月律分野)라 하여 시간의 경계(境界)에 土를 포함시켰다. 先人들의 논리는 마땅히 따라야 하며, 지켜가야 할 의무가 후학에 있는 줄로 안다.

이와 같은 개인적 입장에서 土의 함토(含吐)의 역할에 대한 각각의 임무에 대하여 간략하게 설명하여 보도록 하겠다.

午중의 己土는 위의 3가지 항목에 들지 않으므로 의견을 제시하지 않겠다. 土를 司令으로 여기지 않고 하나의 보좌로 여기는 것은 고서의 뜻에 어긋나는 것은 안다. 그것은 개인적인 의견이니 받아들일 때 염두에 두시기 바란다.

(1) 시기에 따른 土의 역할
① 時期, 즉 시간의 변화에 따른, 시기의 변화에 따른, 세대의 변화에 따른, 환경의 변화에 따른, 이러한 뜻이 시기(時期)에 들어가 있다.

丑중 己土는 임무에 해당하는 己癸로 지식체계를 갖춘 배경이 되어 준다. 丑중 己土는 보좌환경인데 지식체계를 갖추었다. 충분히 농사를 지을 수 있는 옥토(沃土)와 같다. 지금 당장 배우고 익힐 수 있는 학교와 같다는 뜻이다.

이에 甲木이 소토(疎土)하면 가정과 학교교육을 통하여 자질을 계발하게 된다. 여기에서 내력을 계발하는 것이다. 채소를 심어서 먹을 수도 있고, 학교에 가서 공부할 수도 있다. 丑중 己土를 가정과 학교로 본 것이다.

만약 甲木이 없으면 己土의 학습 배경은 무용지물이니 실제로 존재하나 나의 내력은 아니다. 사용할 줄 모른다. 그러니 나의 내력이 그곳에 있는 것은 아니다.

丑중 己土는 배합이 癸水이다. 여기에서 내력을 쌓는 것은 甲木이다.

이것은 시대적 변화나 시기적 변화로 인한 것이지 사안별로 하는 일이 아니다. 일에 따라 하는 것이 아니라, 몇 살 때는 뭘 하고, 어느 때는 뭘 하고, 하는 것을 말한다. 이 시기가 무슨 뜻인지를 꼭 알아야 사안이 뭔지를 안다.

② 辰중의 戊土는 자신이 배우고 익힌 실력(己癸=甲)을, 사회 생활에 활용하기 위한 배경(戊丙)을 만난 것과 같다(戊丙=乙).

甲木이 나온 것은 소토(疎土)라 하고, 乙木이 나온 것은 발생(發生)이라 한다. 용어는 외우고 있어야 한다. 이에 乙木이 발생(發生)하면 경쟁을 통하여 우월한 자신의 실력을 과시하여 조직 사회에서의 능력을 인정받게 된다.

乙木의 발생은 '경쟁을 통하여'이다. 甲木의 소토(疎土)는 '자질 계발을 통하여'이니 의미가 다르다. 己癸甲은 누구나 할 수 있다. 戊丙乙은 경쟁이므로 90%가 떨어져 나간다. 공무원은 아무나 할 수 있는 직업이 아니듯이 경쟁이기 때문에 아무나 할 수 있는 일이 아니다.

만약 丙火가 없으면 戊土의 활동 배경은 무용지물이 되니 실제로 존재하나 어우러지지 못한다. 활용성이 없게 된다는 의미다.
그러니 丙戊乙이 있는 사람보다 없는 사람이 성공한다. 病藥인데 이 차이를 알아야 한다. 없으면 악착같이 하고, 있으면 불평불만이 많다. 사람은 있으면 있는 것을 없애려 노력을 하고, 없으면 없는 것을 악착같이 가지려고 하는 정반대적 성향을 가지고 있다.

己土에 甲木이 없으면, 辰에 丙火가 없으면 이런 것이다.
그러나 丑에 癸水가 없다는 건 말은 안 된다. 丑中에 癸水가 있고, 辰中에는 乙木이 제일 크다. 그런데 丙火가 없으면 나오지 않는다는 뜻이다.

③ 未중의 己土는 己丁으로 기예(技藝)를 체계화시켜 주는 배경이 되어 준다.
이에 庚金을 제련(製鍊)하면(丁己=庚) 특별한 재능을 전수받은 인물이 된다. 교육, 훈련, 연습, 기예 등을 배우는 환경이 己丁이다(己癸는 학교와 같다. 논밭과 같다).
己丁은 공장이나 제작소와 같고, 연구실과 같고, 훈련소나 체육관과 같다. 己丁에 庚金이 있으면 특별한 재능을 전수받는 인물이 된다.
그러니까 己癸甲에서 甲木은 자질계발을 한 것인데, 己丁에서 庚金은 재능개발을 한 것이다. 그럼 전통적으로 뛰어난 사람이 된다.

만약 庚金이 없으면 己土의 전수 배경은 무용지물이니 실제로 존재하나 나의 내력은 아니다. 자기 동네에 유명한 체육관이 있으나 나와는 관계가 없는 것과 같고, 공단 근처에 사는데 기술을 배운 적 없고, 국어를 배우는 사람이 된다. 己丁庚에 庚金이 없으면 이런 것이다.

④ 戌중의 戊土(辰中의 戊土와 똑같다)는 戊壬으로 자신의 배우고 익힌 실력을 상품화시켜서 가치를 인정받기 위한 배경을 만난 것과 같다(戊壬=辛). 경쟁을 통하여 우월한 상품가치를 인정받게 되는 것을 말한다.

만약 壬水가 없으면 戊土의 활동 배경은 무용지물이니 실제로 존재하나 어우러지지 못한다.

이 모든 것을 시간적 배경으로 취급해야 하니 戌中 戊土는 戊壬이란 것으로 시간적 배경, 시간적 진화, 시간적 경과 등을 통하여 배우고 익힌 것을 상품화시킨다.

그럼 戊土가 오면 그러한 시간이 도착한 것이니, 새로운 능력을 만들 때가 왔다는 뜻이다.

이에 辛金은 경쟁을 통하여 우월한 상품가치를 인정받게 되는 것이다.

그러니 戊壬에서 나온 辛金은 시간의 변화에 따라 바뀌는 상품이 된다. 그러나 壬水가 없으면 시간에 따라 실력이 변하지 않는다. 그럼 戊土의 활동 배경은 무용지물이 되니 배우고 익힐 수 있고, 자기를 더욱 업데이트시킬 수 있는 시간은 왔는데, 하지는 않는 것을 말한다.

이것이 시간이란 것이다. 시기란 뜻과 다르다.

(2) 사안(事案)에 따른 土의 역할
① 사안에 따른 임무에 해당하는 것은 작업공정이나 일의 경과에 따른 것이다. 작업공정이란 것과 시간이란 의미가 다른 것이다.
寅申巳亥의 土를 잘못 쓰게 되면 시간의 경과에 따른 재능이 부족한 게 아니라, 일에 대한 공정을 잘 모르는 것이다. 잘하지 못하는 것이다.

이와 같은 인식은 훗날 자신이 차지할 지위가 된다.
사안에 따른 환경을 인식하는 寅中 戊土는 戊丙으로 지식의 깊이보다는 학력의 높이를 지향하는 상황을 인식(寅中 戊土는 戊丙甲이다)하여 寅中의 丙甲 중 丙火가 司令일 때 戊丙이다. 丙火 속에는 戊가 들어 있다. 이것이 학력과 경력과 지위가 된다. 공부만 잘해서 되는 게 아니다.

계급의 상하적 의미가 내포되었다. 寅中 甲丙에는 학력을 더 높이라는 의미가 들어 있다. 학습이나 성적이 아니라 학력이나 경력, 학위 등을 말하는 것이다. 학습적으로 잘 몰라도 경력만 있으면 되는 것이다. 그런데 寅中 丙火에 태어나서 戊土가 아니라 己土가 투간되면 이는 '가짜 학력'을 땄다고 한다. 학력위조, 경력위조자가 된다.
寅中 戊土는 丙火와 하나로 묶어서(戊丙) 학력과 경력을 말한

다. 경험이 아니다. 경험은 개인기에 해당하고, 경력과 학력 등이 寅中 戊丙에 해당한다.

　이와 같은 인식은 자기가 살아갈 지위가 되므로, 실력이 아니라 자리를 차지하려고 하니 계급투쟁적 요소가 들어 있다. 그러니 寅中 丙火는 공부를 잘하기보다 계급투쟁을 잘해야 한다. 학력, 경력, 지위라 한다.

　자기의 재능을 점진적으로 어떤 방향으로 이끌어가는 사안(事案)별로 자기를 만들어가는 과정을 말한다.

　그러나 丙火가 드러나지 않거나 寅午戌을 얻지 못하면 스스로 인식하지 못하니 行하지 않는다. 寅午戌 火局을 얻지 못하면 학력과 경력, 지위가 부족한 것을 의미한다.

　寅중 丙火는 丙戊로 사안별로 인지하는데, 天干 丙火나 寅午戌 火局이 없으면 학력이나 경력, 지위를 쌓아야 한다는 것을 인식하지 않으므로 관심이 별로 없다는 것이니 나쁘다는 의미가 아니다. 지위보다는 재능을 쌓는 쪽으로 바뀐다는 것이다.

　② 巳중 戊土는 戊丙으로 조직 운영에 필요한 적합한 지도자가 되기 위해 경험과 실적을 만들어가는 것을 인식한다. 이와 같은 인식은 훗날 자신이 차지할 가치(가격)가 되지만, 庚金이 드러나지 않거나 巳酉丑을 얻지 못하면 크게 실적에 치우치거나 가격을 높이려고도 하지 않는 평범한 사람이 된다. 인식하지 못하니 행하지 않는 것이다.

　戊丙甲은 지위를 위해서 가고, 戊丙庚은 가격을 가지고 간다.

寅중 戊土는 학력, 경력, 지위로, 巳중 戊土는 경험, 실적, 가격으로 자기를 이끌어 나간다. 이렇듯 사안별로 자기를 이끌어가는 것이다.

寅중 戊土는 학력 트라우마를 가졌다. 巳중 戊土는 가격 트라우마가 있다. 친구와 비교해서 자기가 더 가난한 것이다. 자기보다 더 가난한 사람은 눈에 들어오지 않는다.
그래서 巳중 戊土는 저축을 많이 해놨고, 寅중 戊土는 학력을 많이 쌓아 놓았다. 이러한 트라우마가 자기를 발전시키는 것이다. 이것은 자연발생적 본능이라 해서, 시간이 간다고 되는 것이 아니라, 본능적으로 자기를 만드는 작업공정이다. 이렇게 사시(四時)의 戊土와 사안(事案)별 戊土가 다른 것을 이해해야 한다.

③ 申중 戊土는 戊壬(寅中 戊土와 똑같이 설명하면 된다)으로 체계화된 재능을 활용하여 가치가 높은 명인(名人)이 되고자 함을 인식하는 것을 말한다.
寅中 戊丙처럼 체계화된 학력을 만들어가는 것이 아니라, 申中 戊壬도 체계화된 기술력을 만들어간다. 이와 같은 인식은 훗날 자신이 재능 분야에서 권위자가 된다(예: 의학계의 권위자). 寅中의 戊土는 지위라 하지만, 申中의 戊土는 권위자라 한다.
그러나 壬水가 드러나지 않거나 申子辰 水局을 얻지 못하면 권위에 도전하지 않는다. 인식하지 못하니 행하지 않는 것이다. 권위에 도전하지는 않는다.

④ 亥중 戊土(巳中 戊土와 똑같이 취급하면 된다)는 戊壬으로 조직경영에 필요한 적합한 인물로서 경험과 경영 능력을 쌓아 가야 할 상황을 인식하는 것을 말한다. 경험과 실적을 쌓아 갈 것을 인식하는 것을 말한다. 이와 같은 인식은 훗날 자신이 차지할 분야에서 가격이 된다.

그러나 甲木이 드러나지 않거나 亥卯未를 얻지 못하면 인식하지 못하니 행하지 않는다. 가격 높은 사람이 되려고 하지는 않는다.

이것이 바로 寅申巳亥의 土이다. 寅中의 戊土는 戊丙甲, 丙火가 司令일 때 항상 戊土가 따라다닌다. 巳中의 戊土는 戊庚丙, 申中의 戊土는 戊壬庚, 亥中의 戊土는 戊甲壬인데, 서로 추구하는 인식의 정도가 다르다.

이는 자기의 재능을 점진적으로 어떤 방향으로 이끌어가는, 자기를 사안별로 만들어가는 과정을 말한다.

이러한 것들이 자연발생적인 본능이다. 이것이 시간대별로 된 것이 아니라 사안별로 마련된 작업공정이다. 나를 만드는 공정이다.

가령 巳中 戊庚丙이면 가치를 중요하게 생각하는 사람들이 많다는 것이다. 그것이 어디에 있느냐에 따라서 생각하면 된다.

壬寅年의 전 국민의 운세는 시대적 변화와 寅申巳亥이니 자기 학력과 경력이 중요하다. 그럼 壬寅年 운세는 戊丙甲이다. 그럼 이 시대가 요구하는 것은 학력과 경력을 쌓아서 지위의 높낮이를 따지는 것이 중요하다. 그런데 이것이 시대적 요청이 아니라 각 개인적 요청이다.

  그러니 각자 자기 학력과 경력이 무엇이고 내가 이 경력을 살린 지위는 무엇이고 내 가치는 얼마다, 이런 것이 중요한 화두로 남아돌아가는 운세다. 연도별로도 이 시대가 요구하는 내용이 무엇이란 것을 그 연(年)에 알면 된다.

  그러니 寅申巳亥의 戊土가 중요한 것은 개인별 사안으로 중요한 것이기 때문이다.

03

24절기(節氣)와 사령용신(司令用神)

1. 당령이란

당령(當令)이란 그 월령 전체의 환경이나 임무를 뜻한다면 사령(司令)용신이란 각 개인별 임무에 대한 자질이나 업무적 성향을 나타낸다.

1) 子丑월령

子中 癸水, 丑中 癸辛己 중 己土를 제외한, 子中 癸水가 15일, 丑中 癸水가 15일, 丑中 辛金이 15일이니 45일이란 子丑월령 當令을 15일씩 나누어 놓은 것이 司令이다.

(1) 子중 癸水: 辛癸 金生水, 과거로부터 쌓아왔고 갖추어진 내력을 배우다. 내력이란 알짜를 배운다고 생각하면 된다. 켜켜이 쌓인 것을 배운다. 辛癸 金生水가 되어야 쌓인 것을 배울 수 있다.

子月의 癸水 용신인 辛癸는 가정교육과 학교교육에 필요한 시기에 기본적 인성(人性)이 형성되는 때이니 부모의 영향이 중요하다. 부모를 잘 만나서 가정교육과 학교교육을 깊이 있게 전수(傳受)받아 후대(後代)까지 전달한다. 이 시기는 부모의 영향이 절대적이다.

(2) 丑중 癸水: 癸甲으로 水生木, 배우고 익혀서 숙달시킨 지식을 체계화시킨다. 인품적 지식이다. 도덕관을 체계화시킨다. 종교관을 체계화시킨다. 사상관을 체계화시킨다. 말과 글을 체계화시킨다. 자기가 쌓아온 실력을 내보인다.
 丑月의 癸水용신 癸甲은 학교교육이나 현장실습을 통하여 습득한다. 이때는 학교의 영향이 크다. 선생님으로부터 학교교육을 잘 전수(傳受)받아서 열심히 공부한다.

(3) 丑중 辛金: 辛癸 金生水다. 배우고 익힌 것을 내놓으니 가르친다. 출시한다고 말한다. 창의력 출시, 전시, 출품 등을 말한다.
 丑月의 辛金용신인 辛癸는 가정교육과 학교교육을 깊이 있게 전수받아 후대까지 전달하려는 것이다. 부모와 학교교육을 통해 깊이 있는 전문지식을 만들어서 오랫동안 전달한다는 뜻이 담겨 있다.

 子中의 癸水의 金生水는 과거부터 쌓아 온 내력을 배우는 것과, 丑중 辛金의 金生水의 자기가 쌓아 놓은 실력을 내보이는 것은 다른 것이다. 항상 두 개씩 계속 나온다.

 癸甲도 둘이 나온다.

寅월에도 癸甲이 나오는데 이는 체계화시킨 것을 뜻한다.
자기 사주에 子나 丑이 없으면 인성(人性)을 체계화시키는 것이 무엇인지 느낌이 안 올 수가 있다.

2) 寅卯月의 司令: 丙 甲 甲

丑中 癸水에 己土가 있듯이, 寅中 丙火에는 戊土가 따라다닌다.

(1) 寅중 丙火 司令: 甲丙(戊). 학습효과, 학력효과, 학력 쌓기, 寅中 甲丙은 학력 위주와 경력 위주로 나가게 된다.

寅중 丙火 司令用神인 甲丙은 자기 실력을 만드는 게 아니라, 사회적 경쟁과 검증, 시험 등을 통해 지위를 확보하기 위한 학문이다. 실력보다는 지위가 더 중요해진 목적의식을 가지는 것이다. 상대적 실력을 만들겠다는 목적의식이 있다. 우월적 실력을 추구하는 목적이 있다.

그것을 가지고 甲丙하는 것이다. 똑똑하기가 이루 말할 수 없지만, 이 똑똑한 것 때문에 대장이 되지 못한다.

특별한 인간이 되려면 쓰임이 많아야 하는데, 寅午戌 火局하면 된다. 아이들에게는 입시를 위한 준비를 한다.

예체능선수는 대회를 나가서 입상해야 하고, 직장인들은 실적이나 성과 내기 등을 의미한다. 대체적인 업무 유형은 논문을 지도하거나, 편집, 출판, 연출, 코치 감독 등의 업무로 타인의 자질을 개발시켜서 사회적인 경쟁력을 만들어 주는 일로 적합하다. 그러니 관리자가 어울린다.

지위를 갖기 위한 목적으로, 학력이나 학위를 따고 입상 준비 등 미래를 위한 스펙 관리를 미리 한다(예: 교장 선생님, 정치학 교수).

(2) 寅중 甲木 司令용신: 癸甲은 先 작업이 癸水이다. 癸水로 癸甲, 학습 쌓기, 논리력 체계화하기, 즉 성적 쌓기이다.
절대적 실력으로 자신의 성적을 향상시킨다.
甲木 用神의 목적은 1등을 하는 게 목적이다. 그래서 癸甲하는 것이다. 이 정도만 되어도 서울대를 가는데, 실력이 거의 연구원급 수준이다.
甲木의 특성은 학교교육을 통하여 현장에 필요한 지식체계를 세우는 가장 보편적인 방법으로 살아가는 경향을 띠고 있다. 그러므로 학위나 학력을 가장 중요하게 여기며, 업무 유형은 깊이 있는 학습을 통해 능력을 갖추고, 교육 분야나 행정 분야로 진출하게 된다. 그러나 寅中 甲木의 癸甲의 수준은 보편타당한 인물밖에 안 되니 서울대를 가려면 높은 수준은 辛癸甲을 해야 한다. 이때 癸水가 天干에 있는 것은 매우 불리하다. 암장(暗藏)에 있기를 권장한다.

寅중 甲木 司令의 癸甲은 체계적 프로그램을 만들기 위함이다. 자기 자질 향상이 목적이 된다. 학교 선생, 평교사, 교수 등이다.

丑中의 癸甲은 인품 쌓기이고, 寅中의 癸甲은 성적 쌓기이다. 그러나 丑中의 癸水가 인품이 제일 없을 수가 있다. 항상 그 자리에서 반대적 의미가 있음을 알아야 한다. 丑中 癸甲과 寅中 癸甲은 논리적으로 따지는 데 최고다.

(3) 卯중 甲木 司令用神: 甲丙 木生火, 경력 쌓기, 지위 쌓기, 관리자 되기, 寅中의 甲木의 학력 쌓기와, 卯中 甲木의 경력 쌓기는 하는 짓이 다르다. 卯中 甲木의 甲丙을 관리자 되기라 한다.

그러려면 癸甲을 해야 한다. 이때 卯月 甲木 사령의 癸甲과 寅月 甲木의 癸甲은 온도가 10도 차이가 나니 卯月은 이미 丙火가 있는 것이다. 그러니 寅中 丙火의 甲丙이 여기에 들어와 있고, 寅中 甲木의 癸甲도 이곳에 들어와 있는 것이다. 그러니 卯中 甲木은 다시 癸甲을 해야 하고, 목적은 丙火에 맞춰져 있다. 그러니 癸甲丙이 되어야 한다. 그럼 사회적 검증에 우세한 인물이 되려면 癸甲에는 辛金이 있어야 하고, 甲丙에는 庚金이 있어야 한다. 相生식으로 설명하면 寅中 丙火는 甲丙, 寅中 甲木은 癸甲이다.

卯중 甲木에 丙火가 있으면 庚金으로 金生水하기를 바라고, 丙火가 없이 癸甲만 있으면 辛金으로 金生水하기를 바란다.

相生식으로 卯중 甲木은 甲丙이다. 그런데 辛癸甲이냐 庚癸甲이냐에 따라서 내용이 다른데, 丙火가 있느냐 없느냐에 따라 다른 것이다. 丙火가 있을 때는 庚金이 우선이다. 학력과 학위가 더 나온다.

卯中 甲木용신의 특성은 癸甲으로 절대적 자기 능력을 만든 후, 甲丙으로 상대적 능력을 겸비한 학습 과정을 거친다. 그러니 가장 똑똑하다. 실력과 경쟁력을 동시에 원하는 특징을 가졌다고 하여 癸甲丙이라 한다.

3) 卯辰월령의 사령(司令) 乙 乙 癸
卯중 乙木 司令用神은 癸乙이 배합이다.
辰中의 戊土에는 항상 丙火가 따라다닌다.
天干에 丙火가 없으면 辰中 戊土는 쓰기가 어렵다. 그래서 乙丙戊라 한다. 卯辰月의 乙木을 바라볼 때는 항상 乙丙戊가 되나 안 되나 잘 봐야 한다.

癸乙의 특징은 甲木에서 배우고 익힌 것을 검증받아서 우열을 가린다. 이를 확대해석하면, 나중에 직업에서도 검증을 통해서 우열을 가리고, 업무능력도 먼저 검증을 받은 다음 관리, 감독, 감시, 감찰 업무적 역할을 한다. 그럼 먼저 검증을 받아 우열을 가려서 합격 불합격 검증을 받아야 하고, 나중에는 자기가 업무를 검증하는 일을 해야 한다는 의미다.

검증과 경쟁을 대비해 능력을 키우고, 또 대인관계를 쌓아서 미래 목적에 맞게 활용하게 된다. 이런 역할을 위해서는 개인적 능력도 중요하지만, 사회적 경쟁에 초점을 맞추어 대비해야 한다.

업무 유형은 인간관계 속에서 공정한 권리를 보전하고, 의무를 지켜서 정책을 수립하거나, 감시 감찰을 통하여 불법과 편법을 단속하는 역할의 업무가 적당하다. 감독하고 감시하고 감찰하다. 이것이 업무 유형이다.

여기는 물건 가격을 측정하는 것이 아니라, 사람들에 대한 능력을 평가하는 분야이니 학교 시험관, 행정부의 출제위원 등이 여기에 속한다.

(1) 卯중 乙木 司令: 乙丙이 배합이다. 癸乙은 사회제도, 정책, 행정제도, 연구 개발 등을 뜻한다. 교육제도로 교육정책, 행정정책관과 같은 역할을 한다. 그러려면 癸乙을 해야 한다.

(2) 辰중 乙癸戊 중에 乙木 司令: 乙丙이 배합이다. 설득력, 인사시스템, 뛰어난 대인관계능력을 지니고 있다. 인맥 네트워크, 헤드헌터, 인물 프로파일 등을 갖추는 것이다. 이를 辰月 乙丙이라 한다.

특징은 검증과 경쟁을 거쳐서 사회생활을 하게 된다. 사회생활에 필요한 능력(庚癸)을 갖추고 적극적으로 사회활동에 참여하는 것을 의미한다. 庚癸가 없어서 지적 능력을 발휘할 수 없다면 의식주 분야에서 보조 인력이나 서비스 인력과 같은 기술인력이 될 것이다.

업무유형은 乙丙이 없으면 조직의 분과나 부속기관에 근무하는 지점 지사와 같은 형태의 실적을 내야 하는 분야라 할 수 있다.

또 卯辰월령 天干에 丁火가 투간(透干)되었나, 辛金이 투간(透

干)되었냐에 따라서 기술직과 시설직으로 나뉜다. 과학 문명 분야의 시설직이 있고 의식주 분야의 시설직이 있다. 요즘은 이들도 모두 정규직이다.

① 庚癸乙에서 庚金의 유무로 전문성과 보좌로 구분
② 乙丙의 유무로 중앙부서냐 지점 근무냐로 나누어진다.

만약 지적(知的) 능력이 아닌 기술인력이라면
③ 乙丁은 공업형 기술직으로 시설관리직이라 한다.
④ 乙辛은 의식주 분야의 기술직으로 구매, 보급 등을 담당한다. 이들을 기술직이라 한다.
　기술인력이라면 약품이나 요식, 패션, 출판이나 인쇄, 기타 미술이나 영상편집, 디자인 분야, 꽃이나 식물 등을 사용한 기술 분야 업무에 적합하다. 대체로 의식주 분야 기술직인데, 시설관리 기술직도 포함된다.

　(3) 辰중 癸水 司슈: 癸乙이다. 기획, 작전, 부정적인 용어로는 전략 등의 각종 꾀(슬기롭다), 모사(은밀하다) 등의 술수를 의미한다. 이것을 사람 관계에 적용하니 辰中 癸水는 癸乙의 水生木이 첫 번째로 쓰인다. 卯辰月슈은 水生木이 중요하다. 그러나 水가 지나치면 미래로 나아가기보다는 뒤로 돌아간다.

　癸乙은 경쟁사회에 필요한 지식습득을 위해 노력을 한다.
　이런 경우에 지식은 전략과 전술이란 기획 능력을 말한다.

(庚)癸乙의 특징은 경영지원부이다. 작전을 짠다고 한다. 정책연구, 전략, 전술, 기획 능력, 시장조사 능력이다. 경쟁과 성장이란 목적의식에서 출발하였기에 열심히 노력한다고 되는 게 아니라 결과를 내야 하는 힘겨움이 따른다.

업무 유형은 자신의 능력보다는 환경변화를 감지하여 그에 따른 필요한 내용을 충족시켜 주는 분야로서 경영지원에는 정책연구, 인사관리, 리서치가 가장 많이 사용된다. 대체로 기획 능력은 시장조사로 필요하다.

※ 酉戌月令에는 丁火가 시장조사를 가장 많이 하고, 卯辰月令의 癸水의 시장조사는 여론조사라고 생각하면 된다.

① 기획: 시장조사, 여론조사, 경영지원, 작전 기획
② 임기응변이 들어가 있고 처세법도 이 속에 많이 들어가 있다.

4) 巳午월령 司令, 庚 丙 丙

(1) 巳중 庚金: 丙庚(戊丙庚) 火剋金을 단련(鍛鍊)이라 한다. 경영이익, 회계, 세무, 금융, 계산 실력, 월급책정, 노무관리, 기업의 경리나 총무 등에 대한 능력을 발휘한다. 계산력과 경제력 및 실적 중시가 丙庚이다.

司令 庚金의 업무특징의 단어는 실적이다. 시간상으로는 미래에 해당한다. 실적을 내려면 계산을 잘해야 한다. 실적을 내려

면 회계와 세무도 잘해야 한다. 미래에도 성장을 잘하려면 지속성 있게 이끌어 나가야 하니 자격증도 따야 한다. 계산도 하고 회계도 하고 금융적 요소로서 회계사 등이다.

巳月 庚金 司令 특성은, 현재뿐만 아니라 미래에도 지속성 있는 능력을 갖추는 것이다. 은퇴란 없다고 생각하면 된다. 나중에 나이를 먹어서 은퇴해도 직업이 있다는 뜻이다. 자격증을 따려면 巳酉丑이 되어야 한다. 三合이 되면 라이선스도 갖춘다. 그래서 현실을 바탕으로 미래 목적을 잡고 상황에 맞는 실력을 발휘해 나간다.

업무 유형으로는 정치 경제에 해당하는 고시, 인허가, 대행 업무, 투자를 통한 지분확보이다. 대체로 지분을 가지려고 한다. 앞으로 오랫동안 살아야 하니 노후대책을 생각하는 마인드도 여기에 있다고 보면 된다. 장래 지속적으로 사용할 자격증으로 노후대책 하려면 巳酉丑 金局을 하여야 한다. 그리고 실적을 많이 남기는 경제형이나 지분으로 부자가 되고 싶으면 丙庚으로 반드시 庚金이 천간에 透干되어야 한다. 그래야 경제력 위주의 삶을 산다.

① 巳中 庚金 司令이면, 가장 먼저 庚金이 투간되었나 보고, 巳酉丑이 되었나 보고, 그 사람의 진로 적성 방향이 어디로 가나 보면 된다. 세무사, 회계사, 각종 정치 경제에 활용될 자격증을 따려면 巳酉丑이 되어야 한다.

② 丙庚의 경제계통으로 향하는 것이냐,
③ 巳酉丑의 재능형으로 향하는 것이냐로 구분하면 된다.

(2) 巳중 丙火: 乙丙이다. 辰中의 乙丙과는 다른 것이다.

이 丙火는 조직 생활에 적합한 대인관계, 직원구성, 팀 구성이다. 각각의 실력에 적합한 것이 아니라 조직이란 구성요소에 적합한 것이다.

辰中의 乙丙은 개인의 실력에 적합한 것이고, 巳中의 乙丙은 조직에 적합하다는 뜻이다. 인사정책, 조직 운영, 정책 등에 뛰어난 재주를 지녔다. 실력으로 취직을 하려면 辰中에 乙丙을 하면 된다. 그러나 巳中의 乙丙은 조직의 역할에 맞추어 실력을 우선으로 하기보다는 면담이나 스카우트 등을 통해서 채용하게 된다.

巳中 丙火司令이면, 巳月 丙火 用神의 특성은 조직 운영 능력을 통해, 사회적 지위를 확보하여 특권을 누리고자 하는 의미가 담겨 있다. 특히 정치 경제 분야에서 기득권을 갖고자 하는 업무 유형의 경영자가 되는 것이다.

① 그러니 내가 관리직이 되고 싶다면 乙丙이다.
② 丙庚이 있으면 총괄직이라 하면 된다. 국장이나 임원이라 해도 된다. 조직운영자가 되려는 마인드를 가졌다고 생각하면 된다.

巳午月令의 丙火가 當令이면, 대인관계의 소통능력과 정책구축

능력을 바탕으로 조직 운영을 할 수 있는 잠재력을 보유한 인물로서 경제적 안정, 행정적 안정, 도덕적 안정, 사회질서의 안정 등을 요구하는 모든 조직의 구성 욕구를 충족시키고자 하는 사고력을 지녔다.

巳午月令이 丙火 當令은 이렇게 조직강화의 사고력을 지녔다. 기타 지장간(地藏干)의 司令 用神의 역할 중 巳중 丙火는, 조직사회를 구성하기 위한 논리적 설득 능력과 소통 능력에 대한 잠재력을 가지고 있다. 하지만 이런 재능 서비스는 후천적으로 조직사회에 적응하지 못하는 개인적 서비스 스트레스로 다가올 수 있다. 관계 스트레스다.

(3) 午중 丙火 司令: 丙庚이다. 실적상승, 대외관계 교류 특성, 결과 중시 특성 등에 의하여, 午中 丙火의 火剋金은 총괄자로서 최고지위를 갖고자 하는 것과 같다.

그동안 임상 결과로 보면 丙戊庚하면 운영조직의 총괄자와 같고, 丙己庚하면 경영조직의 총괄자 역할로, 대체로 이윤을 추구하는 기업집단의 경영자들이 많다. 그러니 권한을 운영하는 건 丙戊庚이 많고, 이익을 운영하는 것에는 丙己庚이 많다.

午中 丙火는 왕성한 대인관계를 통하여 대외적 소통과 교류실적을 위한 외교와 교역 등의 잠재력이 있다(乙丙).
그러나 乙丙庚까지 있으면 실적이 있어야 한다. 그러니 내부 관리적인 소통 능력은 巳中 丙火이고, 외부관계 소통 능력은 午

中 丙火란 의미다.
 ① 午中 丙火의 乙丙은 외부관계 관리
 ② 丙庚 외부관계, 총괄관계 실적이라 한다.
 그래서 외교와 교역 등이 午中 丙火에 있다.

 하지만 寅중 丙火는 교육기관이나 산하 조직을 통하여 어린 꿈나무, 인재를 길러 내는 모든 분야의 운영자적 잠재력을 가지고 있다. 인재 양성이라 한다.
 하지만 이런 재능은 후천적으로 많이 갖고 적게 가짐의 문제나, 생각의 차이, 이념의 차이에 의한 갈등과 사상적 다름으로 인한 스트레스를 겪을 수가 있다. 丙火가 寅中에 있으니 사회성이 아니라 순수성인데 사회성을 발휘하려 하니 문제가 발생하는 것이다. 이처럼 丙火는 책임자로서 역할을 다하기도 하지만 이에 대한 스트레스로 인해 압박감을 받기도 한다.
 癸水만 보면 괜찮은데 丙火는 일단 관계 스트레스가 있다. 그래서 세상에서 가장 소통이 안 되는 것도 丙火고, 소통을 가장 잘하는 것도 丙火라고 해야 한다.

 午中 丙火의 丙庚은 관계에 대한 실적을 내야 하고, 총괄직도 맡아야 하고 교역 능력도 발휘해야 한다.
 乙丙은 관계 관리직이다. 교류만 하면 된다.
 사람과 교류를 하려면 午中 丙火의 乙丙을 보내면 된다.
 실적을 내고 오려면 午中 丙火의 丙庚을 보내야 한다.
 비유를 들자면 午中 丙火 司令에 丙庚이 있는 아리따운 여인을 만났다면 거기에 따른 대가를 지불해야 한다.
　그런데 丙庚은 없고 乙丙만 있으면 소통을 하러 온 것이니 대가를 치르지 않아도 된다. 만약 丙庚이 도착하면 바로 본론으로 들어가서 이야기해야 한다. 본론이 숨겨져 있다는 말이다. 이런 사고가 午中 丙火에 들어 있는 것이다. 이렇게 司令을 구분해야 한다.

　巳中 庚金 司令의 丙庚과, 巳中 丙火 司令의 丙庚과, 午中 丙火의 丙庚이 모두 다르니, 따로따로 설명되어야 한다. 이런 부속품이 24개가 된다.
　이해를 돕자면 본사에서 감찰관이 나와 조사를 한다고 한다. 사주를 보니 午中 丙庚으로 되었다. 그럼 뇌물을 주면 된다. 그런데 巳中 丙庚으로 되었으면, 이는 조사를 하러 왔으니 뇌물을 주면 더 큰일이 난다. 뇌물이 통하지 않는다. 미투에 걸렸다면 뇌물을 주면 되는 것이 있고 안 되는 것이 있다. 물론 요즘은 뇌물이 전혀 통하지 않는다. 巳月인데 午가 있어서 丙火면 뇌물이 통한다. 마취약이면 통한다. 칭찬이 마취약이다. 그런 사람을 화나게 해서 거품 물고 죽게 하는 방법은 비난이다.

　나중에 亥子월에 가면 아주 똑같다.
　뇌물이 통하지 않는 인간은 午月의 丙火에 庚金이 없는 사람이고, 子月 壬水에 甲木이 없으면 뇌물이 통하지 않는 사람들이다. 뇌물을 받고도 당당할 수 있는 사람은 午中 丙火가 丙庚을 하거나, 子中 壬水가 壬甲을 해야 한다.

5) 午未월령 司令, 丁 丁 乙

子丑월령을 생각하면 된다. 子의 癸水가 辛癸를 하듯이, 午月의 丁火는 乙丁을 한다.

(1) 午중의 丁火 司令: 乙丁이다. 자신의 경력과 경험을 갈무리하여 자산화시키는 특징을 보면 지나간 시절의 경험을 기반으로 가치를 더 높이고자 한다. 저가로 평가받는 사람이나 물건들을 찾아내서 고가의 가치로 변환시키는 재주가 있다. 스카우트, 숨은 물건이나 인재를 찾는 특징을 가지고 있다.

子中 癸水가 내력을 쌓은 것을 전수받듯이, 午中 丁火가 乙丁이 되면 어디에서 저가상품을 잘 받아서 고가상품으로 변환시키는 재주를 가지고 있다. 중요한 것은 기술완성이다. 지식 능력이 중요하다. 다음에 중요한 것은 庚壬이다. 그럼 기술이 특별해서 오랫동안 가는 것이다. 실력이 제일 좋아야 한다.

(2) 未중 丁火 司令: 丁庚이다. 제조 능력이다. 기술이 중요하다. 그리고 겉모습이 제일 좋은 사람이기도 하다. 丑中 癸水가 지식을 중요하게 하는 특징으로 지식을 체계화시켰듯이, 未中 丁火는 생명과 생명 에너지를 중요하게 여기는 특징으로 기술을 체계화시킨다. 생명과 생명 에너지는 다르다. 생명은 죽고 살기이다. 생명 에너지는 유지장치이다. 자연과학이다. 생물, 수학, 화학, 물리, 의료, 보건 등이 생명 에너지들로서 丁庚이다.

(3) 未중 乙木 司令: 乙丁이다. 丑中의 辛金이 辛癸 하듯이, 未

中 乙木은 乙丁을 하는 것이다. 교육, 브리핑, 컨설팅, 상담 등을 통하여 기술 전수 효과를 노리고자 한다.

환경 상황을 파악하고, 시장성을 조사하여 이에 유리한 계획을 통하여 능력을 발휘하려 한다. 未中의 乙木이 乙丁하는 모양은 자기 능력을 내보이려는 것이니 사전 준비과정도 없이 무작정 발휘하면 안 된다. 未中 乙木은 시장조사, 리서치 분석, 데이터 처리 등을 통하여서 과학적 처리방식을 갖는 것이다.

그러나 丑中의 辛金은 환경조사를 할 필요 없이 辛癸로 무작정 하면 된다. 丑中의 辛金이 辛癸하는 것은 덕망만 갖추면 할 수 있지만, 未中의 乙木의 乙丁은 덕망만 가지고 되는 것이 아니라, 데이터 분석을 통해서 경쟁자들이 가는 길목을 지키고 있어야 한다. 그러나 丑中의 辛金은 도망을 가도 덕망이 있으니 사람들이 쫓아온다. 그러나 未中의 乙木은 고객을 잡으러 다녀야 한다.

丑中의 辛金은 접착제처럼 사람들이 따라온다. 그러니 이 사람 곁에 있으면 자기도 모르게 끌려가게 된다. 발버둥을 쳐도 빠져나올 수 없게 세뇌를 당하는 것과 같다.

그래서 午中의 丁火는 乙丁, 未中의 丁火는 丁庚, 未中의 乙木은 乙丁으로 통변하면 된다.

未中의 乙木사령은 乙丁이다. 여기에는 己土가 들어가 있다. 그러니 가장 중요한 것이 시대적 적합성이다. 아무거나 개발하면 안 된다. 그 시절에 잘 맞느냐이다. 己土가 있으니 잘 맞는 것이다. 시대적 적합성을 인지한 판단력이다. 이 시대에 맞느냐,

지금 상황에 맞느냐이다. 상황에 맞는 제조 능력이다. 완성된 기술을 가지고 가공, 제조와 생산을 해야 한다. 未月의 乙木에게 가장 중요한 것은 乙丁이다.

이런 식으로 子丑月令도 해야 한다.
午中 丁火는 乙丁, 未中丁火는 丁庚, 未中 乙木은 乙丁이다. 그러니 午月의 乙丁은 과거의 경력이 중요하다는 뜻이고, 未中 乙木의 乙丁은 지금부터 판단을 잘해서 미래를 견인해야 한다. 그러니 과거를 잘 보는 것이 중요하다.
未中 丁火의 丁庚은 제조 능력이다.
이런 식으로 司令의 相生相剋이 구분되어 있다.

6) 申酉월령 司令, 壬 庚 庚
寅卯월령의 사령인 丙 甲 甲과 똑같다.

(1) 申중 壬水 司令: 庚壬이다. 寅中의 丙火가 甲丙했듯이 申中 壬水는 庚壬이다. 甲丙은 학력을 쌓아야 하지만, 申中 壬水는 庚壬이니 경력 쌓기, 경험 쌓기, 코스 밟기, 지배구조 갖추기, 국회의원을 하려면 여러 가지 코스가 있다. 공무원이나 보좌관을 하거나 시장을 하거나 공공의 이익을 위한 사회활동에 대한 코스를 밟는 것이다. 엘리트 교육, 최고경영자 교육 등과 같이 많은 경력도 필요하다.

이때는 己土를 권장한다.

庚壬에 己土가 있으면 품질에 맞춘 것이다. 이를 제조를 위한 시스템 구축이라 한다. 申月 壬水가 金生水 하는 사람은 시스템 설계를 하거나, 프로그램을 구축하는 사람이다. 외부에서 안으로 들어오는 내부를 관리하는 부서를 구매과라 하고, 특징은 시스템 구성이다. 관리 감독이나 원료 수급 등이다. 己庚壬은 생산을 위한 시스템 구축이라 하고, 庚壬은 생산을 위한 프로그램을 구축하는 것과 같은 것이다.

申中 壬水 사령의 庚壬 중 庚金을 원료라 한다.
庚壬에 己土를 붙이면 품질 검사라 한다. 내부검사를 마쳐야 밖에서 통관절차를 받는다.
壬己에 癸水를 붙이면 복지(내부복지)라 한다.
庚金에 辛金을 붙이면 신규사업이라 한다.

(2) 申중 庚金 司令: 丁庚이다. 제조 능력을 뜻한다.
丁火의 기술과 丁庚의 제조를 품질관리라 한다. 특징은 제작이다. 제조, 품질관리, 庚金을 제품이라 한다. 이때 丁火를 공정(工程)이라 한다. 여기에 甲木을 붙이면(甲丁) 법규라 한다. 丁火에 乙木을 붙이면(乙丁) 연구라 한다.
丁庚에 丙火를 붙이면 조사(제품조사, 인권조사, 세무조사)라 한다.

寅中의 甲木이 癸甲했듯이 申中 庚金은 丁庚이다. 실력 쌓기, 기술력 쌓기, 생산체계 확립하기, 기술체계 확립하기이다. 寅中

甲木이 癸甲으로 지식체계 확립하기, 학습체계 확립하기 등이었 듯이, 申중 庚金도 丁庚으로 실력, 기술력, 생산체계 등을 확립하는 것을 말한다. 申中 庚金이 열심히 실력을 쌓는 중에, 申중 壬水는 지난 시절에 열심히 쌓은 경험을 경력으로 활용하는 것을 말한다.

(3) 酉중 庚金 司令: 庚壬이다. 卯中의 甲木이 甲丙하였 듯이, 酉中의 庚金도 庚壬하는 것이다. 卯中의 甲木이 甲丙으로 교습 능력, 논리력을 펼쳐서 관리자가 되듯이, 酉中의 庚金도 庚壬으로 생산하다. 실력을 丁庚으로 쌓았으니 庚壬으로 생산을 해야 한다. 제조하다. 양산체계이다.
　공단에 가면 생산라인을 돌린다. 1번 라인, 2번 라인을 돌리는 것과 같다. 농사짓는 사람이면 땅을 놀리지 않고 경작하는 것과 같다.

　그런데 丁火가 없으면 심기만 하고 실력을 쌓지 못한다.
　壬水가 없으면 지나간 시절에 쌓은 경력이 없는 것이다.
　申중 壬水를 경력, 경험 능력, 申중의 庚金을 실력, 酉중 庚金을 생산품, 제품이라 한다.

　酉月 庚金 司令用神에는 庚壬이다. 이때는 戊土를 권장한다. 庚壬에 戊土는 흥행에 맞춘 것이다. 제조와 판매관리라 한다. 안에서 밖으로 나가는 외부관리이니 구매 관리, 즉 외주담당 관리라 한다. 특징은 통관, 거래 관세, 검사, 운송, 배급관리, 출하관리

등이라 설명하면 된다.

庚: 출하상품
壬: 외부관리
戊: 통관이라 한다.

壬戊에 癸水를 붙이면 사용설명서, 원산지표기라 한다.
이런 것을 月令마다 喜忌神으로 나누어서 봐야 한다.

申酉月令은 육체적 능력이니 훈련과 단련(鍛鍊)을 의미한다. 훈련은 丁庚으로 보고, 단련은 丙庚으로 보는데 모두 육체적 훈련을 보는 것이지만, 丁庚은 富에 도전하니 장인(匠人)이라 하고, 丙庚은 고시에 도전하니 貴라고 한다.

예) 영등포 시장에서 매장을 운영하려 한다면,
① 申月 壬水: 인테리어 설비, 운영자금 마련
② 申月 庚金: 각종 시설을 만들어야 하니 제조
③ 酉月 庚金: 판매를 해야 하니 서비스 담당이라 한다.

申月 庚壬 金生水가 잘못됐다면 설비가 잘못된 것이다.
申月 丁庚 火剋金이 잘못되면 제품이 실패작이다(불량품).
酉月 庚壬 金生水가 잘못되면 서비스가 잘못됐으니 서비스 방법을 고쳐라.

7) 酉戌月令의 司令用神, 辛 辛 丁

卯辰월령의 乙 乙 癸와 같은 의미이다.

(1) 酉중 辛金 司令: 丁辛이다. 이는 제품을 상품화시키는 과정으로 통관과 같고, 검사와 같다. 그리고 규정과 같은 것이다. KS마크처럼 규정을 준수하는 것과 같다.

酉月 丁辛 火剋金 중에 가장 중요한 것은 통관과 규정을 지키는 것이다. 사용설명서가 붙었나 안 붙었나, 원산지 표시는 붙었나 안 붙었나, 사용설명서, 제품설명서, 조달청 등록 유무(有無)로 모든 감시, 감리, 통관 등이다. 이런 것들이 바로 酉中 辛金의 丁辛이다.

이때 辛壬은 전시, 진열, 출품이다. 상품으로 나왔으니 상품구축, 상품관리, 통관절차를 모두 거쳐야 한다. 통관하고 검사한다.

(2) 戌중 辛金 司令: 辛壬이다. 상품구성, 진열, 출품, DP(디스플레이, 큐레이터 등) 설치예술, 통관절차를 거쳤으니 상품구성을 한다. 酉중 辛金의 丁辛은 브랜드 런칭을 하러 다닌다.

戌중 辛金의 辛壬은 상품을 구성한다. 포장을 마치고 가격을 결정한 후 도매에서 소매로 배달해 나간다.

(3) 戌중의 丁火 사령: 丁辛이다. 상품이 나갔다가 반품되어 들어온 것이 있다. 원상복구, 복귀, 리모델링, A/S 등.

酉중 辛金의 丁辛은 상품출시 전에 가공이고, 戌중 丁火 司令 丁辛은 반품상품을 다시 재활하는 재활복구 능력, A/S 능력, 예쁘게 다듬는 기술, 포장 기술, 조정기술, 회복 서비스 능력도 아주 뛰어나다.

 그러니 酉中 辛金으로 통관하고, 戌中 辛金으로 출품하고, 戌中 丁火로 반품이 들어온다. A/S 관리이다.

 그래서 酉戌月令의 직업에서 MD가 가장 많다. MD(마케팅 디렉터, 머천다이저)란 상품 판매를 위한 정보 분석, 트렌드 분석, 상품 기획, 판매 촉진, 제품 구입, 진열, 판매 등 상품의 시작부터 끝까지 모든 부분을 담당한다.

8) 亥子月令의 司令 用神, 甲 壬 壬
 亥중 甲木 司令用神은 壬甲이므로 대상 정하기다.
 예) 마케팅 전략, 亥中 甲木은 대상을 미리 정하고 간다. 그러니 만나 보면 다를 수도 있다. 이렇듯 항상 오차가 있을 수 있다. 亥중 壬水 司令用神은 辛壬이니 품목을 정해야 한다. 子중 壬水 司令用神은 壬甲이니 대상부터 정하기, 대상과 상대하기이다.
 예) 통상은 子중 壬水가 한다.
 子中 壬水는 무작정 일단 현장에서 체험해 본 다음에 대상을 정해야 한다.

 巳午未月에 24령이 庚 丙 丙이듯이, 亥子月令의 24령은 甲 壬 壬이라 한다.
 (1) 亥중 甲木 司令: 壬甲이다. 巳中의 庚金과 똑같다.
 교육, 시장환경이니 컨설팅이다. 창업컨설팅, 통상 에이전시가 이곳에 있다.

(2) 亥중 壬水 司令: 辛壬이다. 戌中 辛金이 辛壬이듯 亥中 壬水도 辛壬이다. 여기는 '시장 상황에 맞게 판매하다', '이윤을 남기다', '배달하다'.

(3) 子중 壬水 司令: 壬甲이다. 午中의 丙火가 丙庚이듯, 통상 전문가, 교류전문가로 관리자, 경영자이다. 이런 건 실적이 매우 중요하다. 이때 戊辛壬 되면 고정상품, 특화상품을 취급하는 경영자가 된다.

午中의 丙火가 乙丙戊 할 때, 丙己庚 丙戊庚 하듯이, 여기 子中 壬水도 辛壬甲인데 戊土가 아니라 己土인 경우가 있다. 己壬甲하고 있을 수도 있다. 그럼 변화상품, 유행상품, 해외거래이다. 己土濁壬이라 해서 임시상품, 세일상품, 저가 박리다매 상품이라 한다. 부정이 많이 개입되어 나중에 문제가 될 수 있지만, 그래도 단번에 수익을 내기가 좋은 것은 丙己庚과 己壬甲이다.

午中 丙火의 丙己庚, 子中 壬水의 己壬甲이 단기 수입상품으로는 최고라는 의미다. 나쁘게만 생각하면 안 된다.

① 喜神이 忌神을 만날 때, 子중의 癸水가 기신(忌神)이 되는 丁火를 만나려면, 天干의 丁火나, 암장(暗藏)의 午중 丁火를 만나야 한다.

② 丑중의 癸水가 丁火를 만나려면, 天干의 丁火나 암장의 未중 丁火를 만나야 만나는 것이다. 戌中의 丁火를 만나고 만났다고 하면 안 된다. 天干의 丁火를 만난 것도 만난 것이다.

丑중의 癸水가 天干의 丁火를 만나면 忌神이다.
이건 방법론 변화로 방법을 자기가 바꾼 것이다.
 ③ 丑중 癸水가 地支 未중 丁火를 만나면, 상황이 변해서 변화된 것이다. 상황이 바뀐 것과 자기가 방법을 바꾼 것은 다른 것이다. 가령 어린아이가 막걸리를 한 주전자 사 오는데, 반은 흘러 버리고 반밖에 남지 않았다면 상황이 나빠서 쏟은 것이냐, 자기가 힘들어서 쏟은 것이냐다. 방법론과 상황은 다른 것이다.

 나중에 子中 癸水도 丁火를 만날 때, 地支에 午中 丁火를 만난 것이다. 이는 상황이 바뀌어서 忌神이 된 것이고, 天干의 丁火를 만났다면 자기가 방법을 바꾼 것이다.
 어떤 남자가 미팅에서 열심히 점수를 따서 애프터 약속까지 받아 냈는데 실제로 만나기로 했던 그 여자가 아닌 것이다. 그러니 내가 만나러 갔던 그 여자는 안 나오고, 그 여자가 만나러 갔던 남자도 안 나온 것이다. 그런데 서로 알아본 것이다. '저기요' 하면서 이야기가 끝난 것이다. 이는 상황 때문에 그런 것이다. 이런 것이 인연인가 보다, 하듯이 地支는 모두 인연으로 말하는 것이다. 맞다, 맞지 않다가 아니라 그렇다는 것이다. 벌어진 상황에 의해서 忌神을 만난 건지, 아니면 계획적으로 자기가 의도한 것인지만 설명하면 된다.

 어떤 사람은 天干의 水火가 하나도 없는데, 이 사람은 계획이 없으니 상황이 오면 하는 것이다. 그런데 天干에 水火가 있는 사람은 항상 계획을 짠다. 모든 걸 계획대로 하는데 그 사람 옆에 水火가 하나도 없는 사람이 있다면, 이 사람은 계획을 짜지 않고 상황대로 산다. 이 두 사람이 만나면 힘들다. 계획을 짜는 사람은 성질이 나서 살 수 없다. 계획을 짜지 않는 사람은 늘 상황에 따라 사니 '그때 가봐서' 한다. 그러니 天干에 水火가 있는 사람은 불확실성 때문에 가장 힘들어한다. 그런데 天干에 水火가 하나도 없는 사람은 불확실성이 전혀 힘들지 않다. 언제나 확실한 일이 없었기 때문에 그때 가 봐야 아는 것이다. 그런데 본인들은 계획이 있다고 하는데, 사실은 없는 것이다. 궁합을 볼 때 참고해라. 계획과 의도에 의해서 그렇게 된 것은 天干이고, 상황에 따라 그렇게 된 것은 地支다.

그러니 水火가 天干에 있는 사람은 집을 나갈 때 지도까지 가지고 나간다. 水火가 天干에 없으면 나가는 방법은 알아도 들어오는 방법은 잘 모른다. 그래서 열쇠를 잘 두고 나간다. 나갈 때는 맘대로 나가도 들어올 때는 허가를 받아야 하는 게 현관문이다. 그러니 水火가 天干에 없으면 멍청한 사람이 많다.

지금까지 체용(體用)과 當令과 司令에 土까지 했는데 앞으로 이 부분이 계속 나올 것이다.

04

용신(用神)과
희기신(喜忌神) 목차

먼저 用神에 대한 목차를 알아야 한다.

1. 月令의 환경특징
2. 조화(調和)와 조후(調候)
3. 당령(當令)
4. 사령(司令)
5. 희신(喜神) ① 相生 ② 相剋
6. 기신(忌神)
7. 태과불급(太過不及)

   예) 子丑월령 ① 수다목부(水多木腐) ② 금한수냉(金寒水冷)
8. 합충변화 ① 방합 ② 삼합 ③ 육합 ④ 배열 ⑤ 상충
9. 日干의 희기신: 甲 乙 丙 丁 戊 己 庚 辛 壬 癸 .
10. 格: 甲 乙 丙 丁 戊 己 庚 辛 壬 癸

여기까지가 用神에 대한 전체 매뉴얼이다.
『자평진전(子平眞詮)』에 나온 것을 그대로 옮긴 것이고, 日干의 喜用은 『궁통보감(窮通寶鑑)』을 참고한 것이다.

月令의 환경특징은 子丑월령부터 시작한다.

1. 용신(用神)과 희기신(喜忌神): (子丑월령)

1) 子丑월령의 환경특징
월령에 따른 환경특징이 있고 각 개인에 따른 환경특징이 있다.

2) 조화(調和)와 조후(調候)
조화란 꾸준하게 자기 노력은 하는가? 실력은 쌓는가? 때에 맞는 행동은 하는가를 보는 것이다. 조후란 '목적과 목표 의식을 가졌는가'를 본다.

  (1) 丙火의 목적: 환경에 적합하게 행동하겠다는 목적의식이 있다.
  (2) 戊土의 목적: 자신에게 적합하게 하겠다는 목적의식이 있다.
  (3) 甲木의 목표: 사람들의 인도에 따라서 직업적 능력을 계속 만들어가겠다는 목표 의식이 있다.
  (4) 寅의 목표: 사람들과 대인관계를 조화롭게 맞춰 나가겠다는 목표 의식이 있다.

3) 당령(當令): 癸
환경에서 주어진 업무능력에 적합한가를 알아본다.
환경에 맞추어 적합하게 행동하려면 癸甲이 있어야 한다.

4) 사령(司令)

세 개가 나오는데 개인 재능의 계발 능력을 보는 것이다.
① 子중 癸 ② 丑중 癸 ③ 丑중 辛

5) 희신(喜神)

己辛癸甲丙: 當令에게 맞춘다.
환경에서 주어지는 개인의 재능 및 업무능력의 계발 정도 및 적합도 정도를 파악한다.

(1) 相生이 다섯 개가 나온다.
① 辛癸 ② 癸甲 ③ 甲丙 ④ 丙己 ⑤ 己辛
운을 볼 때 적용하는 것이다.

(2) 相剋도 다섯 개가 나온다.
① 癸丙 ② 己癸 ③ 甲己 ④ 丙辛 ⑤ 辛甲
항상 相生과 相剋이 다섯 개씩 모두 10개가 나오니, 四季節의 相生相剋을 모두 10개씩 계산하면 40개가 된다.

6) 기신(忌神)

환경에 맞게 처신하는 게 아니라 자신에게 맞게 하는 것은 무엇인가를 본다.

7) 태과불급의 기(忌)현상(병약용신, 유용지신)

① 金寒水冷(금한수냉) ② 水多木腐(수다목부)

태과불급을 보는 이유는 변수 발생에 대한 보정과 보완을 찾기 위해서이다. 가장 중요한 부분이다.

8) 합충(合沖)변화는 환경변화의 특징 때문에 본다.
① 방합 ② 삼합 ③ 육합 ④ 배열(配列) ⑤ 상충
위의 4가지 합이 相沖되는 것을 본다.

9) 日干의 희용(喜用)
월령별 日干의 특징이다. 월령별로 日干이 갖춰야 할 희용이 있다.

① 甲 ② 乙 ③ 丙 ④ 丁 ⑤ 戊 ⑥ 己 ⑦ 庚 ⑧ 辛 ⑨ 壬 ⑩ 癸
子丑月令의 甲木日干이 갖추어야 적합한 능력을 어떻게 갖추었는가 본다. 환경에 적합해야 하는 것을 日干의 희용(喜用)이라 한다.

10) 격(格)과 희기신(喜忌神)
(1) 子丑월령의 甲木일간
① 정인격(正印格), 편인격(偏印格)
② 정관격(正官格), 편관격(偏官格)
③ 정재격(正財格), 편재격(偏財格)이 나온다.
甲木일간의 子丑月令은 첫 번째가 正印格 偏印格이 나오고, 두 번째가 正官格이냐 偏官格이냐, 세 번째 正財格이냐 偏財格이냐? 이렇게 여섯 가지 格이 나오는데 모두 해설할 수 있어야 하니

한눈에 금방 알아볼 수 있어야 한다.

　명리학의 내용이 많은 것 같지만 사실은 많은 게 아니다.
　이를 用神이라 하는데 『자평진전(子平眞詮)』의 월령용사지신(月令用事之神)이란 用神에서 格이 나왔는데, 이 모두를 합쳐서 용신론(用神論)에 들어간다.

　중요한 순서부터 목차대로 설명한 것이다.
　가장 중요한 것은 태과불급(太過不及), 병약(病藥)용신을 본다.
　子丑月令은 금한수냉(金寒水冷), 수다목부(水多木腐)를 보는 것이다.
　寅卯月令은 금한수냉(金寒水冷)과 목다수축(木多水縮)을 보는 것이다. 이런 용어가 나오는 것을 암기해 두었다가 그 月令에서는 그렇게 판단해야 한다.
　목차의 중요성은 아무리 강조해도 부족하다. 왜냐하면 이 목차를 모델로 해서 학습 목차를 짜도 되고 강의 목차로 써도 되고, 상담 목차로 사용해도 된다.
　강의를 하려면 이런 걸 다 할 수 있어야 한다. 책은 모두 따로따로 구비되어 있다.

　10번의 格은 格局論이라 하고, 9번의 日干의 喜用은 日干과 月令論이라 하기도 하고 用神論이라 하기도 한다. 8번은 合沖변화라 하고, 7번은 有用之神이라 해도 되고 病藥용신이라 해도 되고 태과불급의 忌 현상이라 해도 된다.

여기에 나오는 용어는 『자평진전(子平眞詮)』, 『연해자평(淵海子平)』, 『명리탐원(命理探原)』 등에서 나온 病藥用神의 용어를 그대로 가져다 썼지만, 용어는 현실에 맞게 재적용했음을 말해둔다.

丙火가 화다목분(火多木焚), 화다목초(火多木焦)처럼 모두 다 가져다 붙이려면 81가지 정도 된다. 子丑月令에 戊土가 있으면 토다폐문(土多閉門)이란 것도 있다. 문을 닫았다. 그럼 庚金으로 땅을 파라는 뜻이다. 이런 것들이 한두 개가 아니지만 다 넣을 수는 없고 중요한 글자만 넣기로 한다.

여기까지가 전체 목차이다.

05 자축월령(子丑月令)의 환경특징

1. 자축월령의 배합

1) 인성(人性)을 기반으로 한 지식체계가 중요한 배경에서 산다(대도시 기준).

자연을 기반으로 한 생산에 필요한 준비나 작업이 중요한 배경에서 산다(농어촌 기준).

己癸가 아닌 戊癸를 만나면 어업, 농업, 수질 연구, 건설, 건축 등의 자연환경을 활용할 수 있는 자질을 계발하는 특성을 보인다.

이는 궁통(窮通)이나 예기월령(禮記月令)에서 특히 많이 나오는 내용으로 어업, 수질 등인데, 물상(物象)으로 보면 하천과 연못 논과 같은 환경이 된다는 것이다.

2) 土로써 환경설정을 한다.

己土가 있으면 도시형으로 간다.

지식적인 요소로 책도 읽고 공부를 해야 한다.

戊土가 있으면 대체로 농어촌형으로 간다.

戊癸를 만나면 어업, 농업, 수질 연구, 건설 건축 등의 자연환경

등에서 자질을 계발하는 특성을 보인다. 기술적으로 가야 한다.

子月의 癸水 用神, 丑月의 癸水用神, 丑月의 辛金用神 등은 司令에서 설명한다.

3) 司令의 相生 순서를 알아야 하는 이유는 개인의 업무능력이기 때문이다.
(1) 子月의 癸水용신의 상생식인 辛癸는 가정교육과 학교교육이 필요한 시기에 인성(人性)을 기반으로 한 지식을 추구한다. 이때는 부모의 영향이 중요하다. 부모를 잘 만나서 가정교육과 학교교육을 깊이 있게 전수받아 후대까지 전달한다.

(2) 丑月의 癸水용신의 상생식인 癸甲은 학교교육이나 현장을 통하여 지식을 습득하니 학교 영향이 매우 크다.
학교교육을 잘 전수받아야 하니 선생님으로부터 공부를 열심히 한다.

(3) 丑月의 辛金 用神의 상생식인 辛癸는 가정교육과 학교교육을 깊이 있게 전수받아 후대까지 전달하려는 것이다. 부모와 학교교육을 통해 깊이 있는 전문지식을 만들어서 오랫동안 후대(後代)에 전달한다는 의미가 담겨 있다.

子丑月令의 환경은 마음을 잘 먹고 공부도 잘해야 한다.
환경설정을 해야 하니 己土가 있으면 공부를 해야 하고 도시

형이라 하고, 戊土가 있으면 기술을 배워야 한다. 농어촌형이다. 이렇게 土로 먼저 환경을 설정한 후, 司令의 특징은 어떻게 구성되었나 봐야 한다. 그럼 子月 癸水가 司令이면 辛癸로 되어 있어야 좋은 부모를 만나서 올바른 교육을 받게 된다.

丑月 癸水는 癸甲이 되어야 학교교육을 잘 받아, 훌륭한 선생님으로부터 열심히 공부하게 된다. 丑月 辛金도 天干에 드러나야 깊이 있는 학습을 한다. 그러니 司令의 相生도 매우 중요하다. 이렇게 처음 공부할 때 이해하면 다 할 수 있지만, 첫 번째 공부할 때 모르고 그냥 지나가면 나머지도 계속 모르게 된다.

子丑월 환경특징은 己癸로 했느냐 戊癸로 했느냐, 이다.
戊癸는 항상 외부현장에서 근무한다면, 己癸는 늘 교육환경에서 근무한다고 생각해보자.

다음은 司令까지 넘어가야 하니
子月의 癸水 司令이면 辛癸가 상생식이다. 癸水 司令에 天干에 辛이 있던지 지장간(地藏干)에 巳酉丑이 있든지 해야 한다. 酉 하나만 있으면 상생이 안 된다. 그럼 '나무뿌리가 썩었습니다' 하고 즉시 말을 다르게 해야 한다.

辛癸는 부모를 잘 만나고, 癸甲은 학교교육을 잘 받는 것이고, 丑月 辛金은 癸水가 보여야 한다. 깊이 있게 오랫동안 전수될 수 있는 것을 만난다고 한다. 이것이 공부하는 방법이다.

다음에 조화와 조후도 맞아야 한다.

當令은 用神과 기신(忌神) 중에 用神 癸水가 當令이다. 그럼 자연과 인간의 본질을 중요하게 여기는 사고력이 癸水이다.

※ 子丑月의 癸水가 천간에 투간되어 있을 때와 지장간(地藏干) 어디에 근(根)을 했느냐에 따라서 용도가 조금씩은 바뀌고 섞인다. 癸水가 子 지장간에 根, 丑의 지장간에 根, 辰의 지장간에 根을 하고 있으면 쓰임에 대한 용도에 변화가 생긴다. 여기까지는 자동으로 알고 있어야 한다.

4) 子丑月의 조후와 조화
子丑月令이니 金生水가 되어 있어야 한다.

(1) 子丑月의 조화는 前 계절의 오행으로 相生을 받으면 된다. 金生水가 되어 있으면 때에 맞게 자신의 실력을 쌓아왔고, 내력을 쌓아 왔다고 평가받는다. 天干에 金生水가 되었으면 재능과 실력을 쌓아 왔다. 地支에 金生水가 되었으면 그런 환경에 자라서 살아왔으니 이미 숙달되었다. 실무를 쌓아 왔다는 뜻이다. 이것을 조화(調和)라 한다.

(2) 子丑月의 조후(調候)
① 丙火가 있으면: 유리한 환경을 활용해서 성장할 미래관을 가졌다.
② 戊土가 있으면: 이때 戊土는 五行의 戊土가 아니고 기운으

로서 戊土이다. 자기 자신의 재능을 계발하여 성장할 미래관을 가졌다.

③ 甲木이 있으면: '직업적 인도자를 만나 재능을 꾸준히 쌓았겠구나' 나를 인도해주는 귀인이 있다. 내가 미래관을 가진 게 아니라 내 옆에 있는 사람이 미래관을 가진 것이다. 내가 갖는 미래관은 丙火와 戊土다.

甲木이 옆에 있으면 '저 사람에게 어떻게 직업적인 도움을 받아야겠구나' 하는 것이지, 자신이 스스로 미래관이나 직업관을 갖는 것이 아니다.

④ 寅이 있으면: 주변에 있는 인물이 내 미래의 대책을 세우기 위해서 재물을 축적한다. 남이 나를 관리한다(엄마가 아들에게 임대업을 할 수 있게 재물관리 하는 것). 이렇게 甲과 寅은 자신이 하는 것이 아니라 남이 나를 대신해주는 것이니 인덕이라 한다.

여기까지가 조후에 가장 기본이 되는 첫 번째 목차다.

조화와 조후는 금한수냉(金寒水冷)이나 수다목부(水多木腐)란 변수가 너무 많아서 그 변수에 따라 달라진다. 그렇지만 조화(調和)가 맞지 않으면 조후(調候)는 쓸모가 없다.

㉠ 調和는 맞지 않고 丙火가 있으면 도피행각이다. 한량이 되어 버린다. 얼음이 녹아서 물이 된 것이 아니라 물이 증발해 버린 것이다.

㉡ 調和가 맞지 않고 戊土가 있으면 열심히 자기계발하고 자기 역량을 쌓는다고 하는데 실제로는 하지 않는다. 이것은 마음

속 깊이 숨어 버린다. 숨은 행각을 한다. 문을 닫고 방콕을 한다. 우울증, 대인공포증이라 한다.

조화가 맞지 않고 戊土가 있으니 자기계발을 하려는 것이 아니라 문을 아예 닫아 버리니 주의해서 간명해야 한다.

㉯ 調和가 맞지 않고 甲木이 있으면 직업적으로 먹고 논다고 잔소리만 한다.

㉰ 調和와 맞지 않고 寅이 있으면 미래대책이 아니라 생존을 연명(延命)하는 자금이다. 받으면서도 치사해서 못 받을 정도이다.

1번의 子丑月令 사주의 환경특징을 보고 난 후, 조화와 조후로 이 사람이 살려고 노력하나 하지 않나를 판단한 후에 當令과 司令을 본다.

癸甲이 있어서 '교수님 되시겠네' 했는데 調和가 안 맞았으면 세월만 까먹고 있었으니 교수님이 되지 못하는 것이다. 그러니 삶의 질적인 노력과 양적인 노력을 했는지 안 했는지에 관한 내용을 검토한 연후에, 當令과 司令으로 넘어간다. 대부분의 명리학 공부를 하는 분들이 여기까지 이해하는 데 너무 오랜 세월이 걸린다.

다시 정리하면,

月令의 기본환경의 특징을 본 후 戊土나 己土로 기술환경이냐 지식환경이냐, 판단한 다음 調和와 調候를 통해 기본적으로 열심히 살고자 하는 열망을 가졌는지 가지지 못했는지 보는 것이다. 그런 다음 當令의 배합을 보고 司令의 배합을 보는 것이다.

5) 子丑 月令의 당령(當令)

(1) 癸甲: 당령에 대한 통변은 '환경에서 요구하는 업무능력이 있다' 내가 요구하는 능력이 환경에서 요구하는 것이다. 그럼 '업무능력이 무엇인데?' 하면 癸水를 찾아보면 된다. 그럼 癸水는 지적 능력인데 子에 있냐, 丑에 있냐, 辰에 있냐, 辛癸로 되어 있냐에 따라 다르다.

(2) 己癸甲: 업무능력이 환경에 적합한가, 부적합한가를 보는 것으로 환경 적합성 효과이다. 만약 戊土 기신(忌神)이 있으면 낙향을 하면 된다. 土로서 환경 적합성을 보는 것이다.

(3) 己辛癸甲: 오랫동안 살아남기 위한 전문성 효과이다. 가치가 높아지고 가격이 비싸진다. 지적 재산권 효과이다.

(4) 己辛癸甲丙: 능력을 발휘해서 점유율을 높여 나가야 한다. 파급 효과이고 능력 발휘 효과이다.

이것을 當令에 맞추어서 한 것이다. 司令에 맞추어도 되지만 當令에 맞추는 것을 권장하는 이유는 모두가 환경에 적합하게 살아야 하기 때문이다.

그럼 調和와 調候가 맞느냐, 업무능력은 있는데 할 마음이 있는지 없는지, 내가 세상에 태어나서 존재감을 가지고 살 건지 말 건지, 調和와 調候를 보고 따지는 것이고, 癸甲이 있으면 '업무능력이 있음'이라 한다.

己癸甲은 환경 적합성 효과라 하고, 己辛癸甲은 전문성 효과라 하고, 己辛癸甲丙은 능력 발휘에 대한 파급 효과라 한다.

운에서 올 때는 위의 배합에 맞추어 통변하면 된다.
가령 辛金이 들어오면 전문성을 키워야 할 때라고 통변한다.

6) 子丑月令의 喜神: 己辛癸甲丙
(1) 相生
순환(循環) 相生으로 꾸준히 열심히 생활하고 있다. 相剋은 남들보다 경쟁 효과를 얻기 위해서이다.

경쟁 효과는 相剋에서 나오는 것이다. 그러니 자기 실력을 상승시키려는 것은 相生이고, 남들보다 경쟁 효과를 얻기 위함은 相剋이다. 그러니 相剋으로 모든 것을 설명하는 것이 더 효과적이다.

① 癸甲: 자기계발을 위해 적합하게 행동하다. 효과가 아니라 행동이다.
② 甲丙: 자기 활용을 위해 적합하게 행동하다.
③ 辛癸: 자기 전문성을 높이기 위해 적합하게 행동하다.
④ 己辛: 자기 전문성을 적합하게 활용할 수 있는 환경을 만났다. 전문성 활용환경을 만나다.
⑤ 丙己: 자기 전문성 활용효과를 누리기 위한 환경을 만났다.

(2) 相剋

① 癸丙: 丙火가 있으면 활용목적이 있다.

② 己癸: 환경변화에 적합하게 대처하려는 인식능력이 있느냐, 변화에 능동적으로 대처하겠다는 인식능력이 있느냐를 본다. 누구나 다 환경변화에 적응하고자 하는 마음은 있다. 그러니 변화에 대처하겠다는 인식능력이 있느냐를 보는 것이다.

③ 甲己: 자기투자, 자기계발을 할 용의가 있나를 본다. 當令의 己癸甲에서는 자질계발을 보는 것이고, 相剋에서는 자기계발을 보는 것이다. 그래서 한 세트로 해서 土剋水 木剋土 하니 水生木이 된다. 己癸 土剋水를 윤택(潤澤)이라 하고, 甲己 木剋土를 소토(疎土)라 한다.

④ 丙辛: 단련(鍛鍊)이라 한다. 꾸준히 자기 자신을 숙달화시켜야 한다. 연습을 열심히 하는지 본다. 숙달 능력이라 한다(장인(匠人)정신, 프로정신).

⑤ 辛甲: 잘못된 것을 수정, 보완한다. 보완 능력, 구조조정 능력이다.

子丑 月令에 辛丑年 운세는 자기 전문성을 높이기 위한 辛癸, 甲木이 있으면 辛甲, 그동안 해 온 것에 대한 잘못된 것을 수정하고 보완하는 운이다.

사주에 있는 것은 자신의 자질이 되고, 運에서는 자기가 적극적으로 임해야 한다. 辛癸와 辛甲이 辛丑年 운세다.

相生 相剋이 이렇게 쉽고 오차도 전혀 없다. 그런데 相生相剋을 잘 받아들이지 않으려 한다. 相生相剋의 80개란 개수에 그

냥 기가 죽어 버린다.

 그러니 임상을 들어가면 1)~5)번까지는 나오지 않고, 7)번인 太過不及이 걸리게 된다. 그러니 太過不及은 하고 지나가야 한다.

7) 子丑月令의 太過不及: 세 가지가 있다.
(1) 난기(暖氣)가 조금도 없는 것을 金寒水冷이라 한다.
 그리고 金生水가 旺하고 난기(暖氣)가 없는 것을 금한수냉(金寒水冷)이라 한다.
 ① 暖氣(난기)가 조금도 없는 金寒水冷이다.
 자기가 준비도 하지 않았고 앞날도 깜깜한 것이다. 겨울에 태어나서 난기(暖氣)가 없는 것이다. 이 사람은 준비도 안 하고 희망도 없다는 뜻이다.
 ② 金生水가 旺하고 난기(暖氣)가 없는 것이다. 살려고 애썼으니 능력을 준비했다. 이 사람은 살아날 수 있다. 발가벗겨 놓아도 살아난다. 그러나 항상 환경이 험난하다. 金生水가 다 되어 있으니 악착같이 살았다. 그런데 희망은 없다. 그러니 희망을 버리면 아무 문제가 없다.
 ③ 金寒水冷하고 난기가 있으나 木生火가 없는 것이다.
 뚜렷한 목적의식이 없는 것이다. 火란 목적은 있으나 과정을 거치지 않고 그냥 먹으려는 사람과 같다. 그러니 중도에 포기하는 金寒水冷이다. 이 사람은 중도에 부도가 나거나 시작해서 망하는 것이다. 시작하지 않았으면 괜찮은데 시작해서 망한 것이다. 이것이 문제이다. 부도를 낼 수도 있다. 작사(作事) 진행 중

에 나와서 죽었다. 이것이 세 가지 金寒水冷이다.

금한수냉(金寒水冷)의 병약용신(病藥用神)은 土이다. 土는 자기 분수, 자기 역량을 깨닫게 하여 지나침을 경계하는 생활 태도를 보여준다. 己土가 있으면 학문에 전념하고, 戊土가 있으면 농사일 등에 전념하니 더우나 추우나 한결같다. 스스로 방풍(防風)을 삼아 추위를 막아 내니 타인의 귀감이 되어 준다.

(2) 水多木腐(수다목부)

항상 창고 안에 있다. 癸水가 多하여 뿌리가 썩었다는 뜻이다. 유전상태나 성장기 상태에서 선생님이나 부모 형제들의 관계가 원활하지 못했거나, 어떤 계기로 충격을 받아서 자기 마음이 황폐해진 것을 의미한다. 대체로 부모 형제지간의 문제이다. 그래서 마음이 황폐해진 것을 뜻한다. 金生水로 청하게 하려 하면 寒氣가 들어 힘겨움이 생긴다. 너무 추우니 어려운 과정을 이겨내서 자기 마음을 바로잡는 것이니 너무 힘겹다. 그렇다고 木生火로 따뜻하게 하면 먹여주고 재워주고 환경은 좋게 해주었지만, 근본적으로 마음의 치유는 안 되고 환경만 좋아진 것이다. 그러므로 이때의 病藥은 金生水로 치유를 잘해주고, 木生火로 환경도 조성해줘야 살아난다.

※ 水가 많다는 것은 水가 천간과 지지에 다 있고 金生水가 없으면 水가 많은 것이다. 水가 천지에 다 있고 金生水가 없으면 수다목부(水多木腐)이다. 金生水가 없으면 水가 흘러가지 않

으니 썩었다. 이는 물이 썩는 것이 아니라 나무가 썩는 것이다. 이를 미나리꽝이라 한다.

8) 月令별 日干의 喜用

(1) 子丑月令 甲木日干의 喜用은 庚金이나 辛金의 金生水로 깊이 있고 심도 있는, 전문성 있는 학력이나 학습을 쌓는다. 庚金 辛金이 다 좋다. 이에 丙火가 있으면 수재과에 등록된 인물로 학력도 높다. 그러니 학습상태는 金生水로 보고 학력은 木生火로 보는 것이다.

(2) 子丑月令 乙木 日干은 丙火로 온난하게 하여야 나와서 죽지 않으니 회장 사모님이 될 수 있다. 그러려면 그곳을 떠나서 살아야 한다. 丙火의 有無에 따라 사모님이 되느냐 직원이 되느냐이다.

(3) 子丑月令 丙火日干은 辛金으로 金生水(庚金도 괜찮다)하여 인간의 본질을 중요하게 여기는 인간성 있는 따뜻한 지도자가 된다.

(4) 子丑月令 丁火日干은 생사가 위태로우니, 甲木으로 引火하여야 午未月인 고향에 도착할 수 있다.

(5) 子丑月令 戊土日干은 庚金으로 개간(開墾)하여야 논밭으로 쓸 수 있으니 삽(혼자 하는 것)과 가래(여럿이 하는 것)를 놓지

말고 기술을 연마해야 한다.

(6) 子丑月令 己土日干은 甲木이 있어야 전원(田園)에 새싹이 돋고, 안방에 아이가 태어나고 학교에 학생이 모인다. 이는 곧 생명을 키우는 사람이다.

(7) 子丑月令 庚金日干은 甲木이 있어야 金生水를 하니(水가 있어도 甲木이 있어야 金生水를 한다) 젊은이들이 풍년을 맞이하고 배우고 익힌다. 남을 가르치는 것을 해야 한다. 가령 甲木이 암장(暗藏)에 있으면 지혜로운 말과 어진 마음씨로 산 아랫마을 사람들을 가르치니 훈장이라 존경을 받는다. 甲木이 天干에 있으면 산 아랫마을 사람이라 하면 안 된다.

(8) 子丑月令 辛金日干은 甲木이 있어야 배우고 익혀서 자기 자질을 삼는다. 전문성, 子丑月의 庚金은 가르친다고 하고 辛金은 배운다고 한다.

가령 子丑月令 辛金日干이 甲木이 없으면 환경에서 제공하는 수많은 앎에 대해서 배우고 익히지 않으니 무지렁이에 불과하다. 50이 넘어 運에서 甲木이 오면 '늦은 나이에 만학을 하시는군요'라고 한다.

(9) 子丑月令 壬水日干은 戊土가 있어야 온갖 소통이나 교통로를 다 만든다. 대외관계, 외교관계 등에 전문직이 된다는 뜻이다.

(10) 子丑月令 癸水日干은 辛金으로 水源을 삼아야 명문가의 자손다운 면모를 갖추고, 甲木으로 生化를 하여야 엘리트과정을 거쳐서 지도자가 된다. 나중에 格에 가면 이런 이야기가 모두 달라진다.

위의 내용은 五行을 얘기하는 것이고, 格에서는 상신(相神)과 구신(救神)이 따로 있다. 위 내용은 日干 기준이다.

月令별로 日干이 왜 필요하냐 하면, 日干이 자기 月令에 맞게 활용하는가를 보는 것이다. 日干을 접목시켜야 용신론이 더 빛난다. 근본적인 用神은 환경이 어떻게 조성됐나를 보는 것이다. 그런데 日干인 나는 도대체 어떻게 조성됐나를 보는 것이다.

만약 日干의 희용(喜用)이 있으면 日干도 환경에 접목이 되어서 자기 전문성을 더 높일 것이다. 그런데 日干의 喜用이 없으면 환경만을 따라가게 된다.

9) 기타 주의사항
(1) 當令의 배합이 맞으면 환경 적합성에 따라 조직에 종사하며 직업 유동성 빈도가 낮다. 또 當令 배합이 없으면 조직 적합성이 떨어지므로 직업 유동성이 빈번하게 발생할 우려가 있으며, 他 用神 배합이 있으면(癸甲 구역에 乙丙 배합 등이 있으면) 환경을 바꾸어서 직업 유지를 하려고 한다. 조직 생활을 하지 못하다 보니 프리랜서를 하려고 하는데, 직업 유동성이 자주 발

생한다. 자영업, 프리랜서 등, 當令 배합이 잘 되었으면 환경에 적합하니 조직 생활이나 주인을 모시고 산다. 그러나 當令의 배합이 적으면 환경이 없어졌으니 자기가 스스로 만들어야 한다.

(2) 司令이 배합되면 개인적 재능이 크건 작건 보유하게 되니 생존능력, 생존 재능이 있다. 그러므로 재능이 변화하는 빈도가 낮다. 하지만 司令 배합이 없으면, 생존에 필요한 재능을 오랫동안 유지하지 못하고 이 재능과 저 재능으로 전전할 우려가 있다.

當令 배합이 되고 안 되고의 차이점과 司令 배합이 되고 안 되고의 차이점을 이해해야 한다. 이러한 변수들이 발생한다.

(3) 도세(塗洗)나 발생(發生)이란 壬水나 丙火가 있을 때는 수원(水源)과 인화(引火)가 반드시 있어야 오래도록 직업을 유지하게 된다. 하지만 없으면 설기(洩氣)가 되니 제2의 직업을 다시 설정해야 한다. 다시 공부해야 할 일이 생긴다. 그러니 水源과 引火의 지속성이 여기에 있다고 생각하면 된다.

(4) 수원(水源)과 인화(引火)는 있으나 도세(塗洗)와 발생(發生)이 없는 사주는, 뛰어난 자질과 우수한 실력에도 불구하고 커다란 효과를 거두지 못하니, 자기 능력을 대신 활용해주는 에이전시(매니저, 소속사)를 만나야 한다.
그럼 그들이 알아서 해주는 것이다. 그렇지 않으면 초야에 묻히게 된다. 뜻은 타인의 귀감이 될 만하나 흥행이 안 되니 안타까울 뿐이다. 즉 水火旣濟가 정확히 안 되는 것을 말한다. 金生水만 잘 되고 木生火가 안 되거나, 木生火가 잘 되고 金生水가 안 되면 아무리 뜻이 좋아도 활용이 안 되는 것이다.

(5) 土가 빈약하여 세월을 모르는 것은 마땅치는 않으나 흠이 될 수는 없다. 하지만 土가 지나쳐서 방관하는 것은 흠이 될 수 있다. 土가 지나치면 환경의 요구사항을 알면서도 하지 않는 것이다. 그러니 土가 없으면 몰랐다고 하면 되는데, 土가 지나치면 방관을 하게 되니 알면서도 안 하는 것이다. 사회적으로 지탄의 대상이 되거나 인간관계에 빈축을 사게 되니, 이는 환경에 적극적으로 동참을 하지 않은 이유 때문이다.

(6) 위 내용 이외에도 하나의 과정 과정마다(水生木, 木生火, 火生土, 土生金, 金生水) 부족함이 마땅치는 않으나 흠이 될 수는 없다. 이 5개 相生 중에 하나만 되어 있어도 마땅치는 않으나 흠은 아니다. 하나만 똑바로 해서 한 가지 분야만 발달되면 되는 것이다.

하지만 相生이 원활하지 않은데 구태여 하려고 하는 것이 문제이다. 문제를 스스로 발생시키는 것이다. 할 줄 모르는 것을 계속 해 대는 것이다. 안 되는 게 있으면 억지로 해서 반드시 더 크게 손해를 본다. 없으면 아무 문제가 없다. 안 해서 문제 된 것은 없고, 안 되는 것을 해서 문제가 된 것이 대다수인데 거의 망하는 것이다.

우공이산(愚公移山)이 좋은 것이 아니다. 그럼 甲木을 빌려와야 한다. 안 되는 걸 자꾸 하려고 하지 마라. 그래서 없는 것이 더 낫다. 가령 金寒水冷이 되었는데 乙木은 있고 丙火가 없다. 그런데 乙木이 있으니 자꾸 水生木을 하려고 한다. 그러나 크지는 않는다. 심으면 죽고, 심으면 죽는데 왜 자꾸 하려고 하느냐,

(7) 중국인들과 다르게 한반도 사람들이 土衰愚木(토쇠우목)이나 土多無木(토다무목)을 적용하지 않는 것은 대륙에 살아 보지 못해서이다.

토쇠우목(土衰遇木)이란 작은 공간에 너무 많은 사람이 있어서 인건비의 지출이 심한 것을 말하고, 토다무목(土多無木)은 사람이 쓰지 못할 공간을 너무 많이 구입해 놔서 불필요한 지출을 발생시키는 것을 말한다. 사람이 땅만 넓다고 살 수 있는 게 아니다. 집을 사 놓았는데 세를 안 들어오거나 한다. 땅은 넓은데 사용하는 사람이 없다. 이런 너무 현실성 없는 짓은 하지 말라는 것이다. 중국인이나 일본인들을 이것을 매우 조심한다. 土는 많은데 木이 없으면 토다무목(土多無木)이다. 그럼 공간은 많은데 사람이 없다. 그러니까 영역 유지비 지출이 너무 많은 짓을 하지 말고, 인건비 지출이 너무 많은 짓을 하지 마라. 그런데 우리나라 사람들은 말을 잘 듣지 않는다.

토쇠우목(土衰遇木)된 사람은 木運에 조심해야 한다.
이 사람, 저 사람과 계속 약속하고 다닌다.

토다무목(土多無木)된 사람은 土運에 조심해야 한다. 이 땅 저 땅 사서 쓸데없는 영역을 더 만들어 놓는다. 그리고 거기에 정력을 낭비한다.

(8) 乙木과 辛金이 두 글자 이상 있으면 탁(濁)한 것이니, 귀하의 행동거지가 이중적이다. 탁(濁)이란 청탁(淸濁)으로 癸水의 濁이다. 그러나 乙木도 많으면 음습해지고, 辛金도 많으면 탁해진다. 둘 다 濁이다.

이 乙木과 辛金은 자연적으로 탁해진 게 아니라, 자기의 행실이 탁하게 만든 것이다. 이 일 저 일 저지르고 다닌다고 보면 된다. 외도를 일삼고 이 일 저 일에 관여가 많고, 여기저기 투자해서 자금이 묶였다. 그래서 한 번 잘못되면 빚쟁이들이 찾아온다.

乙木은 둘만 있으면 굴광성(屈光性)이라 해서 불만 보면 쫓아가고, 辛金은 굴수성(屈水性)이라 해서 물만 보면 쫓아간다고 한다. 그래서 앞으로 남고 뒤로 밑지는 일을 하는 사람들이다. 이 사람들 별명이 '고사이를 못 참아서'이다.

用神을 공부할 때 가장 큰 주의점이 조화와 調候이다. 그리고 토쇠우목(土衰遇木)과 토다무목(土多無木), 乙木과 辛金 2개의 주의점을 특히 예의주시해서 봐야 한다.

월령, 조화와 조후, 당령, 사령, 희신의 상생상극, 태과불급, 일간까지 해야 한다. 그리고 위에서 말한 여덟 가지 주의해야 할 점은 월령과 상관없이 해야 한다.

그리고 기신(忌神)과 月令의 合沖변화는 따로 하더라도 여기까지는 해야 한다.

조화와 調候가 맞았으면 때에 맞게 살아갈 마음이 있는 것이다. 그러니 그다음에 當令과 司令을 본다.
調和가 안 맞으면 열심히 살 마음이 없으니 當令, 司令은 볼 것 없이 즉시 日干으로 돌아서 버린다. 日干으로 돌아설 때 當令은 쳐다보지도 말아라. 이것은 학습 매뉴얼이 아니라 상담 매뉴얼이다.

日干으로 돌아서는데 태과불급(太過不及)을 만나게 된다. 太過不及에 따라서 쳐다보고 日干으로 돌아서는 것이다.
환경에 맞출 마음이 없으니, 잘못된 것을 보정 보완하는 리스크 관리를 하게 된다. 이건 잘하려고 하는 것이 아니라, 잘못되지 않으려고 하는 것이다. 그러니 성공을 한다. 열심히 하는 것보다, 있는 것을 지키는 것이 더 낫다.

조화가 맞지 않고 調候가 맞지 않으면, 當令이나 司令을 볼 필요 없이 日干으로 돌아가서 太過不及을 보는 것이다. 그럼 當令과 司令을 쓰는 調和가 맞았을 때의 太過不及은 자기 능력이 된다. 그런데 調和가 안 맞아서 當令, 司令을 안 쓰는 太過不及은 주변 사람의 실수를 틈타서 취하는 것이다. 이 太過不及은 주변이 잘못되는 것이다. 잘못된 것을 내가 취해 오면 부자가 되는 것이다. 집을 사려고 하는데 그냥 사면 안 되고, 옆에 하우스 푸어가 있으니, 제값 주고 사지 말고 싼값에 사면 된다. 잘못된 것을 가져오는 것이다. 잘못된 것을 고쳐 오는 것이다. 설정을 다시 하는 것이다. 잘못된 것을 내가 싸게 주워 오면 잘 살 수 있다. 사람들이 실수를 많이 하니, 그 실수분을 가져오는 것이 내가 부자가 되는 방법이다. 부실채권, NPL 전법, 상대의 부실과 부재를 틈타서 취하는 전법인 것이다. 이것이 상담 매뉴얼이다. 그러니 조화와 調候가 안 되면 진행이 안 된다고 보면 된다. 진행이 안 되니 개인 능력은 가질 필요가 없다. 상대방이나 주변 사람들이 능력을 발휘하다가 실수한 것을 가져오면 된다.

조화와 조후가 맞지 않아서 모든 것이 부실해지면 태과불급이 되게 된다. 그럼 주변에서 누군가 대신 망하거나 힘들게 되어 있다. 그들을 살리는 방법을 택하면 된다. 그런데 그것이 고급직업이다. 누가 잘못되면 내가 대박이 나고, 남이 잘되면 대박이 나지 않는다. 그런 일을 하는 특수직 종사자가 되는 것이다. 길에서 꽝 하고 사고가 나면 여러 사람이 먹고산다. 레커차가 오고, 병원차가 온다. 죽으면 장례식장으로 가지, 이렇게 누가 망하거나 죽으면 대박 나는 직업이 조화와 調候가 맞지 않아서 태과불급에 걸린 자들이다.

가령 子丑月에 태어나서 金生水가 없으면 조화가 맞지 않았다.

그럼 정상인을 만나러 가기보다 비정상인을 만나러 가야 한다. 그럼 학원을 해도 정상보다 비정상을 해야 하니 재수생 전문학원을 해야 한다.

 명리학 用神을 바라보는 관점연습이 되지 않으면 무슨 말인지 잘 모른다. 癸水 當令이면 甲木이 있으면 재능이 있다고 했는데, 그것만 보고 말하면 맞지 않는다. 명리학의 복식 판단은 쉬운 일이 아니다. 그러니 2번의 조화와 調候에서 넘어갈 때, 잘 넘어가야 한다. 만약 조화가 맞지 않는 사람이 있다. 그럼 명리학 상담으로 성공할 수 있다.
 왜냐하면 조화가 맞지 않으면 자기 같은 사람만 오기 때문이다. 조화가 잘 맞으면 정상인만 계속 오니 當令과 司令을 다 봐주어야 한다.

06 인묘월령(寅卯月令)의 환경특징

1. 직업분야

(1) 지식교육, 학교교육, 인간교육, 어린이교육, 학생교육: 인묘월령의 癸甲은 甲木이 癸水를 만났을 때이다.

(2) 식품제조, 생산 가공환경으로 2차 산업이라 한다: 庚甲
甲木이 庚金을 만났을 때 간벌(間伐)이라 한다. 의식주 생활용품이라 한다.

(3) 농수산업으로 자연환경을 이용하는 것이다: 甲丁
살리는 것이 아니라 죽이는 분야이다. 어부, 농부, 농업경제인 등 의식주(衣食住) 중에 衣食분야가 대다수다. 돈을 많이 벌기에는 甲丁이 최고지만 여기에도 실력이 있어야 하니 지식도 습득해야 한다. 그럼 癸甲이 있어야 한다.

(4) 산업분야는 건축업이라 한다: 戊癸甲이 특징이다.
甲木이 戊土를 만났을 때, 衣食住 중에 住 분야가 대다수다.

여기까지가 寅卯월령의 특징이다.

住 분야에는 또 치어(稚魚)관리, 양어장 관리, 묘목(苗木)관리 등이 포함되며, 제조와 농업, 어업 등도 이들의 주요 업무 군(群)이다.

2. 寅卯月의 當令의 특징

甲木의 업무 群을 나누는 것이다.
지식체계, 교육체계를 세우다. 지식습득환경에서 배우다.
己癸甲은 습득하다. 癸甲丙은 교습하다. 활용하다. 가르치다.
己癸甲의 습득과 癸甲丙의 교습이다. 丙火가 있고 없고에 대한 이야기다. 甲丙은 가르치다. 癸甲은 습득하다.

甲木 當令의 특징은 교육적 인간형을 기대하는 환경에서 살게 된다. 제공하는 매뉴얼에 대한 습득이 필요하며, 절대적 평가가 검증에 유리하다. 앎과 성적이 더 중요한 때이다.

단점은 성적이 안 좋으면 기술직으로 전향한다. (戊土가 다(多)해서 丙火를 가릴 때는 활용 부분에 대해서이고, 戊土가 癸水를 막을 때는 습득 부분에 대해서다.)
그러니 當令의 특징 중 甲木이면 사주에서 교육적 인간형을 원하는 것이다.

戊土가 높아서 丙火를 가리면 활용을 잘하지 못하고, 戊土가 癸水를 막을 때는 지식이 짧아서 들어도 잘 모른다는 뜻이다. 그러니 戊癸甲은 寅卯月令의 단점이라 할 수 있다.

단점은 공부를 잘하지 못하면 노동을 해야 한다.

그러려면 반드시 庚金이 있어야 기술자가 되고, 없으면 노동자이다. 요즈음 戊癸甲은 설계사, 건축사들도 많이 있지만, 반드시 庚金이 있어야 한다.

甲木의 장점은 지적 능력으로 평생을 보장받는 직업을 선택하여 오래도록 유지한다. 辛癸甲이 寅卯月令의 장점이다. 지식체계, 교육체계를 습득해서 전문성이 오랫동안 유지된다. 특히 교육을 통하여 지식체계를 세우고, 교육과 행정직에 종사한다.

교육이면 학교 선생님만 있는 게 아니라 교육 훈련 분야나, 교육계 이외에도 다양한 분야에 많이 근무하게 된다. 이런 현상은 사회적 지위와 명예를 확보하는 방향을 모색하기 때문이다.

甲木의 특징은 지적교육과 능력을 바탕으로 지식체계를 확립할 수 있는 배경 및 농수산물 생산 및 가공 활동이 활발한 배경이다. 학교교육도 중요하지만, 농수산업 환경도 중요한 부분이다.

子丑月令은 수산(水産), 농산(農産)이라 하고,
寅卯月은 농수산(農水産), 卯辰月은 농축산(農畜産), 午未月은 도축(屠畜), 申酉月은 축산(畜産)가공이다.

축산(畜産)이면 사육(飼育) 축산인지, 가공(加工) 축산인지, 유통(流通) 축산인지 알아야 한다.

甲木이 자기와 경쟁해서 자기 자신을 이겨서 실력을 만들어내는 것은 癸水이다.
그런데 丙火는 성적만 가지고 되는 것이 아니라 다른 사람과 경쟁에서도 이겨야 하니 우월적 인간이 되어야 한다. 甲木이 丙火를 보는 순간 乙木이 나올 수 있다.
癸甲은 내가 나를 계발하다. 癸甲丙은 개발된 나를 활용하는 것이다.

甲木은 설기(泄氣)가 되는 일이 별로 없다.
설기는 乙木이 매우 많다는 뜻인데, 丙火가 있으면 乙木이 무성해지는 것이지, 甲木이 泄氣가 되는 것은 아니다.

甲木이 甲丙으로 구성되었으면 학교생활보다 사회생활을 잘할 것이다. 얼굴도 예쁘고 잘생겼고 안면에 미소가 띠어 있다. 그런데 학교 다닐 때는 말을 잘 안 듣는다.
또 癸甲만 있고 丙火가 없으면 침착하고 착하고 말도 잘 듣는다. 그런데 직장에 가면 혼나는 경우가 많다. 씩씩하지 못하다.

寅卯月의 甲丙은 명랑하지만 좀 산만한 편이다. 낙천적이지만 게으른 편이다. 대인관계는 좋으나 친구와 많이 어울린다. 또 丙火가 없이 癸甲만 있으면 침착하지만 약간 소극적이다. 부지

런하긴 한데 쓸데없이 많은 준비를 한다. 친구도 가려서 사귄다.

癸甲丙 둘 다 있으면 서강대부터 시작한다.
甲丙이면 사회학과, 癸甲만 있으면 어문계열
寅卯를 기준으로 乙丙으로 가면 사회계열이라 하고,
癸甲으로 가면 인문학이라 하니 잘 봐야 한다.

만약 亥中 壬甲이나 天干 壬甲하면 글로벌을 이야기해야 하고, 바다 건너 타국을 생각해야 한다. 그리고 寅卯月令 甲丁도 농사를 짓는데, 대도시는 모두 디자인이다. 1차 작업을 하는 사람들이다. 寅卯月令에 甲丁庚이면 애니메이션이라 한다.

3. 寅卯月의 司令: 丙 甲 甲

1) 寅중 丙火 司令用神

甲丙은 자기 실력을 만드는 게 아니라, 사회적 경쟁과 검증, 시험 등을 통해 지위를 확보하기 위한 학문이다. 실력보다는 지위가 더 중요해진 목적의식을 가진 것이다. 상대적 실력을 키우겠다는 의미다. 우월적 실력을 추구하는 목적이 있다. 그것을 가지고 甲丙하는 것이다. 똑똑하기가 이루 말할 수 없지만, 이 똑똑한 것 때문에 최고의 리더는 되지 못한다. 특별한 인간이 되려면 쓰임이 많아야 하는데 寅午戌 火局하면 된다.

학생들은 입시를 위한 준비를 한다. 예체능선수는 대회를 나가서 입상해야 하고, 직장인들은 실적이나 성과 내기 등을 의미한다.

대체적인 업무 유형은 논문을 지도하거나, 편집, 출판, 연출, 코치, 감독 등의 업무로 타인의 자질을 개발시켜서 사회적인 경쟁력을 만들어 주는 일에 적합하다. 그러니 관리자가 어울린다. 지위를 갖기 위한 목적으로, 학력이나 학위를 따고 입상 준비 등 미래를 위한 스펙 관리를 미리 한다. 교장 선생님, 정치학 교수 등의 직업이 적합하다.

2) 寅중 甲木 사령용신: 癸甲은 先 작업이 癸水이다.

절대적 실력으로 자신의 성적을 향상시킨다. 甲木 用神의 목적은 1등을 하는 게 목적이다. 그래서 癸甲하는 것이다.

이 정도만 되어도 서울대를 갈 수 있는데 또 연구원급이다. 甲木의 특성은 학교교육을 통하여 현장에 필요한 지식체계를 세우는 가장 보편적인 방법으로 살아가는 경향을 띠고 있다. 그러므로 학위나 학력을 가장 중요하게 여기며, 업무 유형은 깊이 있는 학습을 통해 능력을 갖추고, 교육 분야나 행정 분야로 진출하게 된다.

그러니 寅中 甲木의 癸甲 수준은 보편타당한 인물밖에는 될 수 없으니 서울대를 가려면 높은 수준은 辛癸甲해야 한다. 이때 癸水가 天干에 있는 것은 대단히 불리하다. 암장(暗藏)에 있기를 권장한다.

3) 卯중 甲木 司令用神

癸甲을 해야 한다. 이때 卯月 甲木 사령의 癸甲과 寅月 甲木의 癸甲은 온도가 10도 차이가 나니 이미 丙火가 있는 것이다. 그러니 寅中 丙火의 甲丙이 여기에 들어와 있고, 寅中 甲木의 癸甲도 이곳에 들어와 있는 것이다. 그러니 卯中 甲木은 다시 癸甲을 해야 하고, 목적은 丙火에 맞춰져 있다.

그러니 癸甲丙이 되어야 한다. 그럼 사회적 검증에 우세한 인물이 되려면 癸甲에는 辛金이 있어야 하고, 甲丙에는 庚金이 있어야 한다. 相生식으로 설명하면 寅中 丙火는 甲丙, 寅中 甲木은 癸甲, 卯중 甲木에 丙火가 있으면 庚金으로 金生水하기를 바라고, 丙火가 없이 癸甲만 있으면 辛金으로 金生水하기를 바란다.

相生식으로 卯중 甲木은 甲丙이다. 그런데 辛癸甲이냐 庚癸甲이냐에 따라서 내용이 다른데, 丙火가 있냐 없냐에 따라 다른 것이다. 丙火가 있을 때는 庚金이 우선이다. 학력과 학위가 더 나온다.

卯中 甲木용신의 특성은 癸甲으로 절대적 자기 능력을 만든 후, 甲丙으로 상대적 능력을 겸비한 학습 과정을 거친다. 그러니 최고로 똑똑하다. 실력과 경쟁력을 동시에 원하는 특징을 가지고 있다고 해서 癸甲丙이라 한다. 항상 경쟁에 대비하여 실력을 더 쌓아야 하므로 丙火가 없으면 辛癸甲으로 실력이 더 높아지고, 丙火가 있으면 庚癸甲丙으로 활용 위주의 능력이 된다.

대체로 辛癸甲은 교육형 업무를 본다. 교육정책, 교육프로그램

등이다. 교육행정계에서 조직을 운영하려면 전략, 제도, 정책 계획 등 운영프로그램은 庚癸甲丙이다.

그림 寅中 甲丙과 卯中 甲丙의 차이를 알아야 하는데,
寅中 丙火 司令의 甲丙은 학력과 지위를 올리기 위함이고(교장 선생님, 정치교수),
寅中 甲木 司令 癸甲은 자질 향상이 목적이 되니 지위나 신분 상승에는 별로 관심이 없다(학교 평교사).
卯中 甲木 司令 甲丙은 관리자가 목적이다(교육청 근무, 장학사, 학생처장, 교수, 교무처 등에 근무).
丙火는 자기의 기득권을 쌓기 위해 항상 노련하게 정치를 한다. 그런데 天干 丙火에게 '정치를 참 잘하시네요' 하면, 자기가 가장 못 하는 것이 정치라 한다. 말주변도 좋은데, 丙火에게 말주변이 좋다고 하면 '내가 제일 못하는 것이 말'이라 한다. 사람은 자기가 타고난 것은 늘 부족하다고 생각하는 경향이 있다.

卯중 甲木 司令用神인 甲丙부터는 위험한 처사들이 있다. 春分이 지나면 날씨가 점점점 뜨거워지니 金生水가 안 되면 위험해진다. 또 하늘에서 비가 오니 秋分이 지나면 점점 추워지므로 보일러가 필요하다. 그러니 春分이 지나면 金生水를 해야 하니 냉방비가 필요하고, 秋分이 지나면 木生火의 난방비가 들어간다.
秋分부터 습도가 점점 떨어지니 春分까지 불조심 강조 기간이 시작된다. 이때 丁火가 있으면 무조건 불이 난다.
그리고 秋分이 지나면 농산품(農産品) 시대가 가고, 공산품(工

産品) 시대가 온다고 생각하면 된다.

4. 寅卯月의 태과불급의 기(忌)

1) 수다목부(水多木腐)

癸水가 많으면 나무가 썩는다. 자질계발을 해야 할 시기에 정신적 정체성이 불량하여 자기가 자기를 알지 못한다. 우울증이 걸린다. 지식적 어려움을 겪는다. 해결점은 己土나 戊土로 한다.

癸水가 多해서 수다목부(水多木腐)의 해결책은

(1) 己土로 하면 정신적 위압감에서 벗어나서 현명한 방식으로 자기 지식을 개발하는 환경을 만나야 한다. 장소를 옮겨야 한다.

(2) 戊土로 해결하면 대안 교육방식을 택해서 예체능 및 기술 교육에 참여한다. 이 모든 것을 진로 적성 분야로 통변(通辯)해야 한다. 장소뿐만 아니라 전공까지 옮겨야 한다.

2) 火가 없이 金(申酉戌)이 지장간(地藏干)에서 金生水하면 뿌리가 산화된다(이물질 때문에 썩는다). 申戌은 그런대로 견딜 만하지만, 酉는 죽어난다. 이때 해결하는 방법은 巳나 丙火이다.

(1) 巳로는 스스로 희망을 찾아서 살아남는 방법을 택하니 자수성가의 功을 세우겠다. 스스로 희망을 찾아 살고자 하는 생존

력을 부려야 한다.

성공률은 丙火보다 巳가 더 낫다. 할 때는 힘이 들어도 고생한 사람이 성공한다. 서러울 시간이 없는 사람이 성공한다. 하소연할 사람이 없어야 한다.

(2) 丙火로는 유리한 환경을 만나서 자수성가의 공을 세우겠다. 성공하고 싶은 마음에 정신을 차려서 해야 한다. 복은 없으니 이 안에 자수성가가 들어가 있다.
※ 酉가 金生水할 때는 巳酉丑 삼합을 하여야 한다.

그러나 火가 없는 金生水는 자수성가라 해도 선례(先例)는 될 수 있어도 방법론이 될 수는 없다. 밤에 잠도 자지 않고 일한다거나 한겨울에 장갑도 끼지 않고 일하는 힘겨운 사람에 속한다. 그러니 巳나 巳酉丑으로 자수성가한 사람들은 정말 상대하지 못할 정도로 지독한 자들이다.

癸水는 마음을 잘 먹어야 하고, 金은 숙명적으로 타고난 것들이다. 이는 선천적인 문제로 유전적 문제, 부모 문제 등에 걸린다.
자신의 정신적 문제가 걸리는 것은 수다목부(水多木腐)인데, 금다목부(金多木腐)로 산화되어 썩는다는 것은 부모 때문에 그런 것이다. 유전적 인자라고 해도 된다.

3) 木多水縮(목다수축)

木多水縮이 된다는 것은 木이 多하고 丙火가 있다는 뜻이다.

그리고 金生水가 안 되고 丙火가 있는 것을 말한다.

그냥 木多라고만 하면 안 된다. 寅卯月令의 木多水縮을 뜻하는 것이다. 火氣는 있는데 金生水가 안 되는 걸 말한다. 대운(大運)과 세운(歲運)에서도 많이 참작해야 한다.

大運과 歲運에서도 金生水가 안 된 癸甲으로 水生木을 하고 있는데 갑자기 丙火가 들어오면, 그때 당시 좋은 자리에는 올라갔으나 실력 없는 것이 드러난다. 목적은 큰데 보잘것없는 재주인 것이다.

가수는 하고 싶은데 목소리가 안 좋은 것, 장교는 되고 싶은데 키가 모자란다거나 뭔가 목적은 있는데 몸이든 실력이든 무언가 기준에 맞지 않은 것이다.

이건 해결할 방법이 없다. 金生水를 해야 하는가, 목적을 포기해야 하는가, 고칠 수가 없다. 그러다가 나무뿌리가 메마르게 된다. 공부를 못 하는 것이다.

그래서 대체로 이런 사람들은 유통업 분야로 넘어가게 되어 있다. 그러려면 庚金이 벽갑(劈甲)으로 木을 잘라야 한다. 木生火를 하려고 자르는 게 아니다. 庚甲할 때 농수산유통업이다. 경매사 자격증 등을 권장한다.

(1) 水多木腐의 가장 큰 문제는 집안의 우환이다. 학교를 두 번 간다. 이건 내 탓이다.

(2) 火가 없고 지장간(地藏干)의 金이 속을 썩인다. 엄마가 시집을 세 번 네 번 가는 등 대책이 안 선다. 차라리 남이었으면 하는 생각이 든다. 자기가 못나면 뻔뻔할 수 있는데, 부모가 힘들게 하면 기운을 못 차린다.

(3) 木多水縮은 희망 고문이다. 이 사람은 TV도 끄고 언론도 차단해야 한다. 이룰 수 없는 헛된 희망을 품는다. 이 사람의 구호가 "서울 가자"이다.

5. 寅卯月令의 희기신(喜忌神)

1) 甲木당령
절대적 실력기반이다. 甲木은 최초실력이다. 그러므로 甲木이 庚金보다 더 중요하다.
寅卯月令의 甲木은 절대적 기반 실력이라 한다. 庚金은 경험적 실력이다.

(1) 癸甲: 자기계발. 이건 평범하다. 통변할 게 없다. 누구나 다 하는 것이다.

(2) 辛癸甲: 절대 평가적 성적이 우수하다. 연구하기. 연구 개발하기. 지적재산권, 특허권, 저작권, 국가자격증.

(3) 甲丙: 사회적 경쟁 우수, 상대 평가적 성적이 우수하다. 스펙 쌓기, 대회를 나간다. 자격증을 딴다.

(4) 己癸甲: 환경적합성이다. 대체로 우수한 성적에 필요한 환경을 찾아 나서기를 권장한다. 이때 당시에는 甲木이므로 자기계발에 필요한 적합한 장소나 환경을 찾아야 한다. 유학을 가거나 자기계발에 적합한 환경을 찾아야 한다.

6. 忌神들

1) 戊: 그냥 전문지식이 아닌 대안 교육 방법 찾기다.

2) 丁: 농수산가공 즉 의식주 가공, 횟집, 경매

3) 庚: 공부 잘하는 것보다 활동을 잘해야 한다.
성적이 우수한 것보다 사회적 지배력을 키워야 한다.

4) 壬: 전수 교육받기, 자질계발을 하기보다는 남의 것을 갖다 쓰면 된다. 소설은 쓰지 말고 번역해라. 외래교육방식, 해외나 대외교류, 영어, 한중교류, 한미교류 등 외교통상 분야로 자기계발을 한다. 대외교류 학문으로 자기계발 하기.

7. 寅卯月令의 첨가사항

1) 寅卯月令의 癸水가 金生水 수원(水源)이 없고 丁火가 旺하면 2차산업 분야에서 사람들의 아픔을 위로하는 여가산업, 화류 등의 각종 서비스산업이 유망하다. 학교 앞 당구장, 호프집, 만화방, 오락실

2) 그런데 金生水하고 丁火가 있으면 여가산업 분야에 특기생이 되어버린다. 이런 사람은 오락하다가 게임 선수가 되고, 만화를 읽다가 애니메이션작가 되곤 한다. 여가산업 분야의 선수가 된다. 대개 여가산업 분야에서 프로 전향은 金生水하고 丁火가 있으면 선수가 된다.

癸水 喜神에 丁火 忌神이 있으면 여가를 즐기러 갔다.
당구장에 놀러 갔다가 당구선수가 된다. 그러려면 辛癸丁이 되어야 한다. 서당개 3년이면 풍월을 읊는다. 적중률이 높게 나타난다.

子丑월령은 庚金, 寅卯월령은 丁火, 卯辰월령은 壬水, 巳午월령은 辛金이 있어야 여가가 발달된다.
없으면 최소한 암장(暗藏)에라도 있어야 딴짓을 하면서 키득거리기라도 한다.
忌神이 暗藏에 있으면 음지에 자생한다. 스스로 음지를 찾아간다.

문제는 喜神에 대한 相剋형 忌神이 없는 게 문제이다. 놀지를 못해본다. 꼰대들로 예체능이나 문화생활이 안 된다. 발전이나 소비가 안 된다. 평생 놀지를 못해본다.

8. 用神의 忌神

1) 甲木 用神
교육에 필요한 지적 논리력이다.

2) 甲木에서 忌神 庚金
의식주 생활에 필요한 농산물 가공 능력이다. 연필이 아니라 연장을 들었다. 이때 丙火가 있으면 庚金은 기득권이다. 남녀를 막론하고 도시에서는 바리스타나 요리사를 많이 지향하고 있다. 시대적 변화에 따라서 지식 선호도도 달라지고 있는 것이다.

3) 甲木에서 忌神 乙木
교육제도 안정에 필요한 교육정책 능력이다. 이것은 丙火가 있냐 없냐에 따라서 달라진다. 지식교육에서 상담, 컨설팅, 설득 등 직업교육으로 바뀐 것으로, 변화됐다기보다 접목됐다고 봐야 한다.

寅卯月令에 乙木이란 忌神이 있으면 교육시스템 프로그램, 전략기획 등의 대외설득력이 많이 포함되었다. 이건 접목이다. 寅

卯月令 甲木用神에 庚金이 있으면 전환이다. 전환과 접목은 다르다.

9. 배합형 喜忌神

1) 喜神 癸甲

교육에 필요한 집필 능력과 사물 양육에 필요한 연구 개발력이다. 논리적 인간이 되기 위한, 지식과 실력을 갖추기 위한 자기계발 능력이다.

(1) 子중 癸水: 아이디어, 감성, 사고, 철학
(2) 丑중 癸水: 교육에 필요한 지식
(3) 辰중 癸水: 대인관계에 필요한 기획이나 전략으로 구분한다.

첫 번째 喜神을 시작할 때 상극형 희신, 응용형 희신, 배합형 희신 등 항상 꼭 이 세 가지를 넣어야 한다.
甲木의 癸水가 子中 癸水냐, 丑中 癸水냐, 辰中 癸水냐.
따라서 각기 다르게 설명해야 한다.

2) 癸水가 忌神 丁火가 있으면

여가산업이다. 놀러 가라. 未중 丁火가 있으면 파친코, 오락하러 간다.
戌중 丁火가 있으면 음지(陰地)적인 일을 하러 간다.

그런데 辛癸가 있고 丁火가 있으면 놀러 가서 선수가 되어 온다. 창작예술, 각종 재능이 아주 출중하다. 과학기술의 창작과의 접목 현상이 벌어진다. 여기에서 丁火는 단순하게 癸水에 丁火가 있는 게 아니다.

3) 癸水가 忌神 壬水가 있으면

외부에서 유입된 학습을 습득한다. 에이전시 학습, 경영학습, 통상학습, 대외관계 교류 학습 등을 하면 된다. 외래문화 교류를 통한 언어력 개발이다. 외부문화 유입에 의한 지식을 습득하고, 교류를 통한 언어능력을 갖추게 된다. 이와 같은 언어력은 경제성과 실용적인 면을 고려한 경영 효과를 거두는 방법으로 접목된 능력이다.

그러니 癸水에 忌神 壬水가 접목되면 경제와 경영을 고려한다. 진로로 말하면 경영이고 전공으로는 외부 교류이다.

10. 中化형 喜忌神

1) 喜神 甲己

교육환경에서의 자기계발을 위한 교감효과이다. 己癸甲이면 자기계발에 필요한 환경을 찾아 나서라고 했다. 특히 운에서 많이 봐야 하니 집에서 하지 말고 나가서 해라. 학습환경을 나가서 찾아오라는 뜻이다.

자기가 살고 있는 영역에 학습환경이 있다. 그런데 己壬甲하면 나가라.

己癸甲이 있으면 유효적절하게 상담을 잘해 준다.
학교 선택도 잘해주는 컨설팅, 학습 방법 컨설팅에 최고다.

2) 忌神 甲木의 戊土기신

시험과 검증에 필요한 교감효과이다. 대안 교육을 해라. 庚金으로 땅을 파면 건축업을 한다. 대체로 기술 등의 특수교육을 많이 받는다. 육체적 능력, 기술적 능력, 경제적 효과 등을 고려한다.

가능하면 특기 교육을 받아서 국가자격증을 따라(부동산중개사와 같은 개업을 통해 경제효과를 누릴 수 있는 자격을 권장). 프리랜서나 개업을 할 수 있는 것을 더 권장한다. 庚金이 있으면 당연히 기술직이다.

11. 生化형 희기신(喜忌神)

1) 喜神 辛癸

깊이 있는 학습을 통한 전문가 교습 효과이다. 水源으로 甲木을 더 질적, 양적으로 가치를 높게 키우는 것을 말한다. 전문성 효과, 지속성 효과이다. 자기 가치를 최대치로 올리면서도 오랫동안 자기 실력을 쓸 수 있는 걸 뜻한다. 地支에서 巳酉丑으로 金生水 하면 부모의 영향을 받아서, 부모의 유업을 받아서이다.

2) 忌神 庚癸

학습 방법을 교정하여 적절함으로 이끄는 교정 효과이다.

(1) 天干에 甲木이 투간되지 않았을 때 丙火가 있어야 한다. 丙火가 있고 庚金 忌神이 있을 때는 사회적 지배력을 갖추기 위해서, 기득권층에 가담되기 위해서 경쟁 효과를 거둘 수 있는 학습으로 진행한다. 고시 등을 본다. 이것이 丙火이다.

(2) 天干에 甲木이 있고 庚金이 金生水하면 用神에 대한 忌神이기도 하고, 辛金 喜神에 대한 忌神이기도 하다. 이러한 경우는 보정, 보완, 교정 등의 잘못된 것을 잡아 주는 분야로 전공한다 (의사, 상담사, 각종 힐링, 치유).

庚金이 金生水는 하는데, 甲木도 透干 안 되고 丙火도 없을 때는 아무 효용이 없다. 아무 역할이 없다. 역할 부재이다. 재미있는 사람, 코믹한 사람, 그리고 대인관계가 좋은 사람이다.

12. 활용형 喜忌神

1) 喜神 甲丙

지적 능력을 발휘하도록 돕는 가이드 효과이다. 사회적 지배력, 사회적 기득권 등을 차지하거나 지위를 창출한 효과가 있다. 교습능력과 지도력이 뛰어나고, 언론 활용이나 설득력이 능숙하며 대인관계도 원만하다. 丙火의 조후 작용을 통해 유리한 환경을 접할 기회도 많다. 아나운서나 교육방송 수학강사 같은 유명인이 되고자 하는 효과가 있다. 활용 능력, 점유 능력 효과의 최고가 丙火이다.

2) 忌神 甲丁

지적 능력을 조율하여 적절하게 이끄는 편집 효과이다. 이 능력도 대단한 효과를 가지고 있다. 丁火는 금융전문가로서의 전문가 효과이다. 또한 흥행성, 예술성, 이벤트 행사 유치 등 흥행을 위한 활용성에 들어간다.

경제적 효과는 壬水, 戊土, 그리고 丁火에서 나온다. 壬水는 대외관계에 필요한 경제적 효과로 경영이다. 戊土는 돈을 많이 벌어야 한다는 것으로 경제적 효과가 나와야 한다.

임상

戊丁壬丁 坤
申酉寅丑 3

1. 寅卯月令에서 먼저 급하게 처리할 문제

1) 癸多: 없다.
2) 申酉戌: 申酉가 있으나 중요하지는 않다.
酉가 있지만 酉丑 三合을 하고 있고 申은 슬쩍 넘어가도 상관없다.
3) 木生火되고 金生水가 안 되는 것: 없다. 甲丙과 金生水가 없다.

문제가 있는 것은 2)번에 申 하나밖에 없다. 해결방법은 丙火로 유리한 환경을 만나거나 巳로 스스로 해야 한다. 둘 다 없으니 丙火의 유리한 환경을 부모가 만들어줘야 한다. 이것이 위 사주의 문제를 해결해주는 방법이다.

자수성가할 수 있는 환경을 조성해주라는 것이다. 환경을 조성해주고 부모가 스스로 매니저를 자처하고 인도자로 자처해서 위 사주를 이끌어주어야 한다.

지나간 시절에 申酉戌이 왔었다. 안 왔으면 이 부분 안 본다. 지나간 3년의 기운이 앞으로 5년을 더 앉아 있을 것이다. 인도를 해줘야 한다.

2. 用神과 喜忌神: 위 사주가 누구인지 본다.

1) 癸甲 → 壬, 丁

癸甲을 하랬더니 壬甲과 甲丁을 한다. 壬甲이 있으니 유학을 보내야 한다. 비즈니스를 위한 壬水, 甲丁은 예체능이나 여가활동을 해야 할 것이다.

壬水는 서양 문물이다. 견학이나 유학을 갔다 와야 한다.

丁火가 있으니 과학기술 접목이다. 놀이, 여가 문화 접목이라 한다.

2) 己癸甲 → 戊

己土면 그 자리에 머문다. 戊土이니 장소를 찾으러 가야 한다. 대안 교육을 해라. 庚金이 있으면 건설 건축 분야의 기술이다. 庚金이 없으면 예체능이다. 甲木이 있으면 설계도 할 수 있다.

庚子年 운세 庚金이다. 대안교육을 해라. 庚金이 왔으니 대안교육으로 건축으로 간다. 지장간(地藏干)에 申중 庚金이 있으니 고급기술자가 될 수 있다.

천간의 庚金보다 地支의 申이 더 낫다. 申이 金生水를 산화(酸化)시키니 자수성가를 하러 가야 한다. 스스로 안 되니 부모가 마련해 주어야 한다. 온통 忌神으로만 무장했으니 인문학은 싫어한다.

3) 辛癸甲: 地藏干에서 되고 있다.
묵묵히 현장 생활을 하다 보면 巳가 들어오면 전문가가 될 수 있다.

4) 癸甲丙 → 丁
丙火가 없으니 닳아 없어지지 않는다. 丙火가 있었으면 癸甲이 닳아 없어져서 못쓴다. 丁火가 있다. 운영을 해서 사회지배를 해야 하는 게 아니라 경제적 효과를 거두면 된다. 丁火가 있으니 흥이 있다. 여가는 즐기지 말래도 잘 즐긴다. 월급을 받으면 다 쓴다. 사주 이름은 正印格이다.

格으로 공부하기 이전에 이 사주가 가지고 있는 기본 틀을 알아내야 한다.

甲木은 癸甲, 己癸甲, 辛癸甲 癸甲丙이란 네 가지 코스가 있다. 여기에 忌神을 대입하는 것이다.

丁火는 과학기술 접목, 경제, 놀이, 여가 문화 접목이라 한다. 壬水는 서양 문물이다. 견학이나 유학을 다녀와야 한다. 경제 대신 경영학을 해라. 戊土도 인문학이 안 되니 대안 교육을 찾아라. 庚金이 있으면 기술이고, 庚金이 없으면 예체능이다. 경제 분야 직업으로 3개가 들어와 있다. 위 사주는 돈을 벌려고 태어났지, 지위나 계급을 올리려고 태어난 건 아니다.

申酉戌이 金生水를 하면 부모나 상사 등 위의 사람이 나를 이끌어 주지 못하는 힘겨움이 있다. 통변은 '네 스스로 일하고 네 밥도 알아서 챙겨 먹고 네 마음도 스스로 챙겨야 한다'고 말해 줘야 한다. 巳가 있으면 누가 옆에서 챙겨 준다.
　癸水가 天干에 투간되지 않았으니 머리가 우울하진 않다. 壬水가 투간되었으니 마음이 좀 가난하다. 寅月의 丑은 자기 열정이니 좋은 것이다.

戊癸甲庚은 여자들에게는 인테리어라 한다. 건설 건축이라 하면 안 된다. 甲丁庚이 있으면 농수산물 가공실력이 있는 것인데, 庚金이 투간되지 않았으니 없는 것이다.
　농수산물이면 커튼도 하나의 인테리어다. 이불도 하나의 의식주이다. 그러나 天干에 辛金 庚金이 투간되지 않았으니 의식주 가공은 좋아하지 않는다.
　寅卯월에는 의식주 용품 산업도 寅卯辰月에 있다.
　忌神이 없고 喜神만 있다면 '선생님'이라고 하면 끝이다. 가끔 간호원도 있기는 한데 선생님이다. 忌神이 많아야 다른 연출들이 된다. 壬水는 희망 사항인데 외국에 나가서 사는 것이다. 丑中의 癸水가 있는 것이 사실이다. 天干에 忌神인 丁火가 있으면 여가산업이다. 辛癸丁이 되면 여가산업 분야로 전문가가 된다. 그러나 이 사주는 여가산업의 전문가가 될 수는 없고 그냥 노는 것이다. 丁火를 두 번 썼다. 甲丙의 忌神 丁火, 癸甲의 癸水 忌神의 丁火를 썼다.

庚子年 운세는 庚金으로 戊癸甲의 실무에 필요한 자기 기술을 연마하라. 스스로 잡지는 못하니 그런 것을 부모가 인도해주어야 한다. 직업과 전공이 무엇인지 자세하게 알고 있어야 임상이 된다.

年運에서 用神을 어떻게 활용할 것이냐?
年運은 두 가지로 들어오는데, 배합으로 쓸 때는 능력을 업데이트하거나 활용하는 것이다.
하나는 地支로 보는 것이니 문제점을 발견하는 것이다.
그럼 능력을 전환 또는 보강이다.
寅卯月令의 戊土의 대안교육은 庚金이 없으면 대체로 예술이다.

07 묘진월령(卯辰月令)의 환경특징

1. 卯辰月令의 환경특징

환경특징은 사회생활에서의 개인 경쟁력을 중시한다. 개인기가 뛰어나야 한다.
※ 巳午月令은 사회생활에서의 조직경쟁력을 중시한다.

개인기가 뛰어나고 경쟁력을 갖추기 위해서는
① 설득력을 갖춰야 한다. → 대인관계에서 존중과 존대
② 검증을 거친 경쟁력도 갖춰야 한다. → 경쟁력

존중과 경쟁력을 갖춰야 하고, 전체 속의 개인 간 경쟁력을 의미한다. 동료 간의 관계, 사회생활이나 조직 생활 내 대인관계 속의 경쟁력을 우선한다. 그러다 보니 이 속에는 늘 경쟁에 의한 스트레스, 상하 관계에 대한 스트레스 등 관계 스트레스가 존재하게 된다.

특히 사회적 정책과 개인적 가치를 발현하기 위한 조직 능력

과 개인적 역량을 높여나가는 걸 말하지만, 그래도 조직 능력보다 개인적 역량이 더 중요하다. 이런 상황에서 경쟁과 존대에 입각한 개인적 권리와 조직의 의무가 이때 생겨난다.

※ 冬至와 夏至의 가운데 위치한 卯辰月令이나, 夏至와 冬至의 가운데 위치한 酉戌月令이 얼마나 중요하냐 하면 개인적 존중과 존대의 가치와 개인적 상품가치, 경쟁과 존대가 항상 필요한 것이다.

사람이나 인재 활용 능력, 상품 영업능력이 뛰어나니 설득력이 있어야 한다. 그러니 辰 하나만 있어도 말주변이 있는 것이다. 그런데 본인들은 말주변이 없다고 하지만 사실은 언변 능력이 있는 것이다. 서비스 정신이 매우 발달한 이면에는 경쟁 스트레스와 상하 관계 스트레스, 관계 서비스 등에 의한 스트레스가 심하다. 그럼 스트레스가 있는 것과 말주변 좋은 것을 구분할 수 있어야 한다.

卯辰月에 濕이 지나치면 스트레스이고, 濕이 적당하면 설득력이 있다. 濕이 얼마만큼 있느냐에 따라 다른 것이다.

③ 卯辰月令에 사회나 조직, 가정이나 직장 등에서 내부갈등이 있다면 여기에서 지배력이 싹트기 시작한다.

※ '될성부른 나무는 떡잎부터 알아본다'는 寅중 甲木으로 癸甲인데, 앞으로 이 아이가 사회적 리더가 될 수 있느냐는 辰중 乙木으로 乙丙이다. 사회조직의 틀 안에서 기득권자가 되기 위

한 경쟁 중이다.

2. 乙木 當令 특징

사회조직 틀 안에서 기득권자가 되기 위한 것이다.

1) 외부 대인관계가 매우 중요하다.

2) 적재적소에 알맞은 인재를 쓸 줄 아는 것을 적용 능력이라 한다. 가령 사람으로 태어나서 부모 외에 알아야 할 사람이 변호사나 의사 하나 정도는 알고 있어야 급할 때 적용할 수 있는 것이다. 이런 관계를 중요하게 여기는 것을 적재적소 적용 능력이라 할 수 있다.

외부에서는 대인관계를 많이 쌓고, 내부적으로는 결속력 있게 행하는 것이 가장 중요하다.

그런데 문제는 乙木은 甲木처럼 자기만 잘하면 되는 게 아니라 남보다 잘해야 한다. 그러니 이와 같은 것을 아무리 말해 봐야 실적이 높거나 인기와 같이 남들이 호응해주지 않으면 아무런 의미가 없다. 그러니 시절을 잘 만나든가, 스스로 노력해서 이루어내야 한다.

시절이 잘 만나려면 여름이 오면 된다. 노력으로 이루어내려면 丙火가 있으면 된다. 丁火가 있으면 사람을 밟고 올라가야 한다. 丙火는 다 같이 잘해서 실적도 나오고 인기도 끌고, 호응이 좋으려면 모두가 다 합쳐서 乙丙으로 배합을 이루어야 한다. 그러려면 乙丙이 天干으로 와야 한다. 地藏干에 있는 것은 시절이 그런 것이니 큰 틀을 움직이거나 노력을 한 것은 아니다. 그런 것은 큰 역할은 할 수 없지만, 경제적 측면이나 실속은 더 좋다.

 乙丙이면 지위나 명예 인기와 같은 기득권을 차지한다.
 지장간의 乙巳면 먹고사는 생존영역을 구축한다. 부를 추구한다.
 둘 다 있으면 火多木枯(화다목고)가 된다. 그럼 또 金生水가 있어야 한다. 그러니 중화를 맞추는데 쉽지 않다. 나중에 癸甲과 癸寅의 차이나, 子甲의 차이가 다르다.
 癸甲은 열심히 공부해서 스스로 이룬 것이지만, 子甲은 열심히 공부한 것이 아니라 환경이 그렇다는 것이다. 시간이 지나면 저절로 알게 되는 것이니 생존이라 한다.
 암장에서 하는 짓을 구분하기 힘드니 꼭 알고 가야 한다.

 卯辰에서 중요한 것은 과습(過濕)과 中和가 잘 맞느냐이다. (調和가 아님)
 중화가 잘 맞아서 金生水도 하고 木生火도 잘되면 中和가 잘 맞으니 말주변도 좋고 서비스도 좋다. 그러나 中和가 맞지 않으면 하던 일을 망치는 경우가 흔하다.

3. 司令의 역할

1) 卯중 乙木 司令用神은 癸乙이 배합이다.

癸乙의 특징은 甲木에서 배우고 익힌 것을 검증받아서 우열을 가린다. 이를 확대해석하면, 나중에 직업에서도 검증을 통해서 우열을 가리고, 업무도 검증하고 관리, 감독, 감시, 감찰 업무적 역할을 한다.

그럼 먼저 검증을 받아 우열을 가려서 합격 불합격 판정을 받아야 하고, 나중에는 자기가 업무를 검증하는 일을 해야 한다는 의미다. 검증과 경쟁을 대비해 능력을 키우고, 또 대인관계를 쌓아서 미래 목적에 맞게 활용하게 된다. 이런 역할을 위해서는 개인적 능력도 중요하지만, 사회적 경쟁에 초점을 맞추어 대비도 해야 한다.

업무 유형은 인간관계 속에서 공정한 권리를 보장하고, 의무를 지켜서 정책을 수립하거나, 감시 감찰을 통하여 불법과 편법을 단속하는 역할의 업무가 적당하다. 감독하고 감시하고 감찰하다. 이것이 업무 유형이다.

여기는 물건가격을 측정하는 것이 아니라, 사람들에 대한 능력을 평가하는 것이니 학교 시험관, 행정부의 출제위원 등이 여기에 속한다.

2) 辰중 乙木 司令用神: 乙丙이 배합이다.

특징은 검증과 경쟁을 거쳐서 사회생활을 하게 된다. 사회생활에 필요한 능력(庚癸)을 갖추고 적극적으로 사회활동에 참여하는 것을 의미한다. 庚癸가 없어서 지적 능력을 발휘할 수 없다면 의식주 분야의 보조 인력이나 서비스 인력과 같은 기술인력이 될 것이다.

업무 유형은 乙丙이 없으면 조직의 분과나 부속기관에 근무하는 지점 지사와 같은 형태의 실적을 내야 하는 분야라 할 수 있다.

3장 [24절기(節氣)와 사령용신(司令用神)]에서도 언급했지만, 天干에 丁火가 투간됐냐, 辛金이 투간됐나에 따라서 기술직과 시설직으로 나뉜다. 과학 문명적 시설직이 있고 의식주 분야의 시설직이 있다.

※ 다소 비슷한 내용이 중복되는 부분이 있더라도 중요도를 감안(勘案)하여 강조한 것이니 참고하시기 바란다.

① 庚癸乙에서 庚金의 유무로 전문성과 보좌로 구분
② 乙丙의 유무로 중앙부서냐 지점 근무냐로 나누어진다.

만약 지적 능력이 아닌 기술인력이라면
③ 乙丁은 공업형 기술직으로 시설관리직이라 한다.
④ 乙辛은 의식주 분야의 기술직으로 구매, 보급 등을 관장한다. 이들을 기술직이라 한다.

기술인력이라면 약품이나 요식, 패션, 출판이나 인쇄, 기타 미술이나 영상편집, 디자인 분야, 꽃이나 식물 등을 사용한 기술 분야 업무에 적합하다.

대체로 의식주 분야 기술직인데, 시설관리 기술직도 있는 것이다.

3) 辰중 癸水 司令用神: 癸乙이다.

경쟁사회에 필요한 지식습득을 위해 노력한다.

이런 경우 지식은 전략과 전술이란 기획 능력을 뜻한다.

(庚)癸乙의 특징은 경영지원부이다. 작전 짠다고 한다. 정책연구, 전략, 전술, 기획 능력, 시장조사이다. 경쟁과 성장이란 목적의식에서 출발하였기에, 열심히 노력한다고 되는 게 아니라 결과를 내야 하는 힘겨움이 될 수 있다.

업무 유형은 자신의 능력보다는 환경변화를 감지하여 그에 따른 필요한 내용을 충족시켜 주는 분야로서 경영지원에는 정책연구, 인사관리, 리서치가 가장 많이 사용된다. 대체로 기획 능력은 시장조사가 필요하다.

※ 酉戌月令에는 丁火가 시장조사를 가장 많이 하고,

卯辰月令의 시장조사는 여론조사라고 생각하면 된다.

① 기획: 시장조사, 여론조사, 경영지원, 작전 기획
② 임기응변이 들어가 있고 처세법도 이 속에 많이 들어가 있다.

4. 용신(用神)과 기신(忌神)

1) 用神 乙木

當令을 말한다. 이는 공동체를 구성하기 위한 대인관계 능력이다. 공동체를 이끌어가는 개인 능력이 되려면 天干에 乙木이 투간되어야 한다. 乙木 當令의 특징은 공동체 속에서의 개인 능력이다.

공동체를 이끌어가는 개인 능력이 확실해져서 조직의 대표가 되려면 乙丙이 되어야 한다. 인재 등용, 정책연구, 제도개선 등이 乙木의 잠재력이다.

乙木만 天干에 있으면 공동체를 이끌어가야 하는 지도자가 되는 잠재력을 가진다. 공동체 속에 개인 능력의 우수성을 인정받으려면 乙丙이 되어야 한다.

卯辰월 乙木 當令은 행정 분야, 교육복지, 사법 분야의 정책을 연구 계획, 개발하는 잠재력을 보유한 인물이다. 그러려면 乙木이 天干에 투간되어야 한다.

안정된 사회와 기타 조직 운영에 필요한 인물 관리와 제도를 구축해서 지도자가 되려면 丙火도 투간되어야 한다.

그럼 인재 등용, 정책연구, 제도개선 등의 능력은 乙木이 가졌다. 만약 乙木만 떠 있으면 지도자가 될 잠재력만 가진 것이다. 그럼 시장이나 의원선거에 나가면 아직은 당선될 수 없다. 그러나 丙火나 巳가 들어오면 당선되는 것이다.

(1) 기타 地藏干의 司令用神의 역할 중 卯중 乙木은(天干에 乙木이 있고 나서 卯중의 根이 있을 때를 말한다) 자기 능력보다는 사회적 성공도가 높거나 신분과 지위를 활용하여 기득권을 확보하기에 용이한 분야로 진출하려는

잠재력을 보이고 있다. 검증을 통해서 신분적 우위를 점유하려고 한다. 이때 丙火가 있으면 우열 속에서 우위가 되는 것이다.

(2) 乙木이 天干에 있는데 지장간(地藏干) 辰중 乙木에 根을 하고 있으면 한 분야의 通이 된다. 전문가가 된다. 설득력, 행정력, 소통력이 잠재되어 있으므로 이어받은 직무능력을 발휘하게 된다. 전문성을 부각시키려 한다.

卯중 乙木에 根은 신분으로 권한을 가지려고 하는데, 辰중의 乙木에 根한 것은 전문성으로 최고가 되고자 한다는 의미이다. 辰중 乙木으로 인정받는 전문가가 되려면 庚金이 있어서 庚癸乙이 되어야 한다.

卯中 乙木은 丙火로 乙丙, 辰中 乙木은 庚癸가 있어야 한다. 卯중 乙木 根과 辰중의 乙木 根은 목적 자체가 다르다. 司令이 어디에 根을 하고 있냐에 따라 목적 자체가 다르다. 天干에 乙木이 투간되지 않으면 우위를 점할 생각이 없다고 보면 된다.

(3) 乙木이 天干에 있는데 未중 乙木에 根하고 있으면 모든 산업의 기본 자재(資材)에 해당하는 연료와 같은 역할을 한다. 경

영의 원료와 같은 금융, 생산원료와 같은 연구 개발, 개발원료와 같은 창작과 창의에 해당하는 잠재력이다. 未中 乙木은 경제, 회계, 세무, 원자재를 구입하는 것 등으로 구매 분야에 전문가가 되려고 한다. 군대로 말하면 보급병, 회사로 말하면 총무와 같다. 살림살이를 담당한다. 경제효과를 살리는 살림살이 전문가가 될 것이다.

이것이 當令의 특징이다.
첫째 卯辰月에 출생해서 天干에 乙木 當令이 透干되면
우열을 가리는 우수한 사람이 되려는 잠재의식이 있다.
그런 사람이 실제 우수한 인력이 되려면 丙火가 있어야 한다. 辰月에 乙木이 투간하여 辰中에 根을 하고 있으면 전문가가 되어야 하니 庚金으로 金生水 해서 乙木을 生해야 한다. 그럼 전문가가 된다.

만약 未中에 根이 있으면 경제효과를 지향하는 살림살이 전문가가 될 것이다(그런데 대체로 흉한 일이 벌어져 말썽의 소지를 안고 있다). 이는 卯辰月令에 未中 丁火가 와서 살아 숨쉬기가 힘이 든다. 화치승룡(火熾乘龍)이라 해서 대체로 추(醜)한 일이 벌어진다. 각 가정에서는 부인의 살림이나 재테크 미숙으로 손해가 막심한 일이 벌어진다. 그러니 卯辰月에 乙木이 투간되고 未중에 根을 하면 좋은 일보다는 나쁜 일이 있다고 보면 된다. 그리고 속이 썩어서 질병이 걸릴 가능성도 많이 안고 있다. 화병이나 바이러스 병이 많다. 이것이 天干에 투간된 當令의 특징이다. 그냥 當令이 아니라 天干에 투간된 當令을 봐야 하니 심각하게 성공할 수도 있고, 심각하게 실패할 수도 있다.

(4) 卯辰月令 乙木이 투간된 자에게 먼저 해줘야 할 통변
① 乙丙한 사람: 고시를 봐야 한다. 국가자격증 따와라. 대체로 이것은 라이선스가 있어야 한다.

② 庚癸한 사람: 乙木이 向하고 庚癸를 하면 학위 받아와라. 전문성이므로 학위(논문)가 있어야 한다.

※ 향(向)이란 월령에서 투간된 오행을 말한다.

③ 丁火가 있는 사람: 未중 丁火든, 天干에 丁火가 透干이든, 丁火가 있는 사람으로 乙丁이다. 경제학을 공부해라. 卯辰月令에 丁火투간은 시설관리인이라 했다. 이것은 금융공학을 해야 한다.

④ 乙辛으로 辛金이 투간되면 의식주 기술 분야이다.
衣란 옷, 패션과 영상편집, 食은 약과 영양, 住는 인테리어 등을 말한다.

乙木이 向했건 향하지 않았건 이와 같다고 생각하면 된다. 向하면 그 분야의 지도자가 되려고 하고, 向하지 않았으면 그냥 업무만 보는 것이다.

乙木이 向하면 무성한 것이 또한 문제가 된다.
乙丙이 없으면 乙木이 엉켜서 답답한 인생이 된다.
희기(喜忌)의 가장 중요한 복합적인 내용이다.
卯辰월령에 丙火 庚金은 喜神이고, 丁火 辛金은 忌神이다.

※ 卯辰월령 기신(忌神) 乙丁, 乙辛

㉮ 忌神 乙辛: 사물을 사용하는 기능직이 발달된다.
사회에 필요한 인력에 적용하기보다는, 사물의 쓰임을 활용하는 능력으로 전환된 잠재력을 보유하고 있다.
잠재력을 보유만 한 것과 사용하는 것은 다르다.
그러니 기술직이라 생각하면 된다.
이 미용사, 감별사, 평가사, 영양사, 요리사, 수공업 분야의 기능직 인력으로 능력을 개발하는 데 있다. 특히 잘못된 부분을 교정하거나 수정, 보완하는 분야에 최고의 능력을 보유하고 있다. 그러니 이 사람들을 의식주(衣食住) 분야 관련 기술이라 생각하면 된다.

(5) 乙木 用神에 甲木 忌神이 있으면: 경쟁력 향상을 위한 교육력이다. 다양한 인간관계를 거쳐서 사회적 경쟁 속에서 성장하기보다는 즉 행정, 법무, 각종 사회학보다는 교육적으로만 힘을 쓰는 사람이 된다. 교육정책 연구관이 될 수 있는 교육형이다. 乙甲은 교육형이라 하면 된다.

2) 배합형 喜忌神

(1) 喜神 乙丙: 조직제도에 적응하기 위한 보편타당성이다. 사회제도 및 조직에 필요한 능력개발과 꾸준한 관리를 통해 거슬림 없이 적응력을 더욱 높여가는 보편타당한 인물이 된다. 보편타당이란 꾸준하게 자기 역량을 과시해서 조직의 리더로 나간다는 뜻이다. 丙火로 타고났으면 타고났을 때부터 지도자인데, 乙木이므로 꾸준한 관계를 통해서 인기를 상승시켜나간다는 뜻이다.

卯辰月令의 丙火는 가장 큰 희신(喜神)이다. 乙木이 丙火를 보면 우월한 인간이 된다. 乙木 하나만 있으면 잠재력일 뿐이지만, 丙火까지 있으면 지도자이다.

(2) 丙에 대한 忌神 壬水를 만났으면: 대외 관계에 필요한 외교력 개발이다. 壬水를 만나면 경제이익을 위한 대외관계 업무를 보게 된다.

乙丙이면 내부조직을 다스리는 운영자가 되는데, 乙丙壬하면 경제적 이익이나 통상적 이익, 대외적 교류 등을 한다. M&A, 수입 수출 관리하는 것 등의 외교관리를 하는 업무를 맡게 된다는 의미가 담겨 있다.

이때에는 꾸준한 대인관계나 리더십을 통해 본인이 스스로 성장하는 게 아니라, 밖에서 조직원 전체의 복지혜택이나 연봉, 상여금과 같은 것이 많이 돌아갈 수 있도록 실적으로 성장시키는 것을 말한다. 대인관계 위주가 아니라 영업능력이나 실적 우수성이 바로 리더의 능력이라고 생각하면 된다. 돈만 벌어오면 대인관계가 좋지 않아도 된다.

(3) 丙火도 있고 忌神 丁火도 있으면: 조직 운영에 필요한 경제관리, 회계 관리, 시설관리 개발이다. 乙木이 丁火를 볼 때는 시설관리이다. 丙火가 있는데 丁火도 있으면 금융이다. 조직 운영에 필요한 경제, 회계, 시설관리 이런 것들이다. 여기에 시설관리가 들어갔다는 것은 天干에 乙木이 있다는 얘기이다. 이것을 다 포함해서 말하면 관재과이다. 그 조직의 금융, 회계, 세무관리를 하는 부서를 관재과라 한다. 재산관리 요원이 된다. 신분과 지위보다는 경제력확보에 의한 부동산개발이나, 영역확보에 관심을 보이게 된다. 이런 관심은 회계 세무 및 금융권에 필요한 능력을 개발해야 한다. 이를 총무이사, 관리 이사라 한다. 대체로 재산관리라 한다. 회계, 세무가 많이 들어가는 것은 아니고 재산관리가 가장 많다.

卯辰月令의 丙火가 丁火 忌神을 가진 부인을 얻으면 알부자가 될 수 있다.
丙火에 壬水 忌神을 가진 배우자를 얻었으면 집을 나가면 잘 들어오지 못한다. 대외관계 업무가 많기 때문이다.

3) 중화형 喜忌神(土에 관하여)
(1) 喜神 乙戊(乙丙戊): 卯辰月令에는 戊土가 丙火를 차양(遮陽) 작용을 해야만이 乙木이 순서에 맞게 자기 능력을 과시하면서

점점 자라난다. 이렇게 되면 환경에 적합하게 점점 자라나서 나중에 지도자가 된다. 고정관념이란 기존사업을 펼치는 지도자가 아니라 신규사업을 펼치게 된다. 그럼 조직을 옮겨야 한다. 뭔가 옮겨타기식으로 고정관념에서 벗어난, 혁신을 이룬 분야에서 CEO가 된다.

乙丙戊가 되면 신규, 신생 분야의 리더가 된다. 고정관념을 탈피한 새로운 시대에 잘 맞는 사람이 된다.
고정관념이 탈피된 의미가 있다. 사회변화에 따라 필요성이 달라지므로 이에 대처하기 위한, 자기 성장에 필요한 부분을 인식하여 적용력을 높여나가는 교감효과를 거두게 된다. 미래 성장동력에 맞는 분야, 창조 경제, 미래먹거리 분야, 신생분야에 가장 많이 사용되는 사람이다. 특히 주변의 부실을 틈탄 보궐 분야에서 가장 많이 등장한다. 틈새를 탄 인물이라고 생각하면 된다.

(2) 辰月의 忌神 乙己(乙丙己): 사람들이 정상적으로 살아가지 못하거나, 도시시설이나 사회시스템들이 정상적으로 운영이 되지 않는다. 그럼 사회 부적응자를 돕기 위한 교감 능력 효과이다. 乙丙己가 되면 사람들이 정상적으로 살아가지 못한다. 그리고 도시계획이나 생활시스템들이 정상적으로 운영이 되지 않는다.

① 丙己 → 乙死: 사람들이 조직에 적합하게 정상적으로 생활하지 못한다. 그러니 재교육해야 한다. 도시시설이나 사람들의

거주환경이 정상적으로 운영되지 않는 것을 재개발해야 한다. 재교육 분야, 조직에서의 연수원장이 丙己乙이다. 시설을 점검하고 보수하고 새로 만들고 하는 것이다.

② 丙丁己 → 乙死: 도시시설이나 사람들의 거주환경이 정상적으로 운영되지 않는 것을 재개발해야 한다. 재개발분야, 시설점검 분야라 한다. 새로 개발하고 새로 만들고 고치는 분야로 시설보수 분야이다.

원양어선이 한번 나갔다 들어오면 제일 먼저 가는 곳이 정비실이다. 택시나 버스도 운송을 마치면 정비부서로 간다. 비행기가 들어오면 정비공이 제일 먼저 붙는다. 각종 정비, 점검, 시설점검을 받는다는 뜻이다.

만약 丙丁乙이 공무원이 되면, 소방서에서 불도 끄고, 구조 활동도 하고, 소방점검부서도 있다. 그리고 환경부에서도 각종 시설점검을 다 한다. 이런 점검 분야에 있는 사람들이 여기에 있다.

用神과 喜忌神을 공부하려면 丙丁己 분야에 직업은 어디서 뭐하나 알아야 한다. 구청의 시설관리과도 이들이 다 한다. 이것이 土에 관한 내용이다. 丙戌는 쓰고 丙己는 못 쓴다고 하면 안 되고 喜神과 忌神의 활동 분야가 각기 나누어져 있다. 그리고 乙丁은 시설관리, 乙辛은 의식주 관리, 乙丙은 지도자, 庚癸는 전문가라는 이 네 가지 생각을 머릿속에 넣고 있어야 한다.

4) 生化형 喜忌神

(1) 喜神 癸乙: 정책연구와 행정력을 펼치기 위한 기획력 전문효과이다. 전략, 전술이다.

(2) 忌神 壬乙: 대외적 협력에 필요한 협상력 전문효과이다. 내부관리 분야가 癸乙이고 외부관리 분야가 壬乙이다. 壬乙은 홍보담당, 광고담당이고, 癸乙은 내부관리 담당이다.

그럼 생화형 喜神인 癸乙이 되려면 두 개의 선결과제가 있는데, 庚癸乙이나 辛癸乙 중 하나가 되어야 한다. 그러니 癸水가 있어야 하는 것이다.
또 乙丙庚하려면 庚癸乙이 되어 있어야 한다. 庚癸乙丙
乙丙辛 하려면 辛癸가 되어 있어야 한다. 辛癸乙丙
이는 모두 장기 지속성을 의미한다. 지속성 효과가 된다.

5) 활용형 喜忌神

天干에 丙火가 透干되고 丙庚하면? 丙辛하면?
총괄책임자가 되었다는 뜻이다. 권력 지향형이다.

(1) 喜神 丙庚(乙丙庚): 조직운영을 통한 지휘권확보 효과이다.

(2) 忌神 丙辛(乙丙辛): 권리나 권한을 획득했다는 의미다.
권리확보, 지적재산권, 지분권을 의미한다. 허가를 받아서 운영한다. 전문 특기가 있어서 권리를 갖거나, 실적향상을 통한 소유권확보 효과이다.

乙丙庚, 乙丙辛 둘 다 가지고 있으면 좋지만, 현대사회에 공직자는 乙丙庚, 乙丙辛 두 가지를 같이 가질 수가 없다.

乙丙庚을 가지면 장관이 되거나 하는데, 사리사욕을 가질 수가 없다. 乙丙辛이 되면 전문가가 되어서 특허를 갖거나 지분확보를 하거나 허가권을 갖는다. 가령 기업에 다녀서 55세~60이 되었다면 총괄사장으로 진급을 할 것인가? 지금까지 경력과 경험을 인정받아 납품권을 따내서 자회사나 개인사업체를 차려서 자회사의 경영자가 될 것인가? 어느 것이 좋을까?
그럼 어떤 사람은 乙丙庚으로 총괄사장을 하고, 어떤 사람은 乙丙辛으로 납품권을 따서 자회사를 운영한다. 이런 것을 말할 때 쓰는 것이다.

그럼 乙丙庚 하려면 庚癸乙이 되어 있어야 한다. 庚癸乙丙
乙丙辛하려면 辛癸가 되어 있어야 한다. 辛癸乙丙
수원(水源)이 없으면 실력도 없는데 누가 시켜주겠는가?

그래서 4번의 생화형 희기신(喜忌神)이 있는 이유는, 5번의 활용형을 위해서 있는 것이다. 생화형 희기신은 오래가는 것으로 지속성 효과이다.

癸水와 壬水의 관계에는 관련성이 별로 없다. 癸乙은 전략 전술이고, 壬乙은 광고 홍보 분야이다. 내부관리 분야가 癸乙이고,

외부관리 분야가 壬乙이다.

壬乙은 홍보 담당, 광보 담당이다. 이렇게 癸乙과 壬乙이 오랜 세월동안 썩고 썩어서 나이를 많이 먹으니까 乙丙庚, 乙丙辛을 하게 된다.

그러나 가장 중요한 내용이 卯辰月令에 乙丙庚 되었느냐,
경력과 경험을 통해서 총괄자가 되었느냐?
乙丙庚은 경력과 경험을 통해서 총괄자가 된다. 그러니 가치가 만점이다. 나이 7~80세에도 불려 다니고 한다.

乙丙辛은 납품권을 따낸다. 乙丙만 있는 것은 사회적 역량으로 지배권을 갖는다는 뜻인데, 은퇴하고도 지속적인 영향력이나 지위를 가지려면 乙丙庚, 乙丙辛해야 된다. 요즘 선호하기는 乙丙辛을 더 많이 선호한다. 여기까지 오도록 살아남으려면 癸水나 壬水가 있어야 한다. 卯辰月에 壬癸水가 없고, 乙丙庚, 乙丙辛만 있으면 일찌감치 자영업자로 전환한다.

壬水나 癸水가 없고 乙丙庚하면 재능 서비스형 자영업자가 된다. 에이전시, 컨설팅 등이다. 壬癸水가 없고 乙丙辛하면 물건을 파는 상품서비스 자영업자이다. 壬癸水가 없으면 조직 생활에 대한 경험이 없이 바로 자영업을 한다는 의미가 들어 있다.

6) 卯辰月令의 알아야 할 내용
(1) 乙丙은 사회적 지위형이고 乙巳는 생존형이다. 그러나 乙

巳가 더 실속적이다. 乙丙은 경쟁형이라 생명이 위태롭다. '너 나가!' 하면 끝이다.

(2) 過濕이면 항상 부정적으로 간다.
中和가 맞으면 스트레스도 없고 우월적인 인간이 된다.
天干에 癸水가 투간되면 과습(過濕)이다. 過濕하면 스트레스다, 癸水가 天干에 투간된 사람을 배우자로 만나게 되면 취침 전에 자주 다투게 된다.

(3) 乙丙庚이 가장 중요하다. 경험과 경력을 살려서 최종적으로 가치를 어떻게 만드느냐, 금화교역(金火交易)이 어떻게 일어나느냐 이런 뜻이다. 乙丙辛은 납품권 따낸다. 이 둘은 은퇴하고도 태상왕처럼 가치가 높다.

7) 卯辰月令 임상방법
(1) 乙丙: 사회적 지위가 있다.
(2) 癸乙: 사회적 경험을 갖췄다는 뜻이다.
(3) 戊丙: 미래지향적으로 사회적 변수 활용이 가능하다.
① 辛乙: 의식주
② 丁乙: 산업시설직
③ 乙丙庚: 지위, 재능서비스
④ 乙丙辛: 상품서비스

※ 통변 팁

辰月은 癸水가 天干에 있으면 과습(過濕)이다. 卯辰巳午월은 癸水가 투간되면 무조건 過濕이다. 그럼 스트레스형이라 생각하면 된다. 그러나 庚金이 있으면 청(淸)하다고 한다. 乙木이 透干되면 음습(陰濕)한데 辛金이 있으면 자르면 된다. 그럼 약사가 된다. 卯辰巳午月이 過濕하면 날씬한 몸매도 뚱뚱해진다.

1. 乙丙과 乙巳: 신분형이냐 생존형이냐의 차이다.

丙火도 없고 지장간(地藏干)에 巳가 없더라도, 없다고 안 하면 안된다. 天干에 當令用神 乙木이 투간되면 丙火가 없어도 乙丙이다. 當令用神 乙木이 투간되면 지위를 원하게 되니 乙丙으로 신분을 추구한다.

2. 癸乙과 壬乙: 내부관리자형이냐, 외부교역형인가?

壬乙형이면 유학을 해야 한다. 경쟁, 교류가 가능한 분야, 대외활동력이 높은 분야의 공부를 해야 한다. 그러니 유학을 꼭 다녀와야 한다. 가기 싫다고 해도 억지로라도 보내야 한다. 공부를 못해도 가야 한다.

卯中의 乙木이 司令이면 사회적 지배력이고, 辰中 乙木이 司令이면 학위를 받아야 한다. 辰中 癸水는 보좌를 하는 것이다. 未中 乙木은 국가자격증을 따야 한다.

三合이 있으면 재능 우선으로 사람을 평가하고, 자기도 재능으로 본다. 사람을 인품으로 보지 않는다.
　亥卯는 사업형 三合이고 卯未는 연구형 삼합이다. 卯月이 卯未하면 연구형 교육형, 亥未하면 사업형 유통형이다. 그러니 亥卯라면 외국 갈 준비를 해야 한다.

※ 月令(환경특징), 當令, 司令, 大運

丁癸壬辛 坤
巳酉辰亥 6

　三合, 方合이 없다. 辰酉 六合과 배열은 辰巳가 있다. 相沖도 없다. 辰이 相沖이 없다는 것이지 배열인 巳는 相沖이 있다. 辰巳에 亥가 있다. 지난 己亥年에 亥가 또 들어왔다. 원진살(元嗔殺)이니 호사다마(好事多魔)가 걸렸어야 한다. 중도 포기를 해야 한다. 元嗔殺은 여덟 번에 가서 호사다마라 한다. 일곱 여덟에 가서 중도에 잘못 된다. 중요한 일이 생기면 상대가 성질을 낸다. 내일 중요한 행사가 있는데 오늘 배우자가 성질을 내서 싸울 일이 생긴다. 꼭 무슨 좋지 않은 일이 생긴다. 이것이 元嗔殺의 특징이다. 호사다마(好事多魔)에 걸렸다.

　1) 乙丙 신분형이냐? 乙巳 생존형이냐? 생존형이다. 괜찮은 부인이다. 성질을 내서 그렇지, 알부자가 될 수 있는 요소가 있다.
　2) 다음은 癸乙형이냐, 壬乙형이냐? 둘 다 형은 안 된다. 내부관리자 형이냐? 외부에서 가져오는 형이냐? 외부형이다. 그럼 생존형+외

부형이다. 합치면 壬乙巳이다. 이것을 통변하면 된다.

3) 丙戊형이냐 丙己형이냐? 어려운 상황이 벌어졌다면, 그 어려운 변수를 활용해서 돈을 벌 것인가? 내가 그 어려운 상황을 당해서 고생할 것인가? 그럼 어려운 상황을 이용해서 이득을 취하려면 丙戊이니 재테크형이다. 내가 어려운 상황에 빠져서 재교육을 받으려면 丙己형이다.

① 辛金이 의식주 분야에 가서 기술을 배우라고 하는지,
乙辛은 의식주 분야이니 식당이나 커피숍 같은 걸 해야 한다.
② 丁火가 있어서 시설관리 분야로 가야 하는지 乙丁이다.
둘 다 있으니 둘 다 하면 된다. 기타 서비스 분야라 한다.

통변은 '귀하는 사회적 신분과 지위를 통한 우월적 인간형이 되기보다는 생존전략을 잘 짜서 부자가 되시기를 바랍니다'

그리고 '가정에서 살림을 하거나, 직장을 가더라도 내부조직에 입각한 명령 수행보다는 외부에 나가서 실적형 직종을 택해서 영업실적을 올리길 권장합니다'(壬乙) 라고 말해준다.

첫 번째 조항에 목적이 들어가고 두 번째 조항에 세부 조항이 들어갔다.

또 丙戊형이니 '재교육을 통해 실력만 자꾸 높이려 하지 말고 사회적 변수인 경매나 급매 등을 통해서 재산을 증식하거나 적자 기업을 헐값에 매입해서 살려내는 방식으로 생존전략을 짜기를 권장합니다. 개인적 능력을 만드는 건 권장하지 않습니다'(丙己) 기타 辛金이 있으니 '의식주 제조, 서비스 능력이 있으십니다'

丁火가 있으니 '시설을 만들어서 영양(營養)을 팔아보기 바랍니다.

하지만 귀하께서 과습(過濕)하여서 무엇을 해도 사람 때문에 스트레스를 받는다고 생각할 수 있으니 얼굴에 인상을 쓰고 다니면 안 됩니다' 관계 스트레스가 심하다. 己亥年은 지장간(地藏干)에서 壬乙이다.

그러니 생존을 위해서 壬乙을 해야 하니 '밖에 나가서 돈을 벌어오세요. 원진살(元嗔殺)이 걸려서 계획을 다 짜놓고 포기할 것 같습니다' 그러니 결론이 나지 않는 통변을 하는 것이다. 이것이 卯辰월의 상담 매뉴얼이다.

月令마다 상담 매뉴얼이 있어야 한다.

희신(喜神)과 기신(忌神)도 한눈에 바라볼 수 있어야 한다.

大運이 6이면 卯中 乙木이 司令이니 사회적 지배력이고, 辰中의 乙木은 학위를 받아야 한다. 辰中의 癸水는 보좌를 해야 하고, 未中의 乙木은 국가자격증을 따야 한다.

運까지 다 설명해야 하는데, 나이가 辛亥생이면 大運까지 설명할 필요는 없다. 세 번째 大運이 지나가면 30대 후반이 지났으니 배울 때가 아니므로 大運은 설명할 필요가 없고 年運만 설명하면 된다. 己亥年 운세가 壬乙이니 밖에 나가서 돈 벌어 오라고 하면 된다.

모든 건 처음에 들어갈 때 월령부터 보는 것이다.

이 사주는 환경을 보니 辰巳가 亥에 들어와서 元嗔殺이 걸렸다. 주변이 巳亥 相冲을 맞은 것이다.

자기가 준비가 안 된 것이 아니라 환경이 준비가 안 된 것이니 돈이 마련되지 않은 것 같다. 욕심나는 곳은 있는데 투자할 돈이 준비

되지 않은 것이다.

辰月은 癸水가 天干에 있으면 과습(過濕)이다. 卯辰巳午월은 癸水가 투간되면 무조건 過濕이다. 그럼 스트레스형이라 생각하면 된다. 그러나 庚金이 있으면 淸하다고 한다. 乙木이 透干되면 陰濕한데 辛金이 있으면 자르면 된다. 그럼 약사가 된다.

08
사오월령(巳午月令)의 환경특징

당령: 丙火
사령: 庚 丙 丙
상생: 水生木(癸乙) 木生火(乙丙) 火生土(丙戊) 土生金(戊庚) 金生水(庚癸)
상극: 水剋火(丙癸) 土剋水(戊癸) 木剋土(乙戊) 火剋金(丙庚) 金剋木(庚乙)
상합: 庚乙

相生相剋도 연습해봐야 한다.
巳午월령에서 相冲은 巳亥와 子午다.
巳午월령에서 三合은 巳酉丑, 巳丑, 午寅, 午戌,
方合은 巳午, 午未, 巳未이다.

1. 巳午月令의 환경특징

① 조직 생활: 조직에는 규칙이 있고, 상하에도 명령계통이 있다는 뜻이다. 조직 운영이라 한다.
② 명령계통 조직 속에는 상하가 있다.
①과 ②를 합치니 조직관리가 된다.
巳午에서 필요한 것은 개인과 조직 중에서 조직이 우선한다는 사고방식을 가져야 한다. 개인보다 가정이 우선한다는 의미다.

도덕이 우선이 아니라 윤리가 우선한다는 뜻이다.
개인 감성보다 조직규칙이 우선하는 것이다.
또 金生水와 木生火 중에 木生火가 우선해야 한다.
만약 이때 金生水가 우선하면 개인적으로 빠지게 된다.
초보자가 用神 공부를 하는데 月令 하나만 가지고도 종일 말할 수 있다. 소통과 자기주장 중에 무엇이 더 중요하냐? 소통이 훨씬 중요한데 거의가 반대로 하는 사람이 더 많다. 항상 그 자리에서 반대 성향이 더 많다고 생각하면 된다. 인문학적이 아니라 사회학적이다. 또 사회교류형이다. 매스미디어, 경제이다. 이때는 정성으로 되는 게 아니라 실적이 있어야 한다.

여기에 相沖을 맞으면 여름 기운에 겨울 기운이 들어간다는 뜻이다. 그럼 펼치는 것을 거두어가면서 펼친다는 의미이다. 그러니 실적을 내기 위해 일방적으로 펼치지만 말고 실속을 차리라는 의미다. 실리 추구방식이 相沖에 들어가 있는 것이다. 相沖은 외부접목이라 한다.
　三合이 있으면 재능 위주란 의미이다(자기계발).
　方合이 있으면 환경 위주란 의미이다(환경 적합).
　六合이 있으면 성공 위주, 기득권 위주란 의미이다.
　배열(配列)이 있으면 가족 중심이란 의미가 들어 있다(족벌체제).
　이런 것은 다른 곳과 다 똑같은 기본단어다.

巳午月令 고객이 오면 '사회생활 스트레스에 사십니다'
'업무보다는 직무 스트레스, 책임 스트레스가 밀려오는 속에서 사십니다' 그러니 퇴근할 때는 괜찮은데 출근할 때 가장 힘들다. 스트레스 중에 1번이 실적 스트레스다.

특히 직장인들은 실적 스트레스 및 고과 스트레스다.

또 상사 스트레스, 압박감, 대체로 관계 스트레스라고 하면 된다. 남자들 세계에서 가장 말 못 할 스트레스가 진급 스트레스, 인기 스트레스다. 인기가 있으면 어색한 것이 子丑月令이다. 스트레스가 막 쌓이면 '이 또한 오늘도 지나가리'하고 인정하는 것이다. 스트레스를 푸는 좋은 방법은 좀 모자라는 듯한 짓을 하면 된다. '아이고~ 그랬어요?' 손뼉을 쳐준다.

그런데 巳午月令에서 가장 큰 스트레스가 있는데, 죽자고 배웠는데 사회에 나가서 쓸 수 없는 것이다. 내가 살아온 만큼 활용을 할 수 없는 것이다. 인정받을 수 없는 스트레스가 가장 크다.

이것이 巳午月令이 해야 할 일들과 스트레스들이다.

巳午月令은 말할 때도 잠재의식 속에 나만 있는 게 아니라 타인이 들어 있다. 배우자가 들어 있고 고객이 들어 있고, 그들에게 이런 것에 대한 인정을 받고 싶은 심정이 들어 있다.

2. 당령(當令): 丙火

조직관리 능력이 있어야 한다. 개인적 윤리의식이 있어야 한다. 그리고 조직의 규칙을 지키는 삶을 우선으로 생각해야 한다. 개인은 도덕을 말하지만, 사회윤리도 따르고 잘 지켜야 한다. 그리고 지도력과 통솔력을 갖추어야 하고 위엄을 갖추어야 한다. 여기서 가장 중요한 것은 실적이다. 이를 번식이라 한다. 巳午月令에 庚金이 없으면 번식이 잘 안 되니 얼굴이 시커멓게 죽는다. 깜부기병이 걸린다고 한다. 이것이 當令이 할 일이다.

개인적으로는 사회적 윤리를 지키고, 사회에 나가서는 사람들에게 조직의 규칙을 항상 지정해주어야 한다. 자기 환경에 사용하는 규칙이 있다. 반드시 규칙제정을 해야 한다. 그리고 지도력 있는 어른스러운 모습을 보여주어야 하며 실적이 올라야 한다. 이것이 丙火 當令이 다 갖추어야 할 내용이다.

① 乙丙까지 된 사람은 환경과 조직 윤리를 잘 지킨다.
② 癸乙丙까지 있는 사람은 조직의 규칙도 잘 지킨다.
③ 癸乙丙戊까지 있으면 지도력도 좋다.
④ 癸乙丙戊庚까지 있는 사람은 실적도 잘 내는 것이다.
물론 지나치면 문제가 심각하다.

그런데 乙丙이 되지 않고 丙火만 있는 사람에게는 무슨 말을 해 줄 수가 없다. 當令이란 것은 환경, 즉 조직의 전체목적이 된다. 그 조직에서 행하는 전체목적에 내가 얼마만큼 부합되게 행동하느냐. 그러니 丙火만 있으면 환경은 있는데 잘 따르지 않는 것이다. 乙丙은 윤리적으로는 손색이 없다. 癸乙丙은 조직규칙은 잘 따른다는 뜻이다.

當令이란 의미는 환경의 전체목적이란 의미다.
丙火 當令의 목적은 조직력 강화다. 개인이 아니라 전체가 나오는 것이다. 기업에도 기업 대변인이 있고, 당에도 당 대변인이 있듯이 당론이라 한다. 전체적으로 융합이 잘 되어서 똑같이 같은 목소리를 내고, 조직이 잘 되어서 회의를 잘 마치려면 癸乙丙戊가 있어야 한다.

차별이 생기려면 癸乙丙戊庚이다.
실적이 있는 사람, 없는 사람에 대한 차별이 생긴 것이다.
癸乙丙戊로 생겼으면 상하를 인정하는 것이지만,
癸乙丙戊庚은 실적에 대한 차이가 나는 것이다.
癸乙丙에서는 조직의 규칙이 생겼으니 여기에는 상벌이 생기는 것이고, 乙丙만 있으면 윤리는 잘 지키는데 이는 모두 개인윤리에 들어가니, 이구동성의 반대 현상이 생기게 된다. 그래서 서로가 옳다고 우길 수 있다. 丙火만 있으면 어리버리하다고 한다.

癸乙丙戊까지가 채워져 있는 사람들이 乙丙을 볼 때는 개인주의로 보이고, 癸乙丙이 볼 때는 잘잘못으로 보이는 것이다. 어디까지 형성이 되어 있나 다른 것이다.

다시 복습해서 숙지하도록 해보자.
巳午月令의 丙火 당령은 조직력 강화를 위한 기득권 경쟁영역이다. 배합의 정도에 따라 내가 속한 조직의 결속력의 차이가 있다. 巳午月令에 태어나서 丙火 하나밖에 없으면 내가 속한 조직에 적응하지 못하니 어리버리하다.

乙丙으로 되면 개판이다. 서로 자기가 옳다고 우긴다.

癸乙丙으로 되면 상(償)과 벌(罰)이 존재한다는 것이고,

癸乙丙戊가 있으면 상하(上下)가 존재한다는 의미고,

癸乙丙戊庚이 있으면 많이 벌고 적게 버는 실적에 대한 차이가 있는 것이다. 巳午月令에 태어났다면 자기가 속한 조직이나 환경이 어떤 시스템으로 돌아가고 있다고 생각하면 된다. 그럼 나도 그와 같은 사람으로 성장할 수 있다고 생각하면 된다. 이것이 순서다.

癸乙丙戊까지 있으면 상하 스트레스,
癸乙丙戊庚은 실적 스트레스,
癸乙丙은 잘잘못 스트레스,
乙丙은 각자 자기 주장하는 스트레스,
丙火만 있으면 스트레스가 없다.

스트레스가 없는 사람은 거의 없지만 스트레스 종류와 규모와 차이를 구분하는 것이다. 상하 스트레스, 차별 스트레스, 상벌 스트레스 등이다.

癸乙丙에서 제일 많은 것은 시기 질투 스트레스라 한다.

癸乙丙戊는 완장 스트레스다. 완장만 차면 사람이 바뀐다.

자세하게 공부하려면 이렇게 힘이 든다.

3. 사령(司令): 庚 丙 丙

1) 司令 庚金의 업무특징은 실적이다.

(1) 시간상으로는 미래다. 실적을 내려면 계산을 잘해야 한다. 또 회계와 세무도 잘해야 한다. 미래까지 잘 활용하려면 지속성 있게 이끌어나가야 하니 자격증도 따야 한다. 계산도 하고 회계도 하고 재무 분야 경영컨설팅도 하는 회계사 등이다. 巳月 庚金 司令 특성은, 현재뿐만 아니라 미래에도 지속성 있는 능력을 갖추는 것이다. 은퇴란 없다고 생각하면 된다. 나중에 나이를 먹어서 은퇴해도 직업이 있다는 뜻이다. 자격증을 따려면 巳酉丑이 되어야 한다. 三合이 되면 라이선스도 갖춘다. 그래서 현실을 바탕으로 미래 목적을 잡고 상황에 맞는 실력을 발휘해나간다.

(2) 업무 유형으로는 정치 경제에 해당하는 고시, 인허가, 대행 업무, 투자환경을 이용한 지분확보이다. 대체로 지분도 가지려고 한다. 앞으로 오랫동안 살아야 하니 노후대책에 대한 마인드도 여기에 있다고 보면 된다. 미래 지속적으로 사용할 자격증을 통해 노후대책을 하려면 巳酉丑 金局이 있어야 한다. 그리고 실적을 많이 남기는 경제형이나 지분으로 부자가 되고 싶으면 丙庚으로 반드시 庚金이 투간되어야 한다. 그래야 경제력 위주의 삶을 산다.

※ 巳中 庚金 司令이면
① 가장 먼저 庚金이 투간되었나 보고, ② 巳酉丑이 되었나 보

고, 그 사람의 진로 적성 방향이 어디로 가나 보면 된다. 丙庚의 경제계통으로 향하는 것이냐, 巳酉丑의 재능형으로 세무사, 회계사, 각종 정치 경제에 활용될 자격증을 따려는 것이냐 살펴야 한다.

2) 巳中 丙火司令이면

巳月 丙火 用神의 특성은 조직 운영 능력을 통해, 사회적 지위를 확보하여 특권을 누리고자 하는 의미가 담겨 있다. 특히 정치 경제 분야에서 기득권을 갖고자 하는 업무 유형의 경영자가 되는 것이다.

(1) 내가 관리직이 되고 싶다면 乙丙이다.
(2) 丙庚이 있으면 총괄직이라 하면 된다. 국장이나 임원이라 해도 된다. 조직운영자가 되려는 마인드를 가졌다고 생각하면 된다.

巳午月令의 丙火가 當令이면, 대인관계의 소통력과 정책구축 능력을 바탕으로 조직 운영을 할 수 있는 잠재력을 보유한 인물로서 경제적 안정, 행정적 안정, 도덕적 안정, 사회질서의 안정 등을 요구하는 모든 조직의 구성 욕구를 충족시키고자 하는 사고력을 지녔다.

巳午月令이 丙火 當令은 이렇게 조직강화의 사고력을 지녔다. 기타 地藏干의 司令 用神의 역할 중 巳중 丙火는, 조직사회를 구성하기 위한 논리적 설득력과 소통 능력에 대한 잠재력을 가지고 있다. 巳中 丙火는 설득력을 지녔다는 것이다. 하지만 이런 재능서비스는 후천적으로 조직사회에 적응하지 못하는 개인적 서비스 스트레스로 다가올 수 있다. 관계 스트레스다.

3) 午中 丙火 司令이면
(1) 午中 丙火가 乙丙이 있으면 왕성한 대인관계를 통한 대외적 소통과 교류실적을 위한 외교와 교역 등의 잠재력이 있다.
(2) 그러나 乙丙庚까지 있으면 실적을 들고 와야 한다.
그러니 내부 관리적인 소통력은 巳中 丙火이고, 외부관계 소통력은 午中 丙火란 의미다.
① 午中 丙火는 乙丙은 외부관계 관리,
② 丙庚 외부관계, 총괄 관계 실적이라 한다.
그래서 외교와 교역 등이 午中 丙火에 있다.

하지만 寅중 丙火는 교육기관이나 산하 조직을 통하여 꿈나무, 인재를 길러내는 모든 분야의 운영자적 잠재력을 가지고 있다. 인재 양성이라 한다. 그러나 이런 재능은 후천적으로 많이 갖고 적게 가짐의 문제나, 생각의 차이, 이념의 차이에 의한 갈등과 사상 스트레스를 겪을 수가 있다. 丙火가 寅中에 있으니 사회성이 아니라 순수성인데 사회성을 발휘하려 하니 문제가 발생한다.
이와 같은 丙火는 책임자로서 역할을 다하기도 하지만 이에 대한 스트레스로 인한 압박감을 받게 된다.
癸水만 보면 괜찮은데 丙火가 있으면 일단 관계 스트레스다. 그래서 세상에서 소통이 가장 안 되는 것이 丙火고, 소통을 가장 잘하는 것도 丙火이다.

午中 丙火의 丙庚은 관계를 통한 실적, 총괄직, 교역이다.
乙丙은 관계 관리직이다. 교류만 하면 된다.
사람과 교류를 하려면 午中 丙火의 乙丙을 하면 된다.
실적을 내려면 午中 丙火의 丙庚을 해야 한다.

巳中 庚金 司令의 丙庚과, 巳中丙火 司令의 丙庚과, 午中 丙火의 丙庚이 모두 다르니, 따로따로 설명되어야 한다. 이런 부속품이 24개가 된다.

地支에 巳가 하나만 있어도 최소한 대인관계만은 괜찮다.
亥만 하나 있어도 관계가 괜찮다. 그러나 巳가 亥보다가 더 좋다. 그러나 巳를 하랬더니 亥가 와서 相冲하고, 亥를 하랬더니 巳가 와서 相冲해서 관계마다 가위로 끊으러 다니는 사람이 있다. 巳申 六合이나 寅亥 六合은 상하 관계만 있고, 좌우 관계가 부족한 것이다.
여기까지가 기본이다.

실무로 넘어가면 巳午月令의 水生木에 相生은 癸乙이다.
水生木 木生火 火生土 土生金 金生水를 한마디로 고치면 癸乙丙戊庚인데 상생상극(相生相剋)을 펼쳐 놓은 것이다.
이것을 펼쳐 놓는 것은 운세 보기를 할 때 필요하기 때문이다. 巳午月令에 태어난 사람이 庚子年에 왔다면 相生으로는 庚癸

다. 또 戊庚이다. 相剋으로는 丙庚, 庚乙이다. 相合으로는 庚乙이 있다.

만약 戊土 日干이라면 食神이 온 것이다.
그럼 相生으로는 食神生財, 그리고 비식(比食)이 된다.
相剋으로는 식신제살(食神制殺), 또 도식(倒食)이라 한다. 相合으로는 食正官이라 한다. 五行과 六神을 합쳐서 복식 판단을 하면 그해 운세가 되는 것이다.

이를 일일이 통변 하면 열 가지 통변이 된다. 상생 5개 상극 5개, 그리고 相合이 하나니 항상 11개가 나온다. 그러니 月令마다 11개의 相生相剋이 존재하니 이것을 통변하는 것이다. 丙火 庚金의 相生이 巳中 丙火냐 巳中 庚金이냐, 午中 丙火냐 따라 모양이 다르다.

巳午月令에 癸乙 水生木 相生을 통변하면,
정책을 짜고 전략을 짜고 계획을 한다는 뜻이 들어 있다.
乙丙은 木生火는 癸乙로 계획하고, 乙丙으로 조직 활동, 조직 생활을 하는 것에 대한 의미가 들어 있다.
丙戊는 계획적으로 조직 활동을 한 연후에 나이에 따라, 실적에 따라, 관리자가 되는 것이다.
戊庚은 운영자가 된 것이니 가치가 크게 나타난 것이다.
庚癸는 지속성 효과가 있는 것이다. 전문성 효과가 있다.

丙癸 水剋火는 조직력 강화목적, 강한 조직을 만드는 것이 목적이라 생각하면 된다.

戊癸 土剋水는 운영시스템, 경영시스템의 변화이다. 환경에 맞게 자기 자신을 변화시킨다.

乙戊 木剋土는 운영규칙 제정이라 한다.

丙庚 火剋金은 기득권 경쟁이라 한다.

庚乙 金剋木은 인원 구조조정이라 한다.

庚乙 相合은 庚金의 기득권과 乙木은 관계 인원들이니 업무관리, 외주관리다. 외주관리를 통한 업무 대행이라 한다. 매니저 제도, 분업제도, 대행 제도, 총판제도 등에 들어간다.

戊土日干에게 庚子年이 왔다면 향후 2년 운세는 庚金 金生水 운이다. 庚癸이니 '귀하께서는 전문성을 더 높이기 위해서 주경야독을 하시기 바랍니다. 그래야 직업의 지속성 효과가 나타나며 전문성 효과도 나타납니다'

相生은 과정으로 설명하고, 相剋은 효과로 설명하는 것이다. 戊庚 土生金의 통변은 '당신은 당신이 속한 조직에 운영자로 등극합니다. 운영자에 속하는 소임을 맡게 됩니다. 그동안에 그 과정을 통과하였습니다. 그동안 계획, 조직 활동, 관리자 활동을 했으니 만만하게 관계 스트레스를 참고 견디셨으리라 믿습니다' 하지만 이때 관계 스트레스를 잘 참지 못했으면 책임 스트레스에 시달려야 한다.

相剋으로도 효과를 거두어야 하는데 庚乙 金剋木의 효과는 인원 구조조정, 재무제표 구조조정, 옳고 그름과 실용과 비실용을 가릴 줄 아는 사람이 되었다. 庚乙 金剋木은 판단 효과가 매우 크다. 실용과 실속을 구분할 줄 아는 효과를 발휘한다. 丙庚 火剋金 효과는 실적효과가 일어난다. 둘 다 하면 庚乙 丙庚이다. 실용적인 판단력에 의해서, 사람을 가려서 보는 판단 능력에 의해서 실용적 효과가 일어난다. 庚乙 相合은 꾸준한 연대 관계, 합작관계를 통해서 팀으로 움직여야 한다.

만약 戊土日干이 庚癸인데 사주에 癸水가 없으면,
'전문성 효과는 만들지 못하셨군요' 하면 된다.

戊庚을 하려고 했더니 사주에 戊土가 없으면,
'관계 스트레스를 참지 못하셨군요. 그동안에 준비를 안 해 오셨네요' 하면 된다.

또 庚乙에서 乙木이 없으면, '구조조정을 하지 못해서 효과가 반감되겠습니다. 그럼 지금 긴축조정을 하지 않으실 우려가 있습니다'

丙庚하려고 하는데 丙火가 없으면, '실적을 올리기 위한 그동안의 노력과 성과가 없으셨습니다'라고 말해야 한다.
있는 것은 있다고 말하고, 없는 것은 없다고 말해야 한다.

그런데 사주에 있는 것을 말하기보다 없는 것을 말하는 것이 더 중요하다.

相合을 했더니 乙木이 없으면 팀이 생기지 않는다.

'분업하고 협조할 팀이 필요한데 그동안에 대인관계를 팀으로 쌓지 않았기 때문에 함께 협조할 사람이 없으시군요. 혼자서는 힘듭니다' 해야 한다.

六神에도 붙여야 한다.

庚癸를 붙였으면, 食神生財로 붙였으면, '앞으로 지속적 능력을 갖추기 위해서는 새로 공부해야 합니다' 했는데 이것이 食神生財다. 그럼 자기 특기를 세상에 내다, 이다.

그럼 庚癸란 전문성은 '특기를 세상에 내놓고 전문성을 높여 가셔야 합니다. 공부만 해서 되는 것이 아니라, 현장에서 설명도 하면서 해야 합니다' 하고 따라 들어가야 한다.

戊庚은 비식(比食)인데, '당신의 가치가 창출된 것을 운영 능력으로 선보여야 합니다. 그럼 公的조직이 아니라 私的인 조직에서 하면 됩니다' 하면 된다. '개인 조직을 만들어서 운영해야 합니다' 하면 된다.

五行의 相生을 통해 六神으로 들어가는 순간 머리가 엉켜버리면, 10년 정도는 회복하기 어려우니 그때는 10년 후에 다시 책을 보면 된다.

相剋을 하면 食神이 正官을 相剋했다면, 陽이 陰을 相剋한 것이다. 食神이 官殺을 相剋하는 것이니 대행권, 분할권을 따오는 것이다. '관리권, 대행권, 분할권을 받아오시는 것이 효과를 봅니다' 해야 한다.

丙庚은 실적을 내는 것이다.
도식(倒食)으로 실적을 내는 것은, 食神 運이 왔는데 偏印을 만났으니, 食神이 偏印을 본 것은, 특기를 발휘해서 저변확대를 해야 하는 食神生財에 필요한 偏印은, 전략과 전술, 사상, 마음가짐, 종교 등이 있다. 사람들에게 밥이 아니라 마음을 먹도록 해야 하는 것이 倒食이다.
偏印의 倒食이란 건 보이지 않는 것을 잡아내는 효과가 있는 것이니 마음을 먹으라는 뜻이다. 傷官의 正印은 보이는 것을 잡아내는 효과에 속한다.

傷官이 正印을 본 것은 보이는 것 중에서 삐뚤어진 것을 바로 세우는 것이다. 그런데 食神이 偏印을 본 것은, 삐뚤어진 마음을 바로잡는 역할을 해줘야 효과가 일어나는 것이다.

五行을 六神의 相生相剋으로 연결해야 하니 쉽지 않은 작업이다. 丙火의 庚金 倒食은 밥 먹지 말고 마음을 먹으라는 뜻이다. 사주에 庚金이 있는데 丙火를 운에서 만나는 倒食은 말이 또 다르다. 相合도 食正官 合이니 능력을 상부 기관에 납품하라는 뜻이다. 庚子年에 입찰을 넣으면 당첨되고 하는 것들이다. 이것이 一年 신수이다.

이것을 리얼하게 설명할 줄 아는 날 손님이 줄은 선다.

庚癸란 五行에 六神을 넣어야 한다.
六神에 五行을 넣는 것은 格을 할 때 이야기하는 것이다.
戊土日干에게 戊庚은 比食이다. 比食은 사설조직을 운영하라. 用神의 배합이 잘 된 사람이 있는데, 用神에서 六神으로 넘어가야 하지만, 格局의 배합이 잘 된 사람은 格局에서 用神으로 넘어가야 한다. 내용이 다른 것이다.

그리고 자기 月令에 해당하지 않는 相合은 인정하지 않는다. 巳午月令의 相合은 乙庚과 戊癸이다.
원래 戊癸는 卯辰月令 것인데, 戊癸와 乙庚이 이 범주에 들어가는 것이다. 그런데 만약 乙庚이 아닌 丙辛合이나 甲己合, 丁壬合이 있다면 불필요한 유정(有情)한 合이다.
情을 낭비하는 것이다. 감정 낭비, 생각 낭비, 희망 낭비, 짝사랑으로 에너지 낭비 등을 한다. 이들은 대체로 취미생활에 쓰거나 광신도 범주에 들어간다. 정치적 편향성에 빠지거나, 이편과 저편 등으로 편 가르기를 해서 사회적 갈등을 유발하기도 한다. 有情이란 情이 다른 곳으로 흘렀다는 것이다. 자기 일이 아닌데 열(熱)을 내거나 너무 좋아서 열을 내는 것이다. 이런 것을 유정(有情)하다고 한다.

五行에서는 相合이라 한다. 有情과 無情이라고도 하고, 有力과 無力이라고도 하며, 六神에서는 食正官, 傷官合殺 등 '合化'라 하고, 格局에서는 '仇神'이라 한다. '의논하고 공론하다'라는 뜻이다. 六神의 合化에서는 '연대하다, 교류하다'란 뜻이다.

庚癸는 지속적 효과를 내야 하니 브랜드 효과를 만들어야 한다. 이것이 財生官이라면 지속성 효과가 신분 상승에 있다는 뜻이다. 日干별로 모두 다르다. 用神에 대한 프로그램만 이해하면 된다.

그리고 없는 것을 잘 통변해야 한다.
庚癸가 들어왔는데 癸水가 없으면, 자기의 가치를 높이고 오랫동안 직업을 유지하기 위해서 전문성 효과를 발휘해야 하는데, '귀하께서는 癸水가 없으므로 그동안에 지속적인 업데이트를 하지 않으셨군요. 그러니 이 運은 그냥 지나갑니다. 하지만 庚癸가 運에서 왔으니 전문가들과 교류는 할 수 있습니다'라고 한다.

그런데 運을 받을 준비가 안 된 사람이 너무 많다.
癸水도 없고, 戊土도 없고, 乙木도 없고, 巳午月令이니 丙火가 없을 수는 없다. 그러니 運을 받을 준비를 하지 않았으니, 運을 망칠 준비를 했으니 의미가 없다.

六神에 대입해서 통변했는데 그 사람이 맞지 않는다고 하면 말이 안 된다. 한 것을 했다고 하고 안 한 것을 안 했다고 하는데, 맞지 않을 수가 없다.

巳午月令을 통변할 때

(1) 乙丙

乙丙이 있으면 환경에 적합하다고 한다.

天干에 있으면 재능으로 적합하다. 그럼 특기생이다.

암장(暗藏)에 있으면 보좌로 적합하다고 한다.

암장(暗藏)은 卯辰을 말한다. 乙木이 卯辰이 있으면 암장(暗藏)에 있는 것이다.

(2) 癸乙丙

수재(秀才)로서 전문성을 지녔다. 공부를 잘한 것이다.

흔히 전략, 기획, 정책, 연구 분야이다. 대체로 근무경력이 30년 이상자들이다. 뛰어난 인재(人才)라 한다. 연구형 전문인력이라 통변하면 된다. 巳午月令에 癸水가 있으면 항상 '수재(秀才)입니다' 해야 한다.

(3) 乙丙庚

수재가 아니라 경영자로서 운영자로서 대외교류자이다.

수재(秀才)와는 차원이 다르다. 통솔자들이다. 인맥이 좋아야 하고 경영 능력이 있어야 한다. 영업이익이 있어야 하고, 기득권을 지배하려는 특징이 있다.

그러니 丙火가 乙木이 있느냐, 丙火에 癸水가 있느냐, 丙火에 庚金이 있느냐, 이런 뜻이다. 그때마다 삶의 목적이나 방법이 다르다.

문제가 심각한 것은 癸水가 天干에 뜨면 화다수갈(火多水渴)이 되니 문제의식이다. 丙火가 있고 癸水가 암장이 아니라 天干에 있으면 수재(秀才)의 정반대다. 그러니 미련하기 그지없고 자기계발은 하지 않는다. 화다수갈(火多水渴)이 되면 그렇다. 이 사람은 공상과 망상, 불평불만만 한다. 그러니 생각이 너무 많다. 실제화되지 않는 상상의 세계, 허상의 세계에서 산다.

乙木이 天干에 투간된 사람은 乙木이 무성하다고 한다.
그럼 세상에 적합하게 행동하지 않는 사람을 뜻한다. 물의를 일으키는 전문가이다. 시비, 구설 다툼을 만들어서 타인과 대인관계를 망치는 사람들이다. 丙火가 癸水가 많으면 혼자서 공상과 상상으로 망치고, 乙木이 많으면 남들과 관계를 망치는 사람이 된다.

戊土가 없는 것은 문제가 없는데, 너무 많은 것은 문제가 된다. 산이 높다고 한다. 이것도 문제를 많이 일으킨다. 조직에 걸맞지 않은 행동을 하고 따로 논다. 소통 불량이다. 따로국밥과 같다. 회식도 나가지 않는다. 그래서 대체로 소외그룹에 들어간다고 생각하면 된다.
남들이 다 교회 가면 자기도 가야 하는데 혼자서 절에 가고 한다. 그러니 전체가 가지고 있는 것을 따라가지 않고 혼자서 독특한 행동을 한다. 土는 없으면 아무 문제가 없는데 많으면 많을수록 속을 썩인다.

또 巳午月令생의 戊土日干이 戊土가 많으면 戊庚을 해코지한다. 戊庚은 총지배인 역할을 하는데 다른 사람을 왕따시키거나, 소외시킬 수 있다. 파벌을 만들거나 한다. 六神으로 옮기니 比食이 된다. 그러니 파벌을 만들거나 뒤로 엉뚱한 짓을 할 수가 있다.

癸水가 天干에 투간되어서 너무 많으면 상상가가 된다.
하나만 투간되어야 하는데 또 화다수갈(火多水渴)이 된다. 그럼 기억력 상실이 된다. 무슨 말을 하면 새겨듣지 않고 흘려듣는 사람이 있다. 火多水渴이다. 水가 많은 것과 金生水가 안 되어서 수갈(水渴)이 되면 같은 의미다.
무슨 말을 하면 잘 안 들리는 것이다.

문제점과 주의점을 같이 넣으면 된다.
화다수갈(火多水渴)이 되었으니 相剋을 丙癸부터 시작하면 '내가 무얼 하고 싶었더라?' 하고 목적을 잊어먹는다. 丙癸는 목적이니 목적을 상기하지 못한다. 그러니 상상이 목적이 된다. 만약 丙癸가 짝이 없다면 행복이란 목적이 화다수갈(火多水渴)이든 과습(過濕)이든 간에, 행복이 없는 것보다는 있는 것이 더 낫다. 목적 자체가 없으면 언젠가는 목적이 찾아오게 된다. 水火가 아예 없는 사람은 왜 사는지 모른다. 그러나 水火가 없으니 말썽을 안 일으키니 우울증도 안 걸린다. 병약에 걸리면 고치면 된다.

癸水의 過濕은 庚金이 고치고, 乙木이 多하면 辛金이 고친다. 그럼 庚子年에 戊土日干에 癸水가 天干에 떠서 과습(過濕)하면 庚金으로 치료를 받는다. 만약 그런 것이 없으면 癸丙이 庚金더러 왜 왔느냐고 돌려보낸다.

'너 庚金운 여기 왜 왔니?' 그러니 무언가 할 일이 있어야 하는 것이다. 이것을 감당해내야 한다. 그러니 일단은 月令 하나만 해도 되는데, 司令까지 해도 끝난 것인데 더 자세한 것이 필요하면 뒤에 것까지 숙달하면 된다.

水剋火 다음에 土剋水 木剋土가 세트고, 火剋金 金剋木이 세트다.
相生도 水生木 木生火가 세트고, 火生土 土生金이 세트고,
金生水 水生木이 세트다. 水生木 木生火의 水生木과 金生水 水生木의 水生木은 다른 것이다. 그러니 세트로 외워야 한다.
水生木 木生火, 火生土 土生金, 金生水 水生木으로 연습하면 된다.
相剋은 水剋火, 土剋水, 木剋土, 火剋金, 金剋木으로 한다.
자꾸 연습해야 相生相剋을 한다.

어쨌든 月令, 當令, 司令 相生相剋은 모두 마쳐야 한다.
當令 丙火의 相生相剋이 癸乙丙과 乙丙庚이다.
司令의 相生相剋은 巳中 庚金은 丙庚과 巳酉丑이다.
丙庚이면 어떻게 살고, 巳酉丑이면 어떻게 살고가 있다
巳中 丙火 丙庚은, 午中 丙火의 丙庚 등 丙庚 세 개가 모두 다르다. 그러니 항상 相生식 연습을 해야 한다.

相生식을 할 때는 오행 相生식과 六神 相生식까지 해야 아주 디테일하게 나온다.

그러고 나서 상신(相神)이냐 구신(救神)이냐 하는 것이 더 남았다. 그것만 알고 나서 아무 말 없이 손님을 쳐다보기만 해도 전달이 된다. 말을 하지 않아도 눈빛으로 전달된다.

가령 戊土日干이 偏印格이라면, 食神 庚金이 오니 相神인 官殺에 대한 忌神이 왔다. 그럼 상신(相神)에 대한 기신(忌神)이 하는 일은 나에게 일을 시키는 것이다.
相神은 내가 만든 일이고, 구신(救神)은 내가 하는 일이다.
내가 만든 일과 내가 하는 일이 相神과 救神이다. 그런데 相神의 忌神이 왔으니 내 일이 아니라, 남이 시키는 일을 해야 한다. 이것이 相神과 相神의 忌神과의 차이다.
忌神이 들어와서 食神生財한다. 忌神이 들어와서 比食한다. 比가 救神인데, 救神이 忌神을 生한다. 이것이 환장할 노릇인 것이다.

그러니 運마다 五行의 相生相剋을 넣고, 六神의 相生相剋을 넣고, 格局의 喜忌神을 넣고 설명하는 것이다.
나중에 익숙해지면 忌神에 食神을 넣고, 忌神에서 五行 相剋을 넣는 것이다. 그럼 이 食神生財는 직업적으로 말하면 내가 하는 것이 아니라 남이 하는 것이다. '이 일은 당신이 하는 것이 아닙니다. 이 食神生財는 남이 하는 겁니다' 이렇게 이야기가 시작된다. '남의 일을 받아서 대행하는 겁니다' 이렇게 시작이 되는 것이다. 숨은 뜻이 많은 것이다. 이것을 모두 格을 위주로 해서 六神을 넣고 나서 五行을 넣든지, 用神을 기준해서 거기에 六神을 넣든지 해야 한다.

그러니 재능을 가지고 사회생활을 해야 하니 用神의 相生相剋에 六神을 넣는 것이다. 格이란 직업을 가지고 사회로 나가야 하니 六神을 넣고, 직업 속에 재능이 들어갔으니 用神을 넣고, 이런 식으로 설명이 되어 있다.

힘들면 월령(月令)과 당령, 그리고 司令 用神에서 用神의 뜻과 相生만 하면 된다. 巳午月令 當令 相生식은 乙丙庚이다. 司令 상생식은 庚金은 丙庚과 巳酉丑이다. 이런 식으로 상생식을 딱 떼고 가야 한다. 이것을 무시하고 앞으로 가면 나중에 다시 뒤로 돌아와야 한다.

넓은 의미로 巳午月令 當令으로 庚子年 운을 보면 乙丙庚이다. 그럼 '조직이 튼실해져서 실적을 크게 거두는 시기에 왔습니다' 한다. 2020년이 當令 相生식이 乙丙庚이니, '조직이 부강해졌습니다' 한다. '당신의 조직이 그런 것이지 당신이 아니다' 巳午月令할 때는 乙丙庚하니 '조직이 부강해진다'고 말하면 된다.

司令을 말할 때는 모두 丙庚을 만나니 각자마다 하나의 실적을 낼 運이 도착했다고 하면 된다. 司令들은 丙庚이다. 통변하면 실적이 오른다. 이것을 月令별로 모두 다 해야 한다. 卯辰巳午,

午未申酉 月令까지는 주의점이 무척 많다. 그러나 酉戌亥子와 子丑寅卯까지는 주의점은 별로 없다. 즉 春分을 지나서 秋分까지는 온갖 주의점이 많다.

午未月令의 주의점은 화다목분(火多木焚), 화다토조(火多土燥), 화다금소(火多金銷)가 있다.

巳午月令은 화다수갈(火多水渴)이나 목다화식(木多火熄) 밖에 없다.

巳午에서 수다화식(水多火熄)은 안 된다. 巳午月令의 庚子年 운세는 조직이 튼튼해지고 부강해지며, 개인별 소임이나 임무가 온다는 뜻이다. 한마디로 줄이면 '소임 맡다'이다. 巳午月令의 丙火가 庚金을 만나니 그런 것이다

그럼 ① 책임자로서 소임을 맡으려면 丙戌를 준비하고 있어야 한다.

② 총책임자가 아닌, 각 부서별로 책임을 맡으려면, 부속기관 책임자가 되려면 乙丙을 하고 있어야 한다.

총책임자가 되려면 丙戌를 하고 있어야 하고, 부서별 책임자가 되려면 乙丙을 하고 있어야 하는데, 일단 '소임 맡다'가 결과다. 그러나 모두가 소임을 맡을 수는 없다. 乙木이 없으면 소임에서 배제된다. 乙木이 없으면 과거가 없기 때문이다.

乙丙戌는 사회적인 경험과 경력을 가지고 나가는 것인데,
甲丙戌는 개발을 가지고 나가는 것이다.

乙丙庚, 辛壬甲 등이 출산이나 각종 번식, 그리고 대외교류 등을 한다면 庚子年이 가장 적합한 시기다. 밀레니엄 베이비, 2000년 庚辰年생이다. 乙丙庚이 金火交易이다. 辛壬甲도 土水合一로 다음 단계로 넘어가는 작업을 한다. 이것이 가장 제격이다. 그러니 신규사업, 번식 등이 이때가 가장 좋다. 자식의 출가도 이때가 가장 좋다. 군대가 아니라 출가다. 취직, 독립시키는 것 등에 좋다. 농사짓는 사람들이 나무에 접붙이는 시기도 이때가 가장 좋다.

乙丙己는 앉은 자리에서 꼬부라져서 일어나지 않는 것이다. 乙木이 죽고 다시 살아나지 않는 것이다. 辛壬己도 나가서 죽었다는 뜻이다.

09 오미월령(午未月令)의 환경특징

月令: 午未
當令: 丁火
司令: 丁火 丁火 乙木

相生: 壬乙, 乙丁, 丁己, 己庚, 庚壬
相剋: 丁壬, 己壬, 乙己, 丁庚, 庚乙
相合: 丁壬

 동지(冬至)는 無, 하지(夏至)는 有, 만물의 없음과 있음의 개념이다. 午未月令은 만물의 존재 개념이 茂, 무성해졌다는 뜻이다. 고정적 개념이다. 다 드러난 것이고 완성되었다고 해서 순환적 개념으로는 成이라 한다. 진행적 개념이다. 순환적 개념으로 생겨났다, 익었다는 의미이다. 모두가 있는 것이다. 나무가 있고, 가지가 있고, 이파리가 있고, 열매가 열렸으니, 다 끝난 것이다. 조금 있으면 이파리가 떨어지고 열매만 남으니 존재가 있는 것이다. 이것이 얼마나 허망한 사실인가? 아주 허망한 午未월이다. 다 드러나고 다 있는 것 같지만 사실은 그것이 존재가 아니다.

철학은 관념이다. 장자(莊子)는 모든 건 변하니까 존재란 이름을 명할 수 없다고 해서 無名이라 했다. 午未月令은 존재가 다 드러난 것을 말한다. 이름을 지어주면 조금 있다가 바뀐다. 끝없이 무언가를 자연이 만들듯이 사람도 완성품을 만들어내는데 午未의 기술은 조금 있으면 또 바뀌게 되어 있다. 완성이 다 되는 순간 순식간에 사그라들고 없어지는 것이다. 午未를 또 中이라 한다. 확대해석해서 用이라고도 한다. 쓸 만한 물건이 왔다는 뜻이다. 그러니 생각하고 계획하고 작업을 한 것이 완성된 것이 夏至이다.

子丑월령에 뿌리가 뻗고, 寅卯월령에 줄기가 나오고, 卯辰월령에 가지가 뻗었다. 巳午월령에 개화(開花)가 되었다. 꽃에 열매가 열린 것이다.
그래서 어떤 사람은 中이라고도 하고 用이라고도 한다.
순환적 요소로는 成이라 한다. 자연이 있는데 고정적 개념이다. 자연이 지나가는 길이 있고, 그것을 바라보는 세계관이 있다. 이들은 완성품이다. 다 갖추었으니 하나라도 빠지면 안 된다.
午未月令을 설명하면, 庚金 壬水가 없으면 알맹이가 없는 것이다. 庚金이 나중에 종자가 되어야 한다. 그럼 庚金이 庚壬 金生水를 해야 나중에 남길 수 있는 작품이 된다. 庚壬이 안 되면 시간이 지나면 비존재로 가니 없어지는 것이다.
庚壬 金生水와 壬乙 水生木이 없으면 가지가 없으니 중심인물이 되지 못한다. 중앙을 차지하지 못한다. 그럼 밀려난 물건이 된다.

그리고 木生火인 乙丁이 있어야 완성품이 되는 것이다.

乙丁이 없으면 미완성 작품이라 한다. 丁己 火生土가 있어야 꽃이 피고 열매가 열린다. 丁己란 꽃이 피어야 한다.

이것은 지배권이 있느냐 없느냐이다. 丁己는 사회적 적합성이란 뜻이다. 己土가 있으면 적합성이다. 나에게 맞고 안 맞고는 土가 결정하는 것이다. 己庚 土生金을 해야 열매가 열리는 것이다. 이들 모두 종합적으로 결과가 나왔는지 묻고 있는 것이다. 여기서 하나만 빠져도 작품이 안 된다.

만약 子丑月令이면 水生木 하나만 해도 된다. 이때는 미완성품이라도 관계가 없지만, 午未月令은 모두를 갖추고 있어야 한다. 그러니 午未月令의 출생자는 잘해도 잘하는 것이 아니다. 다해야 하기 때문이다. 金火交易이란 중앙을 넘어가는 과정이 인류에게는 매우 중요한 것이다.

庚壬는 미래의 자산으로 남을 만한 종자이다. 훗날 辛壬으로 간다. 그러니 午未月令에 庚壬만 있어도 부모로서 자식의 가슴 속에 남든지, 그가 이룬 업적이 남든지 한다.

壬乙을 하면 하나의 중심을 이루는 사람이 된다.

乙丁이 있어야만 완성품이 된다는 뜻이다.

乙丁이 없으면 미완성이니 차이가 난다. 부실하다. 완성이란 것이 반드시 좋은 것은 아니지만, 미완의 작품이 된다는 것이다.

丁己가 되면 특별한 사람이 된다. 재주가 특별하다. 가치가 있

다. 품질을 인정한다. 최고의 실력자다. 꽃이 핀 것이니 경력과 경험을 인정해서 모두 담은 것이다
 이런 모든 행위는 庚壬을 하기 위해서이다. 종자로 오랫동안 남기려고 한다.

 庚壬을 통변하면 오랫동안 남길 것을 전하다.
 乙丁은 완성된 실력이 된다. 그럼 火生土 土生金이 하나도 없으면 완성된 제품을 전하는 것이 아니라 완성된 실력만 만든 것이다.

 申酉월령은 火生土 土生金으로 작품을 내야 하지만, 午未月令은 丁己나 己庚이 없어도 작품은 작품이다. 완성된 기술력, 완성된 실력을 전한다. 그러니 庚壬과 乙丁만 해도 충분하다는 뜻이다. 그러나 丁己 己庚까지 가야 완성품이 되는 것이다. 그래야 능력으로 생산한 제품이 나오는 것이다. 丁己와 己庚은 물건이 존재하는 것이다.
 그럼 사용하는 용품이 나오는 것이다. 그 용품이 庚壬으로 갈 수도 있다. 그러나 午未월은 用品보다는 실력이 가는 것이 더 중요하다. 乙丁에는 물건이 존재하는 것이 아니라 실력이 존재하는 것이다. 乙丁 庚壬 이렇게 된다.
 土가 들어가면 제작을 해야 한다. 乙丁이 잘못되면 미완성 재주라 한다. 庚壬은 유통하다. 乙丁은 재능 있다. 土가 들어가면 생산 제조하다.

午未月令 當令의 상생식은 丁庚壬이다.

기술력을 바탕으로 생산해서, 그 생산을 오랫동안 활용하도록 하라. 丁火의 기술력으로, 庚金은 제조 생산해서, 壬水로 널리 쓰이게 하도록 하라. 여기에는 乙丁이 들어 있다. 이는 경력과 경험을 바탕으로 기술력을 완성시킨 것이다.

만약 乙丁이 안 되면 기술력이 미완성이 된다. 평생을 해도 완성이 안 된다. 여기에 庚壬이란 것이 있다. 이는 오랫동안 남겨진다. 오랫동안 사용한다. 지속적으로 사용한다는 뜻이 담겨 있다. 그러니 가장 중요한 것은 乙丁과 庚壬이다. 이때는 庚壬이 없어도 되고, 있어도 되지만, 乙丁이 더 중요하다. 둘 중에 庚壬은 없어도 되지만, 내가 지금 실력을 완성하는 것이 중요하다.

이때는 또 丁己가 있다. 기술이 완성된 것이고, 제품이 환경에 맞게 적합해야 한다. 내일이면 기술이 바뀌더라도, 일단 이 시간에는 환경에 맞아야 한다. 그 시대에 적합하다. 환경에 적합하다. 그러나 다음에는 적합하지 않다.

己庚은 제조하다, 생산해내다의 뜻이다. 모두 합하여 설명하면 수화기제(水火旣濟)로 기술을 전하다 이니, 시대에 알맞은 제조 능력이라 한다. 이때 가장 중요한 것은 乙丁인데, 물건이 오랫동안 쓰이는 것이 중요한 것이 아니라, 네가 가진 재주를 오랫동안 유지하는 것이 중요한 것이다.

만약 申酉月令이면 만드는 방법보다 오랫동안 물건이 사용되는 것이 중요하다. 그러나 午未월령은 그가 가지고 있는 기술이 중요한 것이다.

　　책이 있으면 책의 내용이 오랫동안 남는 것이 午未이고, 책의 보존상태가 오랫동안 남는 것은 申酉월령이다. 지적(知的) 능력이 오랫동안 남는 것은 乙丁 庚壬이다. 이를 丁庚壬이라 한다.
　　丁庚壬 가운데 丁己나 己庚이 들었나 안 들었나에 따라 다른 것이다. 丁庚壬이란 當令 내용을 다시 말하면, '자기의 기술을 생산적으로 이루어서, 오랫동안 활용하다' 이것을 풀어서 해석하니 乙丁 庚壬이 된다.
　　그런데 만약 丁만 있고 乙이 없으면 그 기술이 미완성이 된다. 미완성으로 오래간다. 乙丁이 되어야 완성된 기술이 庚壬으로 오래가는 것이다.
　　그러나 火生土 土生金이 있으면, 그럼 기술력만 오래가는 것이 아니라 그의 생산품이나 작품도 오래간다는 뜻이다.
　　그럼 午未月令의 기술력과 기술을 사용한 작품은 다르다.
　　아파트를 짓는다면 乙丁庚만 있는 사람은 시행해서 허가까지만 해야지, 시공은 하지 말아야 한다. 丁己庚인 사람은 시공만 하고 시행은 하지 말아야 한다. 그리고 己庚壬만 있는 사람은 분양만 해야 한다. 이렇게 내용이 다르다.

　　午月의 丁火의 상생식은 乙丁이다. 중요한 것은 기술완성이다. 지식 능력이 중요하다. 다음에 중요한 것은 庚壬이다. 그럼 기술이 특별해서 오랫동안 가는 것이다. 실력이 제일 좋아야 한다.

未中 丁火는 丁庚이다. 제조 능력이다. 기술 능력이 중요하다. 폼이 제일 좋은 사람이다.

未中의 乙木은 乙丁이다. 己土가 들어가 있다.
가장 중요한 것이 시대적 적합성이다. 아무거나 개발하면 안 된다. 그때에 맞느냐이다. 土가 있으니 잘 맞는 것이다. 시대적 적합성을 견지한 판단력이다. 이 시대에 맞느냐, 지금 상황에 맞느냐이다. 상황에 맞는 제조이다.
완성된 기술을 가지고 가공, 제조와 생산을 해야 한다.
未月의 乙木에게 가장 중요한 것은 乙丁이다.

이런 식으로 子丑月令도 해야 한다.
午中 丁火는 乙丁, 未中 丁火는 丁庚, 未中 乙木은 乙丁이다. 그러니 午月의 乙丁은 과거의 경력이 중요하다는 뜻이고, 未中 乙木의 乙丁은 지금부터 판단을 잘해서 미래를 견지해야 한다. 그러니 과거를 쳐다보는 것이 중요하다. 未中 丁火의 丁庚은 제조 능력을 말한다. 이런 식으로 司令의 相生相剋이 구분되어 있다.

未中의 乙丁이란 건 이어지고 이어진 것이다.
子丑月令의 金生水가 이어지고 이어진 것이다.
그럼 이어지고 이어진 것을 내 몸속 깊이 들어가서 심고 또 심어야 한다. 시대적 바람이 지나가는데 子丑월령 金生水가 선대로부터 이어져서 미래로 간다. 정신문화가 간다.

午未月令의 木生火도 계속 이어지는데 과학기술이 된다.
내 몸에 들어와서 잠겨 있어야 한다.
그러려면 亥卯未 木局을 해야 한다. 이런 것들을 내가 해야 한다. 그러니 用事를 하려면 亥卯未 三合이 있어야 한다. 그러니 내가 卯未로 닦고 또 닦고, 실력을 쌓고 또 쌓고, 亥卯로 내가 쓰고 또 쓰고 하는 것이다. 亥中에 壬水가 들어 있는 것이고, 未는 완성이 되지 않았다는 뜻이다.
이렇게 되어야 나의 힘이 되는 것이다.

乙丁 木生火는 그냥 그렇다는 것이다. 乙丁이 완성품이라 했는데 기술력이 너의 옆에 있다는 것이지, 그런 내력이 들어가서 너의 것이 되는 것은 아니란 것이다. 네가 습득을 하려면 亥卯未 合이 되란 것이다.

子丑월령도 辛癸라면 완성품인데 거기에 있다는 것이지 네가 아니다. 巳酉丑이 있어야 네 것이 되는 것이다. 그러니 巳丑酉도 마찬가지다. 酉丑으로는 닦고 또 닦고, 巳丑으로 쓰고 또 쓰는 것이다. 巳丑으로는 써보고 또 써보고 전문가가 된다는 것이다. 酉丑으로 쌓고 쌓아서 전문가가 되느냐, 巳丑으로 써보고 전문가가 되느냐이다. 둘 다 해도 문제가 없다.
巳丑만 되었으면 가져다 써보고 전문가가 되는 것이다.
실력을 쌓아서 전문가가 되는 사람이 있고, 써보고 전문가가 된 사람이 있다. 이런 식으로 해석을 하면 된다.

亥子月令에서 子丑月令으로 넘어갈 때 가장 중요한 것은, 金生水를 가지고 가는 것이다.

그것만 가지고 가도 잘 사는 것이지만 그런데 더 똑똑한 사람이 되려면 三合을 가지고 가야 한다.

그런데 午未월령에 그냥 넘어가면 안 되고 木生火를 가지고 가야 하는데, 내가 닳고 닳아서 전문가가 되어서 넘어가려면 亥卯未 三合을 가지고 넘어가는 것이다.

옛날이나 지금이나 같은 것이 되려면 木生火만 하면 안 되고 金生水를 해야 내가 만든 木生火의 가치가 오랫동안 쓰이는 것이다. 金生水가 안 되면 오랫동안 쓸 수가 없고 자주 바뀌게 된다. 子丑月令에 金生水하면 완성품이다.

내가 그걸 가슴에 넣고 넣어서 숙달을 시키려면 巳酉丑 三合을 해야 한다.

午未月令의 木生火는 완성품이다. 실력이 완성되었다.

그런데 그 완성된 실력을 내 몸에 넣고 천년만년 숙달을 시키려면 亥卯未 合을 해야 한다. 그래도 내일 아침이면 사라진다고 했다. 이는 유무론에 없는 말이다. 이름이 바뀐다. 그것이라고 명할 수 없다고 소크라테스가 말했다. 그렇지 않으려면 내일 가도 소멸이 안 되어야 한다.

그러려면 子丑월령의 金生水는 木生火(甲丙)를 하고,

午未월령의 木生火는 金生水(庚壬)를 해야 하는 것이다.

어떤 사람은 金生水가 안 되어서 3년 전에 연구해서 만들어놓으니까, 3년 후에 또 만들어야 한다. 어떤 사람은 木生火도 되고 金生水가 되니, 무얼 하나 만들어놓으면 평생 놀면서도 편하게 산다. 그런 뜻이다.

子丑月令의 金生水 木生火를 경(經)이라 하고,
午未月令은 木生火 金生水는 원천기술이라 한다.
회전율이 있어야 오래간다. 내력이 있어야 한다.
子丑월령은 辛癸甲丙, 午未월령은 乙丁庚壬이다.
辛癸는 완성품, 甲丙은 오래간다. 乙丁은 완성품, 庚壬은 오래간다. 甲丙은 인기 효과, 파급 효과가 오래간다.
庚壬도 인기 효과, 파급 효과다. 午未月令은 乙丁이란 완성된 실력을 갖추어야 한다. 子丑月令에 甲木이 없으면 물건이 아니라 지식만 팔면 된다. 창의력과 아이디어만 팔면 된다.

물건을 팔려면 子丑月令은 辛癸가 甲木을 만나야 한다. 시대적 적합성을 만나려면 己土를 만나야 한다. 子丑의 己甲과 午未의 己庚이다. 그러나 己甲과 己庚은 없어도 관계가 없다. 그건 申酉月令이나 寅卯月令이 하는 것이다.
申酉月令에 가면 머리를 굴리기보다 숙달이 더 중요하다.
己庚이 더 중요하다.
寅卯月令은 아이디어보다 성적을 내는 것이 더 중요하다. 대신 자주 바뀐다. 寅卯月令은 생각하는 사조나 이념이 자주 바뀐다.
申酉月令은 어제의 기술은 낙후된 것이니 자주 바뀐다.
고정된 능력을 가지려면 반드시 金生水를 해야 한다.
이것이 午未月令과 子丑月令을 비교한 내용이다.

未月의 當令은 丁火이니 丁庚壬, 司令은 丁 丁 乙이니
乙丁: 기술완성(지식 능력)
丁庚: 제조능력(기술 능력)
乙丁己: 시대적 적합성(판단력)
그리고 내력이 오랫동안 숙달되려면 亥卯未를 하라.
格을 잡을 때도 용사(用事)를 하면 三合을 먼저 잡는다.

格을 잡을 때도 午中 丁火로 格을 잡는 거나, 未中 丁火로 格을 잡는 것이나 未中 乙木으로 格을 잡는 것이나,
未中 己土로 格을 잡는 것이나 쓰임이 다 다른 것이다.
만약 未中 己土로 格을 잡는다면 시대적 조류를 빨리 읽어야 한다. 만약 未中 丁火로 格을 잡았다면 실제 물건으로 등장을 시켜야 한다.
만약 午未月令 사람들이 게임산업에 종사한다면, 요즘 돈은 여가산업이 더 많이 번다. 타이어를 만들어 파는 것보다 게임산업이 더 잘 번다.

게임산업에 근무하는 사람이 만약 午中 丁火가 格인 사람은 아이디어를 낸다.
未中 丁火가 格인 사람은 디자인해서 만들어내야 한다.
未中 乙木이 格인 사람은 아이디어와 디자인이 모두 다 숙달되어야 한다. 未中 己土가 格인 사람은 고객 관리를 해야 한다. 적합성이니 고객서비스 관리, 현대적 용어도 만들고 해야 한다. 시대에 맞게 편성해야 한다.

과거에는 20년 전만 해도 게임 산업을 애니메이션 산업이라고 했다.

午未월령에 해당하는 상생상극(相生相剋)을 살펴보자.

상생
壬乙 (水生木)
乙丁 (木生火)
丁己 (火生土)
己庚 (土生金)
庚壬 (金生水)

상극
壬丁 (水剋火)
己壬 (土剋水)
乙己 (木剋土)
丁庚 (火剋金)
庚乙 (金剋木)

순환 相生은 무슨 일이 있어도 변하지 않지만, 相剋은 순서가 바뀔 수 있다. 庚乙하고 乙丁할 수도 있고, 乙己로 木剋土 하고 壬乙로 水生木 할 수도 있다(土剋水 木剋土는 순서다).

※ 통변 활용의 예

壬水-오랫동안 존재하여 다음 세대에서도 운용될 수 있는 기술체계(丁火)를 내가 만들어가겠다가 水剋火이다.

미래세계(壬)에 맞는 기술체계가 무엇인가를 인식(己)하겠다(土剋水).

나는 이에 합당한 기술력을 개발해서 이론적 지식체계를 갖추겠다(乙己 木剋土). 이것이 土剋水 木剋土이다.

힘든 훈련과정(丁庚)을 거쳐서 자기 자신의 재능을 전문성으로 이어가겠다.

그리고 불필요한 것은 제거하겠다. 庚乙 金剋木이다.

이렇게 안 된 사람들도 있고, 배우고 익혔지만 쓰지 못하는 사람들도 있다.

相剋을 거꾸로 하면,

세상에 나가 현장에서 일하다 보니(乙己),

시대에 맞고 나에게도 맞는 지식이 무엇인지 늦게나마 깨닫고 배우고 익히다(壬乙).

그러니 己壬으로 공부해서, 乙己로 세상을 내보내는 것이지만, 먼저 세상에 나가서 현장경험을 하다 보니(乙己),

학습이 필요한 것을 느끼는 것이다(壬乙).

사회생활을 하다 보니 필요한 것은 하지 않고 불필요한 것만 열심히 좇다 보니 그러면 안 되겠다고 판단해서 자기 자신을 조율했다(庚乙 金剋木).

그런 다음 실용적인 것만 숙달시키겠다(乙丁 木生火).

이렇게 相生은 변하지 않지만, 相剋은 효과에 따라 변한다.

이 내용의 핵심은 현재 네가 무엇인가 열심히 노력하여 완성된 가치가 나오려면 木生火 火生土 土生金을 해야 한다는 것이다. 그것이 오랫동안 유지되어서 브랜드가 되고, 전수 가능한 가치가 되기 위해서는 金生水 水生木이 되어야 한다.
木生火 火生土 土生金을 다시 풀어서 말하면 木生火가 되면 전문가이고, 火生土가 되면 환경이 맞는 것이고, 土生金이 되면 상품가치가 늘어난다고 해서, 木生火, 火剋金이니 전문가가 생산성도 좋다는 뜻인데, 이것이 金生水 水生木으로 이어졌나 이어지지 못했나만 판단해도 성공을 하는 것이다(火生土 + 土生金 = 火剋金).

午未월의 病藥으로는 화다목분(火多木焚)이라 한다. 목분(木焚)은 壬水가 없을 때 목분이라 하고, 甲木이 없어도 목분(木焚)이라 한다. 午未월의 壬水가 없는 화다목분(火多木焚)은 시장에 유통되지 않는 기술을 가지고 있다고 해서 火多木焚이라 한다.
그리고 甲木이 없는 목분(木焚)은 재능값이나 상품가치가 너무 떨어진 것만 가지고 있다고 해서 火多木焚이라 한다. 그러니 화다목분(火多木焚)은 두 가지 특성이 있다.

지속성이란 金生水 水生木을 해야 한다. 만약 木이 없는데 水

運이 왔다면 그해는 잘나간다. 그런데 木이 없으니 탈진되어버리니 그 시간이 지나면 끝나버린다. 그런데 木이 있어서 木生火를 하고 있다면 水生木 木生火로 연결이 되니 약 20년 정도는 쓸 수 있다.

또 辛金이나 乙木은 옹(擁)한다고 해서 옹졸하다고 한다. 乙木은 비비 틀어서 옹졸하고 辛金은 항아리에 모아 놓으니 끈적끈적하다. 乙木은 물이 떨어질 때 그냥 떨어지지 않고 고였다가 안 떨어지려고 애쓰다가 떨어진다. 그러니 乙木이 말할 때 항상 '나 정말 참고 참다가 말하는 거야' 한다. 辛金은 '나 정말 말하지 않으려고 하는데 하는 거야' 한다. 옹졸하고 치졸한 것이 담겨 있다. 무지하게 인내한 것처럼 말을 한다.

木이 없으면 붙는 성질이 없고, 水가 없으면 붙는 기(氣)가 없다. 그래서 정신과 몸에 탁(濁)한 기운이 끼지 않는다. 몸에 바이러스가 안 낀다. 木이 없으면 붙는 성질이 없다. 사람이 붙어 나지를 못한다. 그래서 깨끗한 할머니는 水가 없는 것이고, 성질이 사나워서 사람을 안 보는 할머니는 木이 없는 것이다. 사람이 붙게 만들지 않는다.

水가 있고, 水源이 있다. 水가 없으면 水源이라도 가져야 한다. 물통은 있어야 한다. 그럼 水가 있는 것이다.
그런데 水가 없는 것은 무엇이고, 있는 것이 무엇인지 다른데, 사주에 水가 없는데 庚金도 없는 사람은, 자기를 다스리는 水도 없고, 남을 다스리는 水도 없다는 뜻이다.

天干 辛金은 水源이 아니다. 地支에 申만 있어도 되느냐고 묻는데 안 된다. 天干에 庚金이 있어야 한다. 水는 없지만, 水源이 있으면 자기를 다스리는 水는 있는 것이다.

火가 전혀 없는 사람들이 있는데 水가 없는 것과 똑같다.

그럼 양초라도 있어야 한다. 水源이 있어서 물을 담아 놓듯이, 火는 양초라도 있어야 한다. 이것이 甲木이다. 그럼 나를 다스리는 火는 있는 것이다. 또 甲木도 없으면 나를 다스리는 火도 없는 것이다.

여기까지 用神에 대한 상담 매뉴얼 소개를 다 한 것이다.

사주 판단은 여기까지 한 것이니 月令, 當令, 司令으로 사주를 판단했고, 행운(行運)에 대한 판단은 水剋火, 土剋水, 木剋土, 火剋金, 金剋木 相剋으로 한다.

초점은 사주 판단은 틀려도 되지만, 年運은 맞추어야 한다. 남의 자식한테 장군감이라 말하면 다 맞는 것이다. 그러나 그해 年運을 맞출 줄 알아야 한다. 相剋으로 年運을 도와주는 것을 말한다.

임상

壬己癸乙 乾
申卯未未 3

월령: 巳午未 방합, 卯未亥 삼합, 午未 육합, 午未 배열, 丑未 상충이 나올 수 있다.

이 사주 월령에 있는 것은 卯未 三合밖에 없다.

相沖(丑未)도 없고 배열(午未)도 없고, 六合(午未)도 없고, 方合(巳午未)도 없다.

卯未亥 삼합 통변은 자기투자, 자기계발이 아직 끝나지 않았다. 나의 능력을 끝없이 개발하고 살아야 한다. 피곤한 인생이다. 치열하게 살아가야 한다.

當令: 丁庚壬이다.

丁庚壬이 있다(未中 丁火, 申中 庚金, 天干 壬水).

주변 환경이 庚壬이니 아이디어, 제조, 생산, 연구, 탐구가 아니라, 유통이나 쓰임이 위주이다. 원래 이 사람은 丁火가 司令이니 기술력이 좋아야 한다.

丁庚도 있다. 丁庚을 통변하면 기술력 우선이다.

庚壬을 통변하면 상품성이 우선이다. 그럼 기술력과 상품성을 중요하게 여기는 환경에 있다. 그러니 이 사람의 환경은 짜임새가 좋다. 그럼 자기가 살기 힘들다. 자기 주변 환경에 어리석은 사람이 좀 많아야 자기가 똑똑한 것이다. 짜임새가 있는 환경에 산다.

司令: 3 大運이니 丁庚에서 났다. 그럼 제조업까지 이어져야지, 상품기획만 하면 안 된다. 요즘 말로 예술성만 좋아서 되는 것이 아니라 작품성도 좋아야 한다.

그리고 壬水가 있으니 상품성도 좋아야 한다. 그러니 파급성도 좋아야 한다. 인기 효과라고도 하고 수입 효과라고 해도 된다. 무엇이라 말해도 좋다. 그리고 壬水가 투간되었으니 수익성이라고 해도 된다. 그러니 무슨 일을 하는지 당사자에 따라서 말투가 달라져야 한다.

乙丙이라면 '조직에 공헌했어' 하면 되지만,
丙에 乙이라면 '사장이 시키는 임무를 잘했어'라고 한다.
한쪽이 한쪽을 만날 때마다 의미가 달라지는데 똑같은 이야기를 하면 안 된다. 그러나 司令에는 들어갈 필요가 없다. 그럼 위 사주는 當令과 司令 중에 當令이 더 잘 맞으면 직장을 다녔다고 하면 되고, 當令에는 안 맞고 司令에는 잘 맞는다면 오너를 했다고 하면 된다. 위 사주는 當令의 적합도가 높으니 직장을 다녔다고 하면 된다. 물론 지금도 다닐 수 있겠지만 나이가 있으니 과거사를 쓰는 것이 좋다. 司令적합도가 있으면 개인기가 우선이다.
當令의 적합도는 조직을 따라가면 된다. 둘 다 있으면 둘 다 하면 된다. 위의 사주는 어디에도 적합하니 치열한 삶을 살아야 한다.

三合이 있으면 숙달을 시켜야 하는 것이 힘들다. 지난 己亥年 운세는 亥中 壬水가 들어왔으니 當令의 적합도가 들어왔고, 庚이란 司令적합도도 庚子年에 들어왔다. 그리고 三合도 들어왔다. 그럼 자기를 잘 만들기보다는 잘 써야 하는 운세가 들어왔다.

섞여서 들어왔다. 나이를 먹었으니 수준을 낮추어서 亥中의 壬水만 이야기하면 된다. 일할 때 실적에 대한 인센티브를 달라고 하면 된다.

亥中의 壬水가 들어왔어도 庚金이 天干에 있었으면 亥中 壬水는 들어오든 말든 신경도 안 쓰지만, 地藏干에 庚金이 있어서 庚壬을 한다.

그러니 내가 능력을 활용하는데 亥中 壬水가 들어왔으니 능력이 활용된다. 그럼 三合이 되었으니 능력이 특별하다.

그러니 인센티브를 달라고 하라는 뜻이다.

여자 사주가 司令의 적합도가 있으면 가정에 충실하지 못하고, 當令 적합도가 있으면 가정이나 회사에 적합한 사람이라 한다. 또 三合이 있는 부인을 얻으면 자기계발을 너무 꾸준하게 하니 가정에는 충실하지 못하다. 앞으로 여자 사주에 月支 三合이 되고, 當令 적합도도 높고, 司令 적합도도 높으면 '결혼을 하지 못합니다'라고 하면 되고, 남자에게는 '존경을 받고 삽니다' 하면 된다.

格은 偏官格이다. 食神 相神이 없으니 국가자격증 소지는 하지 않았다.

그러나 殺印相生 財生殺은 다 되어 있다. 己亥年 운세는 比肩이 들어오니 救神에 대한 忌神이다. 凶格이니 救神에 대한 忌神이 있지, 吉格에는 格에 대한 忌神을 말한다. 救神에 대한 忌神이란 활용 경쟁이 붙었다는 뜻이다.

相神에 대한 忌神은 준비 경쟁이다. 己土란 救神에 대한 忌神을 제압하려면 格이 나서야 한다. 내 格을 내세워서 살려내야 한다.

통변을 할 때는 모두 格으로 한다. 그리고 자질 문제를 다룰 때는 用神의 喜忌神으로 하면 된다. 이 사주의 用神의 喜忌神을 설명하기 이전에 들어가는 것은 當令과 司令의 배합이 맞나 맞지 않느냐이다. 자기가 속한 환경에 적합하게 살아가느냐 當令, 개인적인 재능도 좋으냐가 司令이다. 그럼 이 사주는 자기가 속한 환경에도 좋고, 개인적인 재능도 좋다고 판명이 났다. 거기에 파급 효과, 수입 효과, 시장 효과도 좋다고 판명이 났다.

사주를 볼 때 기본검사가 있다. 當令 검사, 司令 검사, 月令 검사가 끝났다. 그럼 '너 도대체 뭐 하는 사람이냐?' 물어봐야 한다. 六合이 없으니 높은 사람, 낮은 사람 차별 없이 살고 싶다. 배열이 없으니 가족 간에 情이 없이 살고, 相沖이 없으니 남이 누구인지 알고 싶지 않다. 내가 누구인지 알고 싶은 것이다. 方合이 없으니 이런 조직의 틀을 갖추어서 조직의 국장을 하고 싶지 않다는 의미다.

그럼 '너 도대체 뭐 하냐?' 물어봐야 하는데, 그럼 相生으로 묻고, 相剋으로 묻는 것이다. 그럼 水剋火는 丁壬으로 되어 있다. 그럼 壬水란 목적이 있다. 그럼 丁火로 방법을 걸어가면 된다.

1) 丁火의 방법이 과정이 된다. 그럼 지장간(地藏干) 庚金이 있

으니 목적을 향한 과정을 착실히 겪는다. 여기서 상담을 마쳐도 된다. 왜냐하면, 목적이 있는 사람이 많지 않기 때문이다. 목적 없이 사는 사람이 더 많다. 그리고 과정까지 걸어가는 사람이 드물다. 만약 과정이 없으면 픽션가라 한다.

2) 火剋金(丁庚)을 하고 있고 끝없이 숙달시키니 이를 전문성 효과라 한다. 金剋木하고 실용적인 것을 분산시키는 것이다. 실용성 효과라 한다.

이런 것이 효과로 나타날 때는 金生水로 나타난다.

相生으로 상담을 할 필요가 없다. 相剋을 통해서 相生을 이끌어내야 한다. 전문성과 실용성이 있는 사주다.

3) 사람이 시대에 맞춰서 자기계발을 잘하나 하지 않나 봐야 한다. 己壬, 乙己로 본다. 시대에 맞추어서 자기계발을 잘하고 있다. 己壬이란 상황과 환경에 맞는 자기계발을 잘하는 것이다. 이는 水生木으로 나타나는 것이다. 그러니 水生木이 실력이 되는 것이다. 金生水는 나중에 파급 효과가 되는 것이다. 지나간 己亥年 운세는 시대에 맞는 土剋水(己壬), 乙己로 木剋土를 한다.

시대에 맞는 土剋水 자기투자, 木剋土 자기계발, 水生木으로 세상에 내놓으라는 운세이다.

나이를 먹어서 年運에 왔으면 항상 새로운 시대에 맞는 土剋水의 자기투자, 木剋土로 자기계발 이렇게 말해야 한다.

제일 중요한 것은 月令이다.

얼마나 복잡하게 태어났나? 단순하게 태어났나? 다음은 當令과 司令이다. 자기가 하느냐? 그런 환경에 사느냐? 이다.

자기 실력이 좋으려면 三合이 되어야 한다.

相生 상담은 필요하지 않고, 相剋 상담으로 하면 된다.

처음에는 水火를 써놓고 이 사람이 거짓말쟁이인가, 과정을 거치는 사람인가를 보려면 壬丁을 써놓고 보면 된다. 만약 酉戌亥子月令의 壬丁이면 과정을 庚金으로 하면 안 되고 辛金으로 해야 한다. 과정을 정확하게 걷나 아닌가를 판단을 하면 된다.

만약 司令 當令으로 끝내고 나서 月令으로 合沖을 보면 되고, 끝까지 보려면 相生相剋까지 보면 된다.

그리고 未月 丁火가 當令(丁庚壬)인데 用神의 忌神인 癸水를 판단할 줄 알아야 한다. 그럼 과학기술이란 환경에서 인문학으로 바뀐 것이다. 丁己란 과학기술이나 예술성에, 癸水란 철학적인 것과 상상력이 들어가 있다.

司令을 쓸 때도 반드시 세 글자를 써야 한다.

乙丁庚이라 써야지 丁庚만 쓰면 안 된다. 항상 세 글자를 써야 한다. 當令이란 집에서는 남편이란 뜻이고, 회사에서는 사장이란 뜻이다. 司令 적합도가 높은 이상 이런 것을 다 무시해버리는 것이다.

※ 요즘 남자가 이혼하려면, 부인을 相剋하지 않으면 이혼을

당한다. 比劫으로 爭財를 계속해야 한다. 그럼 부인을 자꾸 상극하니 이혼을 당하지 않는다. 比劫이 없으면 부인에 대한 무관심으로 이혼을 당한다.

여자가 이혼을 당하려면 傷官見官이나 食神制殺을 해야 한다. 그래서 남편에게 관심을 두어야 한다. 食傷으로 官殺을 剋하지 않으면 여자가 남자에게 관심을 가지지 않아서 이혼을 당한다.

그래서 남자가 이혼을 당하려면 爭財가 없어야 하고,
여자가 이혼을 당하려면 食傷이 官殺을 剋하지 않으면 이혼을 당한다.

위의 사주는 爭財가 없는 형이니 남자가 이혼을 당하는 형이다. 과거에는 爭財를 하면 쫓겨났는데 요즘은 爭財를 하지 않으면 무관심으로 쫓겨난다.

여자 사주에 比劫이 없어서 爭財를 하지 않는 사람의 불만은 항상 남자가 나에게는 관심이 없고 다른 여자에게 관심이 있다고 말한다. 그러니 요즘 시절에 맞게 통변 내용이 바뀌어야 한다. 爭財를 하지 않으면 남자가 쫓겨나는 사주이다. 그러나 부인이 쫓아낸다고 말하면 안 되고 스스로 나간다고 해야 한다. 爭財에 대한 재해석과 傷官見官에 대한 해석을 달리해야 한다.

傷官見官은 '여자가 남자에게 관심을 가지고 정성을 쏟다'라고 말해야 하고, 比劫의 爭財는 '남자가 부인에게 정성을 쏟다', '관심을 표하다'라고 해야 한다. 그래서 比劫이 없는 여자는 남편의 사랑을 받지 못한다는 뜻이다.

그러나 남자 사주에 比劫이 있으면 둘은 헤어질 수가 있다. 왜냐하면 남자는 爭財로 관심을 쏟았으나 여자는 관심을 받지 못했다. 그럼 그 공이 다른 곳으로 굴러간 것이다.

또 傷官見官이란 것을 받지 못하는 남자는 부인이 나에게 관심을 쏟지 않는다고 해야 한다. 이렇게 통변을 바꾸어야 할 때가 되었다. 앞으로 爭財를 할 남자를 보면 여자에게 관심이 있는 사람이라 해야 하고, 爭財를 당하는 여자를 보면 남자가 관심을 갖는 여자라고 해야 한다.

傷官見官이나 食神制殺이 되어 있는 여자에게는 남자에게 관심 갖는 여자라 하고, 남자가 그렇게 되면, 여자가 관심을 갖는 남자라 하면 된다.

명심해야 할 것은 當令 적합도와 司令 적합도 중에 當令 적합도는 조직 적합도, 가정 적합도이고, 司令 적합도는 개인의 가치 적합도이다.

司令 적합도가 맞는 것은 자기 가치는 높지만, 當令 적합도는 떨어지는 것이다. 그러니 제1번은 當令 적합도이다. 그래서 當令 적합도가 높으면 등과(登科)한다. 조직에 적합하게 직장생활을 잘한다. 司令에 대한 적합도가 전혀 나오지 않아야 더욱 좋다.

그러나 현재는 개인기가 우선하는 시절이다.

만약 연예인이라면 司令 적합도는 매우 우수한데, 當令 적합도가 없다면 개인적 능력은 뛰어난데 소속에 충성하지 않거나 마찰을 일으킨다. 그리고 동료들 간에 어울리지 못하는 성향을 갖게 된다. 이런 것들을 잘 봐야 한다. 當令 적합도가 중요한 것은 當令의 부적합만 아니면 친구관계, 대인관계가 매우 좋다.

그리고 기신(忌神)이 없는 것은 경쟁자가 없는 것이니 매우 심각하다. 忌神은 항상 따라다녀야 한다. 그러니 格에 대한 忌神은 매우 중요하다. 格에 대한 忌神이 없으면 경쟁력이 전혀 없는 것이다.

癸甲에서 甲木이 없으면 부적합한 것이다.
丁火가 있어도 괜찮다. 그러나 그건 忌神이다.
배합이 없다는 말이나 當令 적합도가 없다는 말이나 같은 말이다. 當令 적합도가 뛰어나면 司令 적합도도 맞물려서 가게 되어 있다. 사주는 남녀가 있고 나이가 있다는 것을 명심해야 한다. 남녀의 차이를 흩어놓으면 안 된다.

10
申酉, 酉戌, 亥子, 子丑월령의 환경특징

申酉月令의 이름은 수렴지기(收斂之氣)라 한다.
등급을 나누기 위해서는 申酉月令의 배합을 봐야 한다.

1. 신유(申酉)월의 배합

1) 庚甲

庚甲이 있어야만 경력과 경험 등 전문성을 올곧게 해온 것이다. 실력이 크고 근본이 튼튼하다고 한다. 이를 벽갑(劈甲)이라 한다. 이때 상생식은 乙木인데 이는 배우고 익힌 것일 뿐이지 등급이 높은 건 아니다. 乙木을 쪼개도 관계없지만, 乙木은 수렴지기(收斂之氣)에 들어가지 않고 그냥 상생식일 뿐이니 크게 써먹지는 못한다.

庚甲과 庚乙은 의미가 다르지만, 이때는 庚甲이 더 貴하다. 등과(자격증, 벼슬)한다는 의미이고, 통변 용어로는 판단력, 분별력이라 하는데, 판단력이란 옳고 그름과 선악을 분별할 줄 아는 사람이란 의미다. 申酉월은 庚甲이 있어야 경력과 경험 등 전문성을 올곧게 세운다.

2) 丁庚

丁火는 익어가다, 성숙하다, 연습이 잘되었다, 훈련이 잘되었다는 의미다. 다른 말로 익다, 전문성이 있다, 능수능란하다는 의미다.

만약 庚甲이 없이 丁火가 있으면 이와 같으나 貴가 아니라 富를 쫓아간다. 그래서 합하니 庚甲 벽갑(劈甲)은 貴, 丁庚 제련(製鍊)은 富하다고 한다.

3) 庚壬

이를 도세(塗洗)라고 하는데 흔히 들어오고 나간다는 의미이다. 이는 품질이 좋다는 의미인데 최상품으로 인정받다, 요즘은 시스템이 좋다, 콘텐츠가 좋다고 설명도 한다.

4) 戊庚

戊庚으로 가면 유통형 상품이 되니 세상에 나가기 위한 고객 맞춤 상품, 흥행형이라 한다.

5) 己庚

己庚으로 가면 제조품이라 하는데 이는 기능형, 고급형(프리미엄형) 식으로 설명한다. 이때는 戊己土가 모두 가능한데 酉月의 庚金은 戊土를 권장한다.

2. 司令用神

사령(司令)용신의 배합을 보는 이유는 작업공정을 보기 위함이다.

1) 申月 壬水 司令用神에는 庚壬을 한다.

이때는 己土를 권장한다. 己庚壬은 품질에 맞춘 것이다. 이를 제조기반, 생산 시스템이라 한다. 申月 壬水가 金生水 하는 사람은 시스템 설계, 프로그램 구축하는 사람이다.

외부에서 내부로 들어오는 물품을 관리하는 부서를 구매과라 하고 특징은 제품원료 구성이다. 관리 감독이나 원료 수급 등이다. 시스템구축, 라인 설치 등이 포함된다.

申中 壬水 사령의 庚壬 중 庚金을 원료라 한다. 己庚壬을 검사라 한다. 검사를 마쳐야 밖에서 통관절차를 받는다. 壬己癸를 복지(내부복지)라 하고, 庚辛을 신규사업이라 한다.

2) 申月 庚金 司令用神 배합은 丁庚으로 한다.

제조 능력을 말한다. 기술과 제조를 품질관리라 한다. 丁庚의 특징은 제작이다. 庚金을 제품이라 하고 丁火를 공정이라 한다. 여기에 甲木을 붙이면 법규라 하고, 여기에 乙木을 붙이면 연구라 한다. 丁庚丙을 붙이면 조사(제품조사, 인권조사, 세무조사)라 한다.

3) 酉月 庚金 司令用神에는 庚壬이다.

이때는 戊土를 권장한다. 戊庚壬는 흥행에 맞춘 것이다. 제조와 판매 관리, 내부에서 외부로 나가는 관리이니 구매 관리, 외주담당 관리라 한다. 특징은 통관, 거래, 관세, 검사, 운송, 배급 관리, 출하 관리 등이라 설명하면 된다.

庚: 출하품
壬: 외부관리
戊: 통관이라 한다.
壬戊癸를 붙이면 사용설명서, 원산지표기라 한다.
이런 것을 月令마다 喜忌神으로 나누어서 봐야 한다.

申酉月令은 육체적 능력이니 훈련과 단련(鍛鍊)을 말한다. 훈련은 丁庚으로 보고, 단련(鍛鍊)은 丙庚으로 보는데 모두 육체적 훈련을 보는 것이지만, 丁庚은 富에 도전하니 장인이라 하고, 丙庚은 고시에 도전하니 貴라고 한다.
제품을 말한다면 생산과 제조를 의미하는 것이다.
乙丁庚을 말하는데 이는 제품 생산 제조를 말한다.
사람에 대한 품질 가치를 먹일 때는 甲丁庚이라 한다.
丙火는 木을 구하는 것이고, 丁火는 木을 써서 庚金을 구하는 것이다. 그러니 木 위주냐 金 위주냐는 火에 의해 결정되는 것이다. 그래서 숙달된 전문가들이라 한다.

특히 기술력과 생산라인을 토대로 제품을 제조한다.

그러니 申中 壬水 司令은 생산라인, 주방이라면 설비를 말하는 것이다. 이를 시설관리라 한다.

申酉에서 가장 중요한 것은 庚甲이다. '인간을 괴롭히지 않는', '인간에게 불리하지 않은', '인간을 위한' 이란 말이 들어 있다. 그래서 벽갑(劈甲)에서 사람이 귀하다고 한다.
甲木의 癸甲은 '인간이란 무엇이다'를 배우는 것이지만, 庚甲은 '인간에게 해로운 것이 무엇'이라는 것을 분리한다는 것이 庚甲의 벽갑(劈甲)이다.

申酉月令의 金生水가 庚壬인데 戊土와 己土가 있는 사람이 만나면 싸운다. 己土는 자기 직원들 편이고, 戊土는 고객 편이다. 戊土가 있는 사람은 영업이 잘되어야 하는데 고객에게 잘못 보이면 끝이라 하고, 己土가 있는 사람은 우리는 열심히 일했는데 왜 탓하느냐고 한다.
항상 戊土는 영업대상자 편이다. 그러니 직원들에게 인기가 많은 것은 己土다. 매일 서운하다고 투덜거리면서 다녀도 월급을 많이 받는 것은 戊土다. 戊土를 통관이라 한다. 외주관리, 戊壬하면 통관이다. 己土는 별로 쓸모가 없다. 상품에 맞추려면 己土로는 안 된다.

寅卯月令은 공부를 잘해야 하는가? 시험을 잘 봐야 하는가? 시험을 잘 보는 것보다는 공부를 잘해야 한다.
申酉月令은 상품이 좋기보다는 판매가 잘되어야 한다.

그래서 寅卯月令은 己土를 먼저 쓰고, 申酉月令은 戊土를 먼저 쓰는 것이다. 실력이 좋아야 하냐, 잘 팔려야 하냐의 문제이다.

申月 壬水 司令에 庚金이 運에서 들어오면 하던 것을 계속하라고 한다. 庚金 司令에 壬水 運이 들어와도 하던 것을 계속하라고 한다. 그러나 庚金에 辛金이 들어오거나, 庚金에 丙火가 들어오면 말이 달라져야 한다.

申月 壬水의 대표단어는 원료 수급, 시스템 구축, 라인 설치라 한다. 庚壬이다.
申月 庚金 司令의 대표단어는 제조, 품질 관리,
酉月 庚金 司令의 대표단어는 출하 관리다.

다시 말하면,
丁庚은 富, 장인, 丙庚은 貴, 고시에 도전한다.
乙丁庚은 제품생산 제조이다.
乙丙庚, 甲丙庚은 사람에 대한 것으로 木이 위주냐, 金이 위주냐는 온전히 火에 달려 있다.

예) 아파트 공사를 한다면,
(1) 申月 壬水 司令은 庚壬: 원료 수급을 해야 한다. 아파트 공사에서는 땅이 원료다. 가장 중요한 시행 허가를 맡아야 하니 설계가 필요하고 PF 자금이 필요하다. 이곳 책임자는 설계, 땅 작업, PF 작업까지 다 해야 한다.

(2) 申月 庚金은 丁庚: 시공이다. 시공하기 위해서 丁火란 기술이 필요하다. 설계에 맞춰서 모양이 나와야 한다.
이곳에 책임자를 현장소장, 혹은 현장감독이라 한다.

(3) 酉月 庚金 司令은 庚壬: 준공 허가구역이다. 준공검사, 분양 허가, 감리, 광고가 들어간다. 모두 끝난 다음 결산을 해야 한다. 그러니 하나가 비면 구멍이 나니 동업을 하라고 해야 한다.

※ 未중 丁火의 丁庚은 기술이고, 申중 庚金의 丁庚은 제조, 생산능력이다. 이런 식으로 모든 직업을 봐야 한다.

예) 영등포 시장에서 매장을 운영하려 한다면,
(1) 申月 壬水 사령: 인테리어 설비, 운영자금 마련
(2) 申月 庚金 사령: 각종 시설 시스템구축, 제조 담당
(3) 酉月 庚金 사령: 판매를 위한 영업, 서비스 담당
申月 庚壬 金生水가 잘못됐다면 설비가 잘못된 것
申月 丁庚 火剋金이 잘못되면 제품이 실패작이다. 불량품, 酉月 庚壬 金生水가 잘못되면 서비스가 잘못됐으니 서비스를 개선하라.

寅卯月令에서 '학교를 한번 만들어봅시다' 하면 이런 식으로 응용한다. 그러니 司令을 작업공정처럼 생각하면 된다.

그런 생각을 하면서 庚金이,

(1) 巳: 세무, 회계, 예산, 결산, 금융 가치와 감가상각으로 판단한다. 가격을 잘 받아야 하니 가격을 결정한다.

(2) 申: 품질 우선의 제조, 申이 巳가 없으면 원가절감보다는 품질 우선만 내세우니, 금융계산을 하지 않는 탓으로 팔고 망하는 것이다. 그러니 申에는 巳가 들어가야 하고, 酉에도 巳가 들어가야 한다.

만약 巳가 없는 사람이 庚金이 申만 가지고 식당을 운영한다면 판매가격보다 음식 원가가 더 들어간다. 그럼 고객은 좋겠지만 이윤이 남지 않는다. 그러니 巳중 庚金은 가격 결정을 해주는 것이다.

(3) 酉: 상품 우선의 제조
申酉에 대한 巳는 가격 결정, 巳중 庚金은 가격 결정력.
庚金에 대한 상품 원가나 이윤 계산은 巳中 庚金이 해주듯이, 甲木의 경제적 가격 결정은 亥中 甲木이 해준다.

寅中 甲木은 공부만 잘하면 되고, 卯中 甲木은 공부보다는 시험을 잘 봐야 한다. 그러니 자기의 가치 기준을 어디에 두었느냐? 이다.

申酉月令에 巳가 따라붙으면 항상 가격이란 경제적 마인드가 들어가 있고, 申中 壬水가 따라붙으면 통상이 들어간다. 얼마나 팔리느냐가 중요하다.

巳中 庚金은 가격 결정을 하는 것이고, 申中 壬水는 팔리는 양이 중요하니 많이 팔리면 된다. 巳中 庚金은 많이 팔기보다 가격을 잘 받아야 한다. 그러니 申에 巳가 붙으면 가격 결정을 해야 한다.

사람에 대한 가격은 亥中 甲木이 결정하고, 물건에 대한 가격은 巳中 庚金이 결정한다.
만약 亥中 甲木이 없으면 사람 가격을 잘못 먹이고,
巳中 庚金이 없으면 물건 가격을 잘 먹이지 못한다.
그러니 직원들 노임 결정을 하려면 亥中 甲木을 불러와야 하고, 물건에 적정 가격을 붙이려면 巳中 庚金을 불러와야 한다.

巳申: 구매 가격
巳酉: 판매 가격, 권장소비자 가격
亥寅: 인건비, 기본급, 팁
巳申 + 亥卯는 물건은 정찰제, 사람은 기본급이다.
亥卯: 옵션이다.
巳酉 + 亥卯는 판매할당제(흥정 모양)이다.
보너스를 받으려면 일단 巳나 亥가 있어야 한다.
巳酉는 일을 잘해서 받는 것이고,
亥卯는 사람이 친절해서 받는 것이다.

甲木에 대한 시장성은 亥중 甲木이 가치를 결정한다.
寅중 甲木은 공부를 잘해야 하고,
卯중 甲木은 시험을 잘 봐야 한다.
甲丙 + 巳는 가격, 경제적 마인드
甲丙 + 壬水는 통상, 양이 얼마만큼 팔렸냐
판매 결정, 개수를 많이 팔면 된다.

亥중 甲木은 노임 결정, 연봉협상, 팁
亥중 甲木이 없으면 자기 가격을 잘못 먹이는 사람이다.
巳중 庚金은 물건가격
巳중 庚金이 없으면 물건 가격을 잘 결정하지 못한다.

일은 辛乙이 하지만 모든 가격 결정은 庚甲이 한다.
巳중 庚金이 없으면 서비스 정신이 없다. 즉 서비스 스트레스가 없다.
巳中 庚金이 없으면 불친절한 부분이 있다.
亥가 申酉, 巳가 寅卯가 없으면 고생만 한 것이다.
이것이 바로 자기 가격을 결정하는 것이다.

庚金이 중요하고 다음으로 丁火의 기술이 중요하다.
기술이 있어야 庚金이란 제조를 한다.
丁火의 기술이 午中의 기술이냐, 未中의 기술이냐, 戌中의 기술이냐에 따라 역할이 달라진다.

4) 丁火

(1) 午중 丁火

연구, 개발, 금융 등의 탐구력을 지닌다. 그런데 이들 거의 대다수가 재능보다는 기득권을 가지기 위해서 의사, 변호사, 변리사, 회계사 등의 국가자격증을 소유하려 한다.

그래서 午중 丁火를 보면 특기를 자격증화시키는 방법으로 해야 한다. 재능계발, 아이디어, 창의적 재능 등이다.

(2) 未중 丁火

未중 丁火의 재능은 제조나 공예, 각종 작품 창작 재능

처음부터 만드는 생산 재능, 미술과 음악(악기를 사용하는 재능) → 창작력, 작품화 → 제조 재능

예) 그래픽 재능

卯未: 작품성 위주

亥未: 시장성 위주

(3) 戌중 丁火

재활기술, 리모델링 기술, 복구기술이다. 제품이 아니라 상품화기술이다. 뛰어난 상품구성 재능, 예쁘게 꾸미기 재능, 요즘은 손톱 패션도 유행이다. 편집 재능, 있는 것을 다시 복구하는 재능, 다루는 재능(아이디어)

丁火가 辛金을 製鍊할 때를 말하는 것이다.

합쳐서 가공하는 재능, 다루는 재능이라 한다.

三合이 들어가면,
戌寅: 작품성 위주라 한다. VIP회원이나 멤버십을 상대하려 한다.
戌午는 경제성 위주, 금융성을 고려한 것이다.
戌에는 午가 있어야 경제적 효과를 내려고 하는 것이다.

未中 丁火의 재능이란 것은 제조 재능이다. 무엇을 만드는 재주이다. 공예나 각종 작품을 만드는 창작 능력이다.
戌中 丁火는 있는 것을 다시 복구하는 재능이고,
未中 丁火는 처음부터 생산하는 창작 재능이다. 주로 미술과 음악인데 도구나 악기를 사용하는 재능이다. 미술도 도구를 사용하는 걸 말한다. 합쳐서 재주, 재능이라 한다.
未卯가 들어가 있으면 작품성 위주이고
未亥가 들어가 있으면 시장성 위주이다.
그러니 未中 丁火는 亥가 있어야 시장성에 의도가 있다.
작품성과 시장성 중에 어느 것이 더 좋은지는 개인적인 취향이다.

그래픽 디자인은 未中 丁火에 들어 있다.
아이디어 재능은 午中 丁火이고, 컴퓨터를 잘 만지고, 얼굴에 화장이나 이 미용 재능은 戌中 丁火이다. 헌집을 고치는 재능도 戌中 丁火다.

암장(暗藏)으로 가서, 庚金의 암장(暗藏) 역할은 巳中 庚金, 申

中 庚金, 酉中 庚金의 역할과, 丁火의 암장(暗藏) 역할은 午中 丁火, 未中 丁火, 戌中 丁火의 역할을 모두 따져봐야 한다.

癸水도 子丑 月令의 癸甲에서 子中 癸水, 丑中 癸水, 辰中 癸水를 따져봐야 하고, 甲木도 寅中 甲木, 卯中 甲木, 亥中 甲木을 따져서 항상 작품성과 경제성을 따져봐야 한다.

회의할 때도 丁庚을 하는데, 亥나 午가 있는 사람을 데리고 회의를 해야만 돈 이야기를 한다. 亥나 午가 하나도 없는 사람에게 작품 이야기를 하면 금융 이야기는 빼고, 작품 이야기만 하고 판로도 계산하지 않는다.

申酉月令에 亥도 없고 午도 없으면 경제성 없는 짓만 한다. 寅申巳亥가 하나도 없으면 경제성을 전혀 고려하지 않는다.

庚金의 丁庚은 작가의 의도가 정해져 있고, 작품의 품질은 庚金에 있는 것인데 암장(暗藏)에 없으면 단순기술이다. 반드시 암장에 있어야 한다.

대개 丁火가 未에 根을 하고 있다면 작품성이 있지만 팔지는 못한다. 뛰어난 기술은 丁火가 未에 있는데 팔리지는 않는 것이다. 상품성 고려를 하지 않은 것이다. 그래서 작품성이 결여된 상품은 허접하다고 한다.

또 甲丁이 申月인데 庚金이 투간되지 않으면, 庚甲인 벽갑(劈

甲)이 되지 않으니 분별력이 없다. 불에 타지 않으니 쪼개야 한다.

甲丁은 무작정이라 하고, 庚甲을 분별력이라 한다.

수렴지기(收斂之氣)가 되려면 火剋金을 하면 안 되고 金剋木을 해야 火剋金이 된다.

申酉月令은 첫 번째가,

(1) 벽갑(劈甲): 뿌리는 남겨놓고 쓰려니까 庚甲이다. 벽갑은 먹을 만큼만 가져오고 남겨놓고 간다는 원칙이 있다. 乙木은 한 번 쓰면 다시는 나오지 않으니, 乙木으로 引火를 하려면 亥卯未를 해야 한다.

(2) 인화(引火): 甲丁

(3) 제련(製鍊): 丁庚

(4) 도세(塗洗): 庚壬

(5) 홍로(紅爐): 丁己 = 甲丁庚壬인데 己土가 항상 있어야 한다. 홍로는 시설을 갖추는 것을 말한다. 이것이 순서이다.

乙丁은 그동안 해오던 것이므로 劈甲을 할 필요가 없다.

고를 필요가 없다. 그러니 乙丁은 劈甲 없이 그냥 引火다.

그 대신 오래가지 못하고 얼마 못 가고 끝나는 것이다.

2. 酉戌月令의 배합

1) 酉戌月令도 위처럼 순서를 정하면
(1) 도세(塗洗): 辛壬이다. 먼저 팔 곳을 정한다.
(2) 제련(製鍊): 丁辛이다. 상품을 구축한다. 팔 것에 맞춰 재가공한다. 업그레이드, 수리한다. 치료한다. A/S한다.
(3) 전수(傳授): 壬甲이다. 유통, 고객관리를 해야 한다.
(4) 제방(堤防): 戊壬이다. 상품 비축, 운영자금 비축.
制防은 응결된 것을 쌓아놓아야 한다. 물건을 쌓아놓다. 위의 것을 모두 합치니 丁辛壬甲 + 戊가 된다.

2) 酉戌月令의 司令用神
(1) 酉중 辛金 司令用神: 상생식은 丁辛인데 이는 통관절차를 밟는 것이다. 辛壬은 전시, 진열, 출품이다. 상품으로 나왔으니 상품구축, 상품관리, 통관절차를 모두 거쳐야 한다. 통관하고 검사한다. 브랜드 런칭.
(2) 戌중 辛金 司令用神: 상생식은 辛壬이다. 진열, 출품 → DP(큐레이터 등) 설치예술.
(3) 戌중 丁火 司令用神: 상생식은 丁辛이다. 조정기술, 재활기술, 다루는 기술, 예쁘게 다듬는 기술, 포장 기술을 말한다. 반품을 다시 고치다, A/S 관리, 뒷담화 담당, 설명 담당 등이다.

그러니 酉중 辛金으로 통관하고, 戌중 辛金으로 출품하고, 戌중 丁火로 반품이 들어오다. A/S 관리이다. 그래서 酉戌月令의 직업에서 MD가 제일 많다.

※ 酉戌月令의 직업에서 MD 외에
예) 패션쇼 공연을 한다면 스태프가 세 분류가 있는데
① 酉중 辛金: 섭외담당, 패션 따라 의상 액세서리 섭외, 브랜드 런칭도 한다. 출하장이 있다. 물건이 나가는 곳이 아니라 들어오는 곳을 말한다. 대체로 모든 진행 준비는 한 해전 가을에 마쳐야 한다.

② 戌중 辛金: 무대 담당, DP, 큐레이터, 설치예술이다. 진열한다. 고객을 유혹시켜서 충동구매로 유도한다. 정장을 입고 조사를 다니는 사람이다.
③ 戌중 丁火: 고객 담당, 입장객 담당 등, 창구 출구 담당이라 한다. 옷가게에 가면 피팅룸이라 해서, 탈의실, 수선하는 곳을 말한다.

예) 백화점 상품기획을 한다면
① 酉중 辛金: 출하장(물건이 들어온다.) → 예) 스카웃맨
② 戌중 辛金: 출품조사, DP, 조사 → 현장 코치, 오더맨
③ 戌중 丁火: 피팅품 → 재활 트레이너, 근무는 야간과 아침에만 한다.

예) 드라마를 제작한다면
① 酉중 辛金: 시나리오 작업, 작가실 등이다.

② 戌중 辛金: 소품실, 분장실
③ 戌중 丁火: 丁辛은 편집, NG맨

예) 가족들과 여행을 간다면
① 酉중 辛金: 지도, 경비 및 금융계산
② 戌중 辛壬은 여행 관광
③ 戌중 丁辛은 여행자보험, 리스크 계산

예) 강남에서 성형외과를 한다면
① 酉중 辛金: 중국 바이어(중국 가서 손님 데려오기)
② 戌중 辛壬: 컨설팅, 견적 뽑기
③ 戌중 丁辛: 고치기, 수술하기

酉戌月令은 5차 산업이니 상품을 가져다 팔아야 하니 이런 것들을 수없이 통변할 수 있어야 한다.

통변은 하나의 月令을 놓고 식당 열기, 옷가게 열기 등으로 계속 확장해서 만들어내야 한다. 패션쇼 하기 등을 상담할 때는 '기획해서 가져와봐' 하면서, 상담료를 받고 '다시 뽑아와' 하면서 상담료를 받아야지, 한 번으로 끝나는 것은 없다. 명리학은 점학이 아니기 때문이다.

申酉월령까지는 잘못되면 다시 만들어도 되지만, 酉戌월령부터는 다시란 용납이 되지 않는다.

3. 亥子月令의 배합

1) 亥子月令의 배합

(1) 壬甲: 고객을 유치해야 한다. 대상 정하기, 연령으로 정하든지, 남녀 성별로 정하든지, 직업군으로 정하든지 기준을 정해야 한다. 만약 홍대 쪽에 가서 개업한다면 연령을 기준으로 한다. 지역에 따라 대상도 달라진다. 기후도 달라지고 문화도 달라진다. 베트남이라면 기후도 들어가고 지역도 들어가고 문화도 들어가야 한다.

예) 시내에서 철물점을 한다면 호미보다는 드라이버가 더 중요하다. 그런데 시골에서 철물점을 하면 호미가 더 중요하듯 상품 선정을 잘해야 한다.

(2) 辛壬: 품목 정하기. 亥子월은 먼저 품목을 정하기보다는 고객 대상이나 시장을 보고 품목을 정해야 한다. 이것이 실패율을 줄이는 방법이다. 홍대에 가면 사주와 타로 둘 다 봐야 한다. 이렇게 품목도 대상에 맞게 정하는 것이 辛壬이다. 연령과 남녀대상에 맞게 품목을 정해야 한다.

(3) 丁辛: 실력 쌓기(서비스 실력 쌓기). 이때는 내 실력이 아니라 손님 다루는 실력이다. 공부는 잘 못해도 된다. 서비스 실력을 쌓아야 하고 친절해야 한다. 세상 돌아가는 서비스

(4) 戊壬: 유행변화, 고객 요구의 변화를 알아차리기. 이것은

순서에 맞는 게 아니라 항상 어디든지 들어 있다.

2) 亥子月令의 司令用神
(1) 亥중 甲木 司令用神: 壬甲이므로 대상 정하기다. 예) 마케팅 전략, 亥中의 甲木은 대상을 미리 정하고 간다. 그러나 막상 대상을 만나 보면 다를 수도 있다. 이렇듯 항상 오차가 있을 수 있다.
(2) 亥중 壬水 司令用神: 辛壬이니 품목을 정해야 한다.
(3) 子중 壬水 司令用神: 壬甲이니 대상부터 정하기, 대상과 상대하기이다.

예) 통상은 子중 壬水가 한다.
子中 壬水는 무작정 일단 현장에 가서 고객을 만나본 다음에 대상을 정해야 한다.

4. 子丑月令의 배합

1) 상생식은 辛癸甲이라 한다.
辛癸의 감성과 癸甲의 지식으로 나눈다.
이것을 나누면 子月은 辛癸, 丑月은 癸甲이 된다.

뜻풀이를 하면, 辛癸甲이 다 있으면 90일을 전부 행사 가능, 관리 능력, 총괄 능력 갖춤, 당령 능력을 갖춤, 子丑寅卯월령의 총사령관급과 같다.

辛癸나 癸甲 중 하나만 있으면 司令 능력을 갖춘 분업 능력을 갖춘 것이다. 이를 부대장급이라 하면 된다.

2) 子丑월의 병약(病藥)
辛癸는 금한수냉(金寒水冷)을 만들고 癸甲은 수다목부(水多木腐)를 만든다.
지금까지 공부한 당령이나 사령은 많이 써먹지 못한다. 정상적으로 써먹을 사람이 많지 않기 때문이다. 그러니 辛癸를 金寒水冷을 만들어서 보아야 한다.

子月은 辛癸: 감성, 사람으로 표현하면 부모 관계다.
丑月은 癸甲: 지식, 사람으로 표현하면 스승 관계다.

(1) 辛癸: 辛多 金寒水冷이 되면 자체 감성이 풍부한 것이 아니라 자체 짜증이 풍부하다. 부모와의 관계도 좋지 않다. 우울한 감성, 부모와의 관계에서 모질게 행동한다. 金生水가 있으면 일단 金寒水冷이다.

이를 해결할 방법이 있는데
① 己癸: 己土로 癸水를 보온한다. 己土가 있으면 자기 자제를 통한 감성을 성찰한다. 자기 감성을 성찰한다.
수행을 통하여 통찰력(재능)을 기르다. 자기 자신 깨닫기.

辛癸 금한수냉(金寒水冷)이 없으면 '좋은 부모 만나서 좋은 성품을 가지고 잘 살고 계시네' 하면 된다. 그러나 이렇게 통변한다고 되는 게 아니고, 상담도 하고 강의도 듣고 터득을 해야 한다.

子丑月令을 보면 辛癸甲을 보고, 금한수냉, 수다목부(水多木腐)란 단어를 익힘으로써 강의도 하고 사주 감명도 하는데, '辛癸는 자기 감성에 충실하며 癸甲으로 그 감성에 맞는 지식을 만들면 됩니다' 하면 여기까지 끝이다.
  감성과 지식을 말한 다음 사람 관계를 만들어야 한다.
  그럼 金生水는 감성인데 부모 때문에 생긴 감성이다.
  금한수냉(金寒水冷)이 되면 부모가 나에게 나쁜 감성을 심어준 것인가, 아니면 내가 부모를 볼 때 나쁜 감성이 생긴 것인가? 둘 다이다.

癸甲으로 생긴 것은 군사부일체(君師父一體)가 모두 스승이다. 부모도 스승이고, 학교 선생도 스승이고, 회사 상사도 스승이다. 이것을 옮겨 적으면 辛金이 풀어지면 부모에 대한 恨이 풀어진다. 癸水가 풀어지면 자기 감성이 풀어진다. 그럼 물이 흐르기 시작한다.

이것이 子丑月令인데, 子丑月令이 아니더라도 相生을 공부할 때 辛癸만 있으면 그런 감성이 있다고 생각하면 된다. 그런 감성은 조율할 필요가 있으니 丙火가 있거나 己土가 있어야 하는데 이런 것이 없으면 한없이 꼬인 심성이 된다.

그럼 항상 자기반성을 하며(己土), 부모님이 말씀하신 것을 상기하며 산다(丙火). 이렇게 통변한다.

그냥 인간의 심리적 작용이 여기에 있고, 이것이 행동으로 나타난다고 생각하면 된다. 丙火는 없고 암장(暗藏)에 已만 있으면, 시간이 지나 보면 안다. '너도 결혼해서 자식 낳아보면 알아' 한다.

② 丙辛: 얼음을 녹이는 것이다. 丙火로 풀면 남을 이해하는 것이다. 사람 관계의 원활함, 사람 관계의 지속성을 의미한다. 한(恨)을 정(情)으로 풀기, 부모 모습을 상기하거나 생각을 통해 엄마의 측은했던 모습, 좋았던 모습을 생각하며 이해하려 한다. 丙火로 얼음을 녹이면 조상의 기운(유산)을 잘 받는다고 한다. 그럼 '기운은 받아서 뭐 해, 유산을 받아야지' 하고, 己土는 '통찰력 좋아하네, 재능을 만들어야지'라고 말하면 좋다.

(2) 癸甲: 수다목부(水多木腐)
癸: 水가 너무 많아서 뿌리가 썩었으니 공부가 안된다. 머리에 들어오지를 않는다. 엉뚱한 생각만 들어오니 공부가 안된다고 한다.
甲: 선생이 아주 모질다. 모진 선생을 만나 공부가 안된다.

해결방법은 ① 己癸: 자기 자질에 맞는 것을 찾는 것이다. 水가 많아서 수다목부(水多木腐)가 되면 자기 자질을 찾지 못해서 공부가 안되는 것이다. 사람마다 자질이 있는데 己土로 하면 특기를 찾아내듯이, 전공을 찾아내듯이 찾아낸다는 것이다. 어릴 때부터 두각을 나타내니, 이를 신동(神童)이라 한다.

② 甲丙: 모진 선생 대신 좋은 선생을 만나 인도를 잘 받는다. 복이 많다. 그런데 중요한 것은 복이 많으면 자칫 버릇이 없어진다. 甲丙에서 인도를 받으니 이는 추천받다, 낙점되다, 지정되다, 주전선수가 되다, 후계자가 되다, 이렇게 말하면 된다.

(3) 子丑月令의 유용지신(有用之神)이 丙己이다.
　子丑月令의 五行배합이 辛癸甲인데 과할 우려가 있으니 丙己다. 만약 어릴 때 丙火가 없이 金寒水冷하고 大運이 역행(逆行)하면 부모와 스승 관계 때문에 공부도 못 하고 감성도 이지러진다(~ 때문에 ~하다).
　辛癸甲에서 역행(逆行)을 하니 金寒水冷이 되는데, 丙火가 없이 가니 부모와 스승 관계에서 恨이 남고, 만약 己土도 없으면 그런 문제 때문에 자기 감성과 지식도 습득하지 못한다. 그런데 逆行하는데 己土는 있고 丙火는 없으면 부모와 스승의 모진 질책을 참아가면서 자기 성찰을 한다. 만약 己土는 없고 丙火만 있으면, 부모와 스승의 문제는 없는데 자기 감성이 부족하거나, 스스로 지식습득을 하지 않는다. 이런 것을 묻는 것이다.

　만약 子丑月令의 辛癸甲이 五行배합이고 유용지신(有用之神)이 丙己인데, 順行을 했다면 丙火는 한(恨)이 조금도 없다. 인연을 잘 만나는데, 己土가 없으면 자기감정은 아직 회복하지 못한다.

운의 순행과 역행도 이렇게 써먹어야 한다. 그래서 辛癸의 부모, 癸甲의 스승, 辛癸의 감성, 癸甲의 지식이 순행과 역행에 따라 내용이 다르다고 보면 된다.

그러니 子丑月令이 癸水인데 辛癸甲이 있으면 조화가 잘 맞은 것이다.

※ 辛癸가 있으면 준비 정신이 투철했다는 뜻이니, 과거 준비를 철저하게 했다는 뜻이고, 癸甲이 있으면 미래계획을 잘 짰다는 뜻이다. 능력에 따라 배운다. 그래서 과거 준비와 미래계획이 辛癸甲 속에 들어 있는 것이다. 만약 辛癸가 없으면 준비를 하지 않은 것이다. 그렇게 되면 相沖이나 相合이 들어올 때 아무런 효과가 없다.

그리고 辛癸甲은 미래계획이 잘 짜졌으면 '능력을 어떻게 배우고 활용해야겠구나' 생각하는 것도 辛癸甲이다. 여기에 금한수냉이 되어 있지 않거나 수다목부(水多木腐)가 되어 있지 않으면 구태여 유용지신(有用之神)은 없어도 된다. 癸水에게 己土는 모두 자기 성찰과 자기 자질을 찾아내는 데 필요하다. 丙火는 사람 관계의 원활함과 사람 관계의 지속성을 말하는 것이다. 丙은 恨을 情으로 풀어야 할 사람이니 관계의 원활함이다.

이런 식으로 글자가 한 자, 한 자마다 통변 내용이 각기 다르다.

다시 한번 연습해보면
子丑月令의 辛癸甲의 辛金이 뜻하는 건, 때에 맞추어서 배우고 익히고 준비를 잘했느냐?

甲木이 뜻하는 건, 미래 능력을 활용하기 위해 계획적으로 준비를 잘했느냐?

己土는 자기 성찰, 자기 분수에 맞게 자기 자질을 잘 이끌어 냈느냐?

丙火가 하는 것은 대인관계의 원활함과 대인관계의 교류를 말하니, 서로 인도를 받고 산다. 서로 대인관계를 잘 쌓는 것을 말한다.

이렇게 己辛癸甲丙을 다 한 것이다.

그러나 丙火 己土의 중요성보다는 辛癸甲이 더 중요한 것이다. 辛癸甲만 있으면 총사령관급이란 것이 바로 준비와 활용이라 해서 적합하게 사용되는 것이다.

子丑月令에 己辛癸甲丙의 뜻을 자세히 언급하지 않았는데 지금 이야기한 것이다. 子丑월령의 잘못은 金生水의 金이 많을 때는 금한수냉(金寒水冷)이라 하는데, 水가 많을 때는 수다목부(水多木腐)라 한다. 金寒水冷을 己土가 처리하는 방법과 水多木腐를 己土가 처리하는 방법에 대한 내용이 조금은 다르다. 합치면 내용이 다 똑같다.

그래도 金寒水冷은 金이 많을 때이고, 水多木腐는 癸水가 많을 때란 것을 알아야 한다.

또 卯辰月쯤 오면 내용이 엉켜서 머리가 아프니 휙 지나갔다가, 다시 복습하고, 다시 반복해야 한다.

유용지신(有用之神)이란 '그렇게 되는 것'이 아니라, '그렇게 하라'고 해야 한다. 만약 金寒水冷이 안 되었을 때 己土 丙火는 유용지신(有用之神)이 아니라 그냥 배합이다.

病藥용신이 아니니 이런 효과가 없는 것이다. 모질지 못한 것이다. 그러므로 己土 丙火가 배합에 필요한 것인지, 病藥에 필요한 것인지 알아야 한다. 癸水가 금한수냉(金寒水冷)되어서 癸水가 얼어붙으면 약은 己土가 된다.

그럼 '오로지 네 병은 네가 고칠 수가 있다'고 해야 한다.

말을 해도 듣는 사람이 있고 말을 듣지 않는 사람이 있는데, 암장(暗藏)에 巳가 있는 사람은 말을 듣는다. 巳는 丙火가 아니다. 그러니 누워서 가만히 생각해보니 내가 40을 먹으면, 내가 50을 먹으면, 하는 불안한 마음이 생기는 것이다. 누가 시키는 것이 아니라 이건 과정을 통해서 스스로 알아가는 것이다.

丑中 己土는 배합일 뿐이지 病藥으로는 안 된다.
子丑月令은 巳가 있으면 병에 걸렸어도 스스로 치유한다.
즐거움을 찾아내는 것이다. 자그마한 실생활에서 내가 아름다운 인간이란 것을 스스로 찾아내서 산다. 地支는 위대하다. 쓰임으로 하지 말고 행복을 찾아내는 데 地支를 쓰는 것이다.

子丑月令의 戊土가 있는 것은 태과불급(太過不及)의 병약(病藥)으로 들어가지 않는다.
정식으로 病藥에 들어가는 것은 金寒水冷과 수다목부(水多木

腐) 두 가지뿐이다. 水多木腐가 마음이라 했는데, 날씨가 따뜻한 여름 운으로 오면 몸으로도 나타나니 암이나 병으로도 나타난다. 그럼 45세쯤이 되면 병이 된다. 왜냐하면, 나에게 '병 걸려라, 병 걸려라' 하는 마음으로 주문한 것이다

마음으로 '말 안 통해' 마음으로 '저 사람과는 말 안 통해' 마음으로 계속한 것이니 45세쯤 되면 병이 걸린다.

대체로 갑상선암, 자궁경부암, 유방암, 항문에 걸리는 치질 등이 온다. 물이 내려가는 통로에 온다고 해서 대체로 신체의 출입구가 고장 난다. 목구멍과 항문이고, 여자는 자궁과 유방이 더 있다. 그러니 출입구가 고장 나니 치아를 두 개 이상 뽑는 것은 기본이다. 天干에 金生水가 되었으면 윗니를 뽑고, 地支에서 金生水가 되었으면 아랫니를 뽑는데 윗니를 뽑을 일이 별로 없다. 그러나 天干이 辛癸면 윗니를 뽑는다.

치질도 암치질과 수치질이 있는데, 天干에 辛癸가 있으면 암치질이라 해서 안으로 들어가 있어서 통증이 심하다.
겉에 있는 것은 불편하긴 해도 별로 아프진 않다.
또 丙火에 의해서나, 卯 辰 巳란 따뜻한 기운에 의해서, 통로가 고장 나는데, 丁火가 와서 얼음을 녹이면, 얼음을 녹이는 것이 아니라 깨버리게 된다. 그럼 대뇌(大腦)가 잘못된다. 치매 증상, 심장 등이 잘못된다. 혈액순환이 잘 안 되니, 혈액에 종양이 생긴다. 그래서 통증병이 온다. 대개 통증병은 혈액염증이다. 이것이 丁火나 암장(暗藏)의 未가 와서 얼음을 녹이지 않고 깨버렸을 때 속에 있는 혈관이 고장이 나는 것이다. 겉에 있는 기관

이 고장 나는 것은 丙火 때문이다.

子丑月슈에게는 미안하지만 스스로 해야 한다는 것이다.
午未月슈도 도와줄 것이 별로 없다. 寅卯月슈부터 연장이 있다. 그런데 子丑月슈은 정신이니 연장도 말을 잘 듣지 않으니 약을 먹으라 한다. 우울증 해소도 약이니 사랑과 멘토가 제일이다. 누구랑 만나서 사랑을 하든지, 멘토라 해서 꼭 의지할 사람이 필요하다.

丙火는 대인관계가 좋으라고 했다. 누구랑 전화도 하고 수다를 떨면 속이 좀 풀리는 사람이 있다.
子丑月슈에게는 드라마도 좀 보고 여행도 좀 다니고, 책에서도 찾고 해야지 명리학으로만 해결하려고 하면 한계가 있다. 그러니 낙천적인 생활이 행복의 최고 방법이다.

사주에 子丑이 하나도 없는 사람은 행복한 마음보다는 부나 지위, 명예와 같은 성공에 대한 마음이 더 큰 것이다. 그러니 子丑이 있는 사람을 보면 '왜 저렇게 사는지 모르겠어' 한다. 왜 먹고사는 것과는 아무 상관도 없는 것을 파면서 좋아하는지 모른다. '하고 싶은 것을 하고 사세요' 이런 말을 해주면서도 子丑月슈을 보면 '참 한심해' 이런 생각을 하더라도 통변은 잘 이끌어내야 한다.

子丑과 午未는 조금도 다르지 않다. 子丑은 '내 근본이 무엇인가'이고, 午未는 '내가 왜 이렇게 살아왔던가' 하는 것이 문제이다. '내가 왜 이렇게 살아왔더라'를 알고 싶은 것이 午未고, '나는 어디에서 왔나?', '나는 아마도 별에서 왔을 거야' 하는 것이 子丑이다. 그러니 하는 짓이 子丑과 午未가 똑같다.

11. 용신과 병약(病藥)용신의 이해

1. 학습분류

① 오행의 상생상극: 만물의 상생상극이 인간에게 미치는 영향
② 지지의 합충: 산업배경과 복합산업이 미치는 영향
③ 用神: 타고난 환경과 주어진 자질에 따른 업무분류
④ 用神의 喜忌神: 업무에 필요한 재능의 활용정도
⑤ 用神의 病藥用神: 업무복원 및 재활능력
⑥ 대운(大運): 나이에 맞는 준비와 대비
⑦ 세운(歲運): 활용과 수익, 사건 사고와 길흉

학습분류를 모르고 중구난방으로 공부하면 배가 산으로 가게 된다.

五行 공부에서는 日干이란 말이 나오지 않는다. 나중에 格局과 억부용신(抑扶用神)을 공부할 때도 格局에 대한 六神의 분류를 모르면 또 배가 산으로 간다.

格局을 이야기하는데 六神을 가져다 붙이면 안 되니 분류를 명확하게 해야 한다.

五行의 相生相剋을 공부하는 이유는 만물의 생장성멸(生長成滅)이 사람들에게 미치는 영향이 무엇인가, 그중에서 나에게 미치는 영향은 무엇인가를 보는 것이다.

가령 木이 있는데 水生木을 하는 사람이 있고, 金剋木하는 사람이 있고, 木生火 하는 사람, 木剋土하는 사람 등 여러 종류가 있는데 이는 자기에게 미치는 것이고, 木이란 영향은 햇빛이 동등하게 미치듯이 인간에게 동등하게 미친다. 내 사주는 金剋木하는데 당신 사주에서는 왜 木剋土를 하느냐고 하면 안 된다. 金剋木을 해야 물건을 만들고, 水生木을 해야 공부를 하고, 木生火해야 활용을 하고, 木剋土해야 건설 건축도 하는 것이니 각 개인들의 하는 일은 모두 다르지만, 木이란 건 모두 같은 것이다.

만약 오행에 相生相剋을 모르면 뒤로 돌아가야 한다.

명리학에 입문하려면 오행의 相生相剋을 해야 하고, 相生相剋을 하려면 天干이 무엇인지, 地支가 무엇인지, 相生이 무엇인지, 相剋이 무엇인지 알아야 한다. 또 五行의 體와 用도 나누어야 하니 공부를 하면서 알아나가야 한다.

대개 五行의 相生相剋이란 天干 五行을 말하는 것이다.

天干이라 하니 地藏干 안에 있는 오행은 보지 않거나, 地藏干은 天干이 아니라고 생각하는 사람들이 있는데 이는 잘못된 생각이다.

天干에 相生相剋이 있듯이 地支에는 合冲변화가 있는데, 이는 우리가 생존하기 위해 살아가면서 활동하는 산업 배경을 말한다. 이론적으로는 시간의 질서이고 자기가 속한 환경이 되지만,

이를 用神이란 이름으로 病藥이나 억부(抑扶)로 실제 생활에 적용하게 되니 산업 배경이 된다.

우리나라는 1960~70년대의 산업화 시대를 거치면서 급속한 발전을 이루어 지금은 과학기술을 통한 글로벌 경쟁 시대를 살아가는 산업국가에 속한다. 나라마다 산업적 특성이 각기 다른데 合沖에 의해서 合도 되고 沖도 되니 산업도 여러 가지 복합적으로 엮인 것이다.
그래서 相沖을 산업에 적용한다면 복합산업이라 한다.

用神을 통해 업무의 종류를 분류하게 되는데 癸水의 업무분류는 정신 심리 철학적 분야, 甲木의 업무분류는 지식적 교육적 분야, 乙木의 업무분류는 행정 정책분야 영역, 丙火의 업무분류는 소통 관리적 영역, 丁火의 업무분류는 금융 및 과학기술 분야 영역, 庚金의 업무분류형은 생산형 산업 분야 영역, 辛金은 상품 운용형 영역, 壬水는 경영 및 외교통상형 영역이라 하는데 이런 것이 업무분류에 속하는 것이다.

그럼 用神이 그런 일을 실제 수행하려면 用神에 대한 배합이 맞아야 하는데 이를 喜神과 忌神이라 한다. 여기에서 喜神의 배합은 좋고 忌神으로 배합되면 나쁘다는 것이 아니라 그것으로 업무능력이 평가되는 것이다.
癸水 用神에 辛金이 있으면 연구능력으로 넘어간다. 用神 癸水는 정신적이나 인문학적 교육능력으로 넘어가는 것이다. 甲木이

있으면 교육능력으로 넘어가는 것이고, 己土가 있으면 환경에 적합한 새 시대에 맞는 것으로 넘어가는 것이고 丙火가 있으면 활용성이나 소통성이 높이게 되니 영업으로 넘어가게 된다.

癸水用神에 丁火 忌神이 있으면 知的능력에 과학적 능력이 결합되었으니 공학 능력으로 넘어가는 것이다.

用神에는 희기신(喜忌神)이 항상 따라다니는데 이 用神과 喜忌神이 잘못되게 되면 잘못된 것을 바로잡는 病藥用神이 필요하게 된다. 病藥用神의 용도는 업무복원 및 재활능력인데 업무에 이상이 생기면 다른 업무로 가면 된다. 업무능력에 이상이 생기면 그 능력을 다시 복원하거나 재활을 해야 한다.

이것이 病藥用神이 하는 일이다

病藥用神을 알려면 오행의 相生相剋이나 地支의 合沖, 用神과 喜忌神 등을 알아야 病藥用神을 하는 것이지, 이런 내용을 모르면 病藥用神을 할 수 없는 것이다. 그냥 病藥用神을 외워서 그 운이 오면 좋다고 하면 안 된다. 노력하지 않았는데 病藥用神이 온다고 병이 저절로 고쳐지는 게 아니다. 어떤 방식으로 해야 한다는 방법론을 말해주어야 한다. '당신의 업무와 업무능력을 개발하라' 다시 재활하라는 의미다.

이에 따른 大運은 나이를 먹어감에 따라 때에 맞는 준비와 대비를 하는 것이고, 歲運은 사주에 재운에서 준비한 내용을 활용하고 그에 따른 수익을 보는 것이다.

그러니 大運을 준비 가치라 하고, 歲運을 활용 효과라 한다.

상담하다 보면 자칫 상대가 무슨 질문을 하는지 요지(要地)를 잘 모를 수가 있다.

대개 오행의 相生相剋을 공부하지 않고 病藥用神으로 바로 넘어가니, 언제 運이 좋아진다고 말하게 되니 문제가 발생할 수 있는 것이다.

1) 병(病)

病藥用神은 너의 몸과 마음에 필요한 것이라는 뜻이다. 근본적으로 타고난 것과 후천적으로 해야 할 것이 다른 것이니 구분해야 한다.

선천적으로 타고난 것은 用神과 喜忌神을 의미하고,

후천적으로 해야 할 것은 病藥用神을 뜻하는 것이다.

학습용어로는 '太過不及의 忌현상'이라 하지 病藥用神이라 하지 않는다.

한쪽이 많아지면 다른 한쪽이 불리해지는 것이다. 아예 없는 五行은 문제가 생기지 않지만, 있는데 부족하면 다른 쪽이 많아진다. 그래서 태과불급의 忌현상, 한쪽이 싸움에서 져서 나타나는 나쁜 현상이라 한다.

木이 많으면 水가 부족해서 줄어들게 되고, 불이 弱한데 나무를 쪼개지 않고 그냥 한꺼번에 아궁이에 넣으면 불이 꺼진다. 또 나뭇가지가 너무 무성하면 해가 들지 않으니 땅이 습해진다.

나무가 너무 많으면 金의 날이 무디어진다. 양에 벅찬 일을 주면 하지 못하니, 과중과로가 되니 이를 목다금결(木多金缺)이라 한다. 사람마다 다르니 木이 많으면 어떤 사람은 수축(水縮)이 되고, 어떤 사람은 木多金缺이 되고, 어떤 사람은 목다화식(木多火熄)이고 어떤 사람은 토쇠우목(土衰遇木)이라 한다.

이는 계절마다 다르니 봄에는 土衰遇木이라 하지만, 여름은 물이 올라왔으니 농습(濃濕)이라 한다. 病藥用神을 하려면 먼저 단어 숙지를 해야 한다.

2) 調

고르다. 음률을 고르다. 春節에 천둥소리는 비를 가져오는 소리이지 비가 오는 소리가 아니니 멀리서 들리게 된다. 冬至에도 천둥이 치지만 우리가 듣지 못하는 것뿐이다. 계절에 맞추어 고르게 맞추어야 한다.

수화기제(水火旣濟)가 되면 고른 것이다.

冬至가 지나면 火氣가 점점 올라가니 水氣는 점점 내려간다.

그럼 점점 태양열이 작렬해가니 水는 水만 필요한 것이 아니라 金生水가 필요하다. 이것이 調和다.

水氣가 점점 내려가면 火氣는 점점 올라가니 金生水가 필요하고, 이렇게 水火가 올라가고 내려가는 모습을 化라고 한다. 여름에는 火가 왕해지고 水가 약해지니 金生水로 맞이하면 균형이 잡힌 것이다. 金生水가 되면 甲木은 크지만, 乙木은 얽히고설켰으니 辛金으로 잘라줘야 한다. 수평으로 균형이 잘 맞은 것을 중화(中和)라 한다.

그럼 病藥用神은 중화를 맞추기 위해서 調和를 알아야 한다. 水에서 火까지 가는 것에 대해 신념을 가지고 움직이는 것을 調候라 한다. 그러니 病藥用神은 중화를 맞추는 것인데 반드시 기후의 調和, 시간의 調和가 무엇이 있는지 알아야 하니 이것을 맞추는 것을 調和라 하는 것이다.

중화(中和)는 후천적으로 균형을 맞추어야 하는 것을 말하고, 조화(調和)는 선천적으로 맞추어진 것을 말하는 것이다. 여기에 자신의 심상이 따라다니는 것이다.

부정적인 심상, 용맹 무모한 마음 등이 있는데, 허약한 사람들은 주변 사람들의 마음을 가난하게 만들고, 용맹 무모한 사람은 주변 사람들을 망하게 한다. 어제 한 말을 또 하는 사람은 허약한 사람이다. 조후(調候)도 中和에 맞추어서 調候를 해야지 날씨가 추우니 丙火만 있으면 된다고 말하면 안 된다.

추우면 추운 기운이 먼저 있어야 추운 것이다.

調候는 안부를 묻는다는 의미가 들었다.

'너 잘하고 있나? 아직 초심을 지키고 있느냐?' 이것이 調候다.

3) 調和와 중화

中化를 맞추려면 계절에 맞는 시간이 필요하다.

가령 子丑월령에 癸水가 있고 丙火가 있는데 金生水가 있는 사람이 언제쯤 中化가 맞겠는지 물어온다면 여름이란 시간이 와야 맞는 것이다.

子丑월령은 癸水 丙火만 있으면 調和는 맞지만, 金生水는 木이

火에 의해서 점점 자라나서 나이가 들면 중화가 맞는 것이다.

그런데 子丑 월령인데 丙火가 많은 사람이 있다. 그럼 巳午月 슴처럼 행동하니 중학교 때부터 아르바이트를 한다거나, 일찍부터 나이트클럽을 다니거나, 사회생활을 한다. 그러다가 나중에 나이가 들어 中和가 맞을 때쯤이면 지치게 된다. 그럼 자기가 지쳐서 하지 못하니 복이 없다고 한다. 이런 것이 여기에 있다.
그러니 이런 내용을 알고 가르쳐야 하는데, 이것이 무슨 뜻인지도 모르는 사람도 많다. 균형을 맞춘다고 생각하면 된다. 그러니 춘하추동(春夏秋冬) 계절별로 나타나는 변화를 볼 줄 알아야 하는 것이다.

癸水와 丁火는 항상 丙火와 壬水에 맞추어서 준비해야 하니 丁火는 木生火가 필요하고, 癸水는 金生水가 필요한데, 이는 나중에 中和를 맞추기 위함이다. 이것은 온도에 맞춘 습도의 변화이다. 하늘에서 차가운 기운인 壬水와 뜨거운 기운인 丙火란 온도가 내려오니 우리는 거기에 습도를 맞추면서 살아가는 것이다.

癸水가 辛金으로 金生水하면 단기계획, 庚金으로 金生水하면 장기계획, 丁火가 乙木으로 木生火하면 단기계획, 甲木으로 木生火하면 장기계획이라 한다. 庚金의 金生水는 장기계획이니 성격을 느긋하게 잡고, 내일 할 일을 오늘 하지 말자. 辛金의 金生水는 단기계획이니 마음이 급하니 내일 할 일을 오늘 해야 하는 것이다.

癸水와 丁火가 丙火 壬水에 맞추지 않고 金生水나 木生火를 하는 경우가 있다. 丙火도 없는데 庚金으로 癸水 金生水를 하면 쓸 일도 없는데 장기 준비를 하니 헛일을 한다고 한다. 쓸데없는 것을 하는 것이다. 쓸데없는 것을 배우는 것이다. 학원을 3~40년 다니지만 쓰지는 않는 것이다. 이런 장단기계획을 무산될 계획이라 한다. 壬水 丙火 없이 金生水 木生火를 열심히 하는 사람들에게 이런 말을 하는 것이다. 이들을 픽션가라 하기도 한다. 상상력만 있지 현실로 드러나지 않는 것이다.

　밥을 굶기는 사람은 丙火와 壬水는 많은데 金生水하지 않는 사람이다. 마치 일은 많은데 하지 않는 것과 같다. 壬水가 많은데 木生火를 하지 않는 사람은 손님이 와도 물건을 팔지 않는 것과 같다. 그러니 調和가 맞았느냐 中化가 맞았느냐, 調和를 보고 中和를 보고, 심정은 調候로 보는 것이다. 調和는 잘 맞았는데 中和가 맞지 않는 사람을 조기 퇴직자 팔자라 한다.
　調和를 맞춰가면 중화가 되는 것이다.

　이를 논리적으로 설명하면 시대에 맞추는 것이니
　調候부터 보지 말고 調和가 맞는지 맞지 않는지 먼저 보아야 한다.

　① 癸 甲 丙: 甲木에게 癸水 丙火가 있으니 調和가 맞았다. 그럼 中和까지 맞추려면 庚金이 있어야 한다. 그래야 나중에 결실까지 나타나는 것이다.

辛癸는 단기계획을 짜고 나중에 다시 시작하는 것이다. 그러니 甲木의 성장에 필요한 것만 辛金인 것이지, 甲木에게 金生水는 항상 庚金인 것이다.

調和가 맞는 것과 中和가 맞는 것은 다른 것이다. 甲木이 調和가 맞았으면 乙木으로 성장을 하는 것이다. 그럼 乙木은 庚金을 낳고, 또 庚金은 辛金으로 성장하고, 다시 辛金에서 甲木으로 순환하며 성장하는 것이다.

이렇게 만물이 순환하는 것이니 여기에 맞추어서 기질을 맞추어야 한다.

그러니 丙火가 있을 때는 庚金의 金生水(庚癸), 甲木만 있으면 辛金의 金生水(辛癸)가 된다.

그리고 喜忌神을 나눌 때 春分까지는 甲木이니 辛金으로 맞추라 하지만, 丙火가 있으면 地支의 巳酉丑으로 맞추는 것이다.

② 癸 乙 丙: 乙木의 癸水는 庚金으로 맞추는 것이다.
甲乙木이 다 있으면 庚金으로 金生水를 맞추면 된다.
③ 丁 庚 壬: 乙木으로 맞춘다. 여기서도 壬水가 있으면 甲木으로 맞춘다.
④ 丁 辛 壬: 甲木으로 맞추어야 한다.

春夏節에 癸水를 생할 때 辛金이 있으면 巳酉丑이 있어야 하고, 丁火를 생할 때 乙木으로 맞추려면 亥卯未가 있어야 한다. 만약 丁火를 생하는데 乙木으로만 맞추면 火多木焚이 된다. 또 癸水를 생하는데 辛金으로만 맞추면 시간이 지나면 빈 우물이 된다.

시간이 지나면서 점점점…. 나이가 30이 넘어가면 부족해지니 채워야 한다.

그럼 辛金으로 맞추고 사주에 巳酉丑이 있거나 나중에 大運에서 오거나, 乙木으로 맞추고 亥卯未가 있으면 채우는 것이다. 亥卯未는 乙木으로 丁火를 木生火 할 때 단기계획과 장기계획을 짜는 사람을 의미한다.

이는 亥卯未가 있으면 사회적으로 성공을 하려는 마음을 가졌다는 뜻이니 남녀를 막론하고 사회적 책임을 다해야 하니 열심히 하라고 말해주어야 한다.

4) 病藥用神은 甲木과 庚金이다.

가령 乙木과 辛金이 大運에서 庚金이나 甲木이 오면 준비를 하라고 해야 한다. 그러나 자기 근본을 채울 수는 없다. 그러니 외부의 힘을 빌려서 준비하는 것이지, 자기의 근본을 채울 수는 없는 것이다.

寅卯辰이나 申酉戌은 준비하는 것이 아니다. 이는 引火(木生火)와 水源(金生水)이 아니다.

調和를 맞추고 中和를 맞추어야 한다.

甲木의 調和는 선계후병(先癸後丙)이다. 그럼 점점 시간이 흐르면서 중화를 맞추어야 하니 辛金으로 맞추어야 하고, 오래가려면 巳酉丑으로 하는 것이다.

그러니 甲木에게는 辛金의 巳酉丑이 필요한 것이다.

庚金의 調和는 선정후임(先丁後壬)이라 한다. 그럼 점점 시간이 흐르면서 中和가 맞추어야 하니 乙木이 필요하고 그러면서 亥卯未가 있어야 한다.
 이것이 중화이다. 그러니 調和와 중화를 반드시 명심해야 한다.

 乙木은 水를 보고 사는 게 아니라, 火를 보고 사니 굴광성(屈光性)이라 한다. 甲木은 水를 보고 사니 굴수성(屈水性)이라 한다.
 乙木은 선병후계(先丙後癸)를 調和라 한다. 그럼 중화를 맞추려니 가을 열매가 열려야 한다. 乙木의 庚金 金生水는 三合이 없어도 된다. 甲木은 미래가 아니라 과거의 기운이 와야 하지만, 乙木은 미래가 와야 한다는 의미다.
 그래서 甲木에게 辛金은 과거가 되는 겨울 기운이 온 것이지만, 乙木에게 중화를 맞추려면 庚金인 가을 기운이 와야 하는 것이다. 그럼 庚金이 아닌 申酉戌은 시간이 가는 것이지 재능이 가는 것이 아니다. 그러니 庚金과의 차이는 申酉戌이란 시간이 와야 열매가 열리는 것이지, 재능의 열매가 열린 것이 아니므로, 내가 한 게 아니라 환경에서 해주는 것이다.

 辛金의 巳酉丑도 시간이 가야 하지만, 개인적 재능이 시간에 따라 점점 발전한 것이니 내가 한 것이다.
 그래서 甲木의 癸甲은 내가 한 것이고, 庚金의 丁庚도 내가 한 것이다. 그러니 天干에서 하는 것은 환경의 조건과는 다르다.

 辛金은 선임후정(先壬後丁)이다.
 辛金에게 壬水도 없는데 丁火가 있으면 폐기상품이 된다. 그럼 중화가 맞으려면 甲木이 필요하다. 그래야 재능이 열매를 거둔 것이다.

庚金은 번식에 대한 결실이지만, 辛金은 응결에 대한 종자가 된다. 辛壬이 시간이 가서 환경이 바뀌어서 잘 되려면 寅卯辰이다.

가령 회사에서 사장이 되려고 한다면 天干에 甲木이 있는 사람에게는 능력과 실적을 쌓으라고 말해야 하지만, 寅卯辰이 있는 사람에게는 시간이 되면 저절로 된다고 말한다. 그러니 의미가 다른 것이다.

명리학에서 가장 중요한 단어인 化란 것은 調和와 中和를 맞추는 것이고, 調和에서 中和까지 化가 되는 것이다. 이 調和와 중화란 化에 대해서 모르고 시작하면 명리학의 입문 자체가 안 되는 것이다.

調和와 中和를 모르고 명리를 하니 매우 잘못된 것이다.

易이란 어제와 오늘이 달라졌다는 의미이지, 化와는 의미가 다르다.

氣를 쫓아간다, 勢를 쫓아간다, 氣勢를 따라간다는 말이 있다. 이 말은 丙火와 壬水를 따른다는 뜻이고 사람을 따른다는 뜻이다.

運은 시간을 따라간다는 뜻이고, 化는 모양에 따라 바뀐다는 뜻이다. 변화는 형체가 바뀌었다는 뜻이다. 易이란 陰陽이란 큰 틀이 있는데 陰陽에 따라 만물이 변한다는 의미가 易이다.

順이란 몸은 따라가지만, 마음은 반대로 逆으로 가는 것이다. 그래서 순역(順逆)이라 한다. 먼저 하는 것이 있는데 순행이니 신형(神形)이라 한다. 먼저 神부터 하고 다음에 形을 해야 한다.
그런데 逆行으로 태어났으면 먼저 神부터, 즉 마음부터 챙기고, 다음에 행동한다고 해서, 順行과 逆行이 다르다. 順行하는 사람들은 몸부터 챙기고, 마음은 나중에 챙기는 것이다.

세상은 調和를 일으키는데 調和는 三元이 일으킨다. 天地人 三元인 三才가 調和를 일으킨다. 이것이 化이다. 이를 易經에서는 易이 일으킨다고 하고, 易이란 太極과 無極을 말한다. 化를 命理에 대입하니 調和와 중화가 있다. 調和에서 중화를 맞추어가는 과정을 病藥用神이라 한다.

여기에는 개인적인 노력이 필요한 것이다. 학교에 가는 이유는 공부를 하기 위함이다. 선생을 만나는 이유는 단어의 쓰임을 알기 위해서이다. 공부하는 이유는 자기를 사용하고 싶어서이다. 그러니 학교를 왜 가는지 선생을 왜 만나는지 공부를 왜 하는지 알아야 한다. 공부란 자기를 세우고 만든다는 의미다. 공부하는 데 정공법이 있고 행공법이 있는데 정공법은 심신을 만드는 것이고 행공법은 몸을 만드는 것이다. 정공법은 지식을 만들고 행공법은 그 지식을 활용하는 것을 만드는 것이다. 그러니 공부는 정공과 행공으로 나를 만들기 위해서 하는 것이다.

命理學을 하는 것은 調和와 中和의 중간에 化가 있는데, 자기를 변화시키는 방법은 무엇인가 알기 위해서 病藥用神을 공부하러 가는 것이다. 病藥用神을 공부하려면 먼저 학습 단계를 거쳐서 그 틀을 알고 해야 한다.

子丑寅卯 月令이면 甲木이 바로 보여야 한다. 乙木이 있고 甲木이 없어도 甲木을 보려고 노력해야 한다. 그러나 자기는 乙木에 맞추고 세상은 甲木에 사는 것이니 둘 다 맞추어야 한다.

그런데 子丑월령에 辛金이 보이니 辛金에 맞추는 것은 調和가 아니다.

子丑寅卯 月令에 甲木을 맞추려고 先癸後丙을 하려고 보니 先丁後壬 밖에 없다면, 그럼 子丑寅卯에서 庚金을 하라는 것이다. 그럼 喜神을 하지 말고 忌神을 하라는 것이다. 학교에서 가르치는 정규과목을 하지 말고, 개인교습을 통한 특별과목을 공부하라는 것이다. 나는 연예인이 되고 싶은데 학교에는 예능반이 없으니 연예인을 하고 싶으면 예능 학교로 옮기면 되듯이, 내가 정규학교에 다니기 싫으면 대안을 찾아서 대안학교를 가라고 하면 된다.

그럼 부모가 그렇게는 못 하겠다고 하면 그냥 버리면 된다. 너도 버리고 자식도 버리면 된다. 갈라서야 한다. '그것도 안 되고 어떻게든 설득해야겠어요' 하면 그럼 아예 나중에도 맞추지 못하게 부수어야 한다.

그럼 부모는 자식을 세우려고 하는 것이 아니라 부수는 방법을 연구하려 한다. 부러지면 나중에 맞추니 맞추지 못하게 부숴 버리는 것이다. 그럼 자기가 만족할 만한 학교에 자식이 들어가면 그다음에는 아예 관여하지 않는다.

원래 엄마란 자식이 좋은 학교 들어가서 옆집에 자랑하고 나면 그다음에는 자식을 버리든 말든 관여하지 않는 것이 엄마의 마음이다. 왜냐하면 정성이 지나쳐서 사랑이 지나치니 집착이 되기 때문이다. 이것이 자포자기가 된다.

항상 調和를 먼저하고 중화를 찾는 것이다.
調和란 자기 준비가 잘 맞는 것을 말하고, 中和란 환경에 발현하기 위한 준비를 잘하는 것을 뜻한다.
丁火가 庚金이 없으면 목적이 보이지 않는다. 모르는 것과 목적이 있어도 실천하지 않는 것은 다르다. 만약 夏節인 卯辰巳午月에 태어나서 乙丙 중에 丙火는 있다. 그런데 庚金이 아니라 辛金이 있다면 丙火라는 활용성 있는 調和를 맞추는 것이 아니라 자기에게 필요한 것으로 調和를 맞추는 것이다.
원국에 보이지 않아도 늘 甲乙庚辛은 있는 것이다.
水火에 의해서 木金을 나누는 것이니 木金은 항상 있는 것이다.

庚子年은 亥子丑이니 庚金이 있는 것이다.
運에서 水源으로 들어오면 丙火가 있으면 쓰겠지만 없으면 그냥 지나간다. 또 引火가 되어 있으면 쓰겠지만, 引火가 없으면 해야 하는데 하지 않았으니 낮아지고 뒤처진다.
調和가 맞지 않으면 다시 하지 않고 자포자기를 하는 것이다. 調和가 안 맞는데 調和가 맞춰지는 운에 오면 뒤처지는 것이다.
그럼 어떻게 쓰느냐 하면 맞춰진 사람의 아랫사람이 되어서 쓰면 된다. 그럼 인격이 되어야 하는데 인격이 되지 않으면 자포자기가 된다. 그러니 자포자기하거나, 아랫사람이 되어서 쓰이거나 하는 것이다.

이것을 가지고 궁합 볼 때도 활용한다. 이를 인연법이나 개운법으로 현혹해서 돈을 벌기도 한다.

調和는 맞았는데 中和는 맞지 않는 사람이 있는데 중화 맞는 운에 들어오면 자기를 업그레이드한다. 이를 運이 좋다고 해서 행운이라 한다.

살아 있으나 살아 있지 못한 것이 調和가 맞지 않는 것이다. 반신불수다.

그리고 甲木이나 庚金이 있어야 자기 制化를 한다.

病藥用神은 甲木이나 庚金이다. 甲木이나 庚金이 없으면, 열심히 살기 위해 재활하거나 복구를 하려는 사람들이 유치해 보인다. 왜 저리 열심히 애쓰는지 모르겠다고 한다. 나쁜 사람 취급을 하니 조심해야 한다.

열심히 사니 지독한 놈, 유치한 놈, 치사한 놈 하면서 점잖지 못하게 본다. 자기들은 아무 일도 하지 않으니 죄를 짓지 않는 것처럼 보인다.

자기들이 최선이고 정의라고 생각한다.

이런 부정적인 말로 상대를 비난할 때는 調候가 맞지 않아야 한다. 甲木 庚金이란 약이 없는데 調候가 맞았다면 신선처럼 기도하는 삶을 산다.

이렇게 調和와 中和, 調候 세 가지가 들어가서 밑바탕에 깔린 것을 보고 相生相剋으로 넘어가는 것이다. 調和가 한번 맞으면 아무리 세월이 지나서 좋고 나쁜 것을 따져봐도, 좋은 일과 나쁜 일은 생길 수 있어도 우환은 절대 발생하지 않는다. 삶의 굴곡이 생길 수는 있어도 끊어지지는 않는다.

세 번째 대운까지는 調和를 맞추는 것이다. 그럼 평생 가는 것이다.
부모 밑에서 첫 번째 대운, 학교에서 두 번째 대운, 사회에서 세 번째 대운이 맞으면 調和가 맞는 것이다. 그런데 調和가 안 맞으면 좋은 일 나쁜 일이 생겨도 그 사람에게는 우환이 된다.
누가 유명해지고 인기가 있으려면 옆에 調和가 맞지 않는 사람들이 많으면 많을수록 유명해진다. 사람은 무엇엔가 전념하고 집념을 가져야 하는데 쓸데없거나 필요 없는 것에 집착한다. 픽션에 집념한다. 그래서 광신도가 나오고 광팬이 나온다. 調和가 맞고 中和까지 맞으면 인간 냄새가 전혀 나지 않는다. 調和가 맞으면 신념이 있는데 中和까지 맞으면 전념을 하게 된다.
신념을 가지고 전념으로 살다 보니 이기주의가 된다. 이기주의가 되었으니 남을 배려하는 마음이 별로 없다. 남을 배려하지 않으니 나쁜 사람이 된다.
남을 배려하지 않고 남의 안부를 묻지 않으니 나쁜 사람이 된다.

인간은 기후를 거슬러서 살 수 없으니 기후의 調和, 기후의 調候라 한다. 이 둘을 맞추는 것을 중화라 한다. 中和를 맞추는 방법을 육신에서는 抑扶用神, 五行에서는 病藥用神이라 한다. 이를 업무와 직무로 나누어서 구분해야 하니 用神과 病藥用神, 그리고 格局과 抑扶用神이라 부르는 것이다.

六神에서 日干論에 들어가면 아주 심각하다. 나(身)란 존재가 또 따로 있기 때문이다. 五行으로 보는 것은 우주관이고, 六神으로 보는 것은 세계관이고, 日干으로 보는 것은 자기 철학이다.
그러나 用神이 格局보다 더 중요하다. 格局은 日干보다 더 중요하다. 그러나 調和가 맞지 않은 사람은 日干이 가장 중요하다. 그러니 調和가 맞지 않으면 日干만 보면 된다.

재능환경과 직업환경에 무슨 일이 벌어졌는지 알기 위해서 用神과 病藥用神, 格局과 抑扶用神을 보지만 자기와 해당 사항은 있지만, 해당하지는 않는다.
格局과 用神에서 調和가 맞지 않아도 그것으로 계속 봐야 한다. 왜냐하면 그것과 해당 사항이 있기 때문이다.

만약 丁火 用神이 온다면 庚金으로 調和가 맞지 않고, 乙木으로 調和가 맞지 않고, 또 亥卯未가 없어도 그 運이 오면 그런 일이 벌어지니, 그 사람과 해당 사항은 있지만 그 사람에게 해당하지는 않는다. 그러니 뒤처지는 것이다. 그럼 얼른 핑계와 명분을 내세우는 것이다. 내가 누구 때문에 못 했다, 내가 뭣 때문에 그랬다는 변명을 존중하고 봐주기는 하지만 세월이 가면 갈수록 직업과 사람에게서 점점 멀어지는 것이다. 命理를 하는 사람도 調和가 맞지 않는데, 20년을 했으면 20년 동안 命理와는 아무 관계가 없는 것으로 걸어가는 것이다.

先 調和가 맞아야 환경에 맞춰서 능력을 만든다. 재능을 만든다. 그리고 중화가 맞아야 점점 나이에 맞추어서 살아간다.
　가령 김갑돌이란 사람이 직장에 출근할 때 과장으로서 출근해야 하나, 김갑돌이로 출근해야 하나? 만약 調和가 맞지 않으면 김갑돌이로 출근하는 것이다.
　만약 절에 기도하러 가는데 신도로서 기도를 하는가, 김갑돌로서 기도를 하는가? 調和가 맞지 않으면 그런 것이다. 누구의 누구로서 산 적이 없는 것이다. 이 사람들이 정말 열심히 하는데 쓸모없는 짓으로 하는 것이다.

　調和가 맞는 사람은 쓸모 있는 방식으로 하니 노력을 열심히 할 필요가 없다. 그러나 調和가 맞지 않은 사람은 온종일 노력을 하는데 쓸데없는 방식으로 하는 것이다. 그럼 調和가 맞지 않는 사람이 사는 방법은, 필요한 調和가 맞는 사람 곁에서 따라 하면 된다. 그런데 調候가 맞지 않으니 따라 하려니 아니꼬운 생각이 든다. 그러니 調候가 들어가는 것이다.
　病藥用神을 배우려면 이 세 가지를 머리에서 떠나지 말고 계속 음미해야 한다. 음식을 먹을 때 시금치를 먹을 때 줄기도 씹히고 잎도 씹히지만, 맛이 씹혀야 한다. 레시피가 씹혀야 한다.
　이런 것을 하는 마음으로 모든 기본에 調和와 중화에 있구나, 라는 생각을 가지고 글자를 바라보아야 한다.

　乙木의 초심은 甲木이다. 辛金의 초심이 庚金이다. 처음부터 다시 하는 것이다. 病藥用神이나 抑扶用神은 초심으로 돌아가서 다시 하는 것이다.

그런데 乙木에게 甲木이 없으면 '초심으로 다시 할 거야' 하지만 乙木의 끄트머리 庚金을 한다. 그러니 초심으로 돌아가는 것이 病藥用神과 抑扶用神이다. 처음부터 다시 하는 것이다. 아주 간단하다.

體가 있고 用이 있다면 甲木과 庚金은 體가 된다. 그 형체가 된다. 그것을 운전해서 쓰는 것이 乙木과 辛金이다.

調和가 맞지 않는 사람에게 통변은, '남들보다 백배는 더 열심히 하는데 요약이 안 됩니다. 핵심이 없네요. 명리학책은 수만 권인데 한 권이 없네요' 한다. 그럼 차용하면 된다. 초심이 안 되면 초심이 있는 사람 것을 차용하면 된다. 甲木과 庚金이 있는 사람이 공부하는 법은 늘 본질이나 기본만 공부한다.

다른 것은 하지 않는다. 그러나 乙木이나 辛金이 있는 사람은 궁합이나 성격 등 초심과 본질이 없이 통변부터 하니 맞지 않는 것이다.

둘 다 있으면 둘 다 해야 하니 中和가 맞아야 한다.

이것에 대한 이미지 구축을 해야 한다.

調和에 대한 이미지, 中和에 대한 이미지, 調候에 대한 이미지, 이것을 글로 다 표현하기가 힘드니 '이미지가 이렇구나' 하고 생각하면 된다.

中和가 다 맞으면 신념이 곧 전념이 되고 전념이 곧 타인의 무관심이 된다.

그러니 調和와 中和가 모두 맞으면 나쁜 사람이 된다.

가족 간에 욕먹는 사람은 中和가 맞는 운이 온 것이다.

가령 辛壬이 맞는데 운에서 甲木이 오면 자기 안으로 들어간다. 그리고 자기가 하는 것밖에 보이지 않는다. 그럼 즉시 철면피 같은 사람이 되는 것이다. 그럼 자기가 자기를 볼 때는 죽으라고 하는 것이다.

그러나 調和가 맞지 않으면 中和도 맞지 않으니 그렇게 되면 불평불만을 할 권리가 있는 것이다. 상대를 가해자 취급하면 된다. 그것이 해결 방법이다. 내가 공부를 못하는 것은 선생이 가르쳐주지 않아서다, 비법을 내놓지 않아서이다, 이런 핑계를 만들면 된다.

일단 調和가 맞아야 한다. 가령 子月 壬水가 辛壬이 있으면 調和가 맞다. 그런데 乙木도 있다면 부수적으로 또 무언가를 해야 한다. 소통도 해야 하니 그럼 자기계발을 하지 않으면 안 된다. 그럼 丙火로 짝이 맞았다면 매우 바쁘다. 소통도 해야 하고 자기계발도 해야 하기 때문이다. 그런데 乙木이 丙火가 없으면 짝이 맞지 않으니 소통을 하지 않으면 된다. 그럼 또 욕을 먹는다. 자기 것만 하고 남은 안 도와준다고 욕을 먹는 것이다. 그럼 辛金구역에 왜 乙木이 앉아 있느냐이다.

辛金에 乙木이 앉아 있으니 辛金 用神의 調和를 맞추는 배합인데, 자기계발을 하는데 乙木으로 바뀐 것이다. 바뀌었는데 丙火가 없으면 바뀌지 않는다. 그럼 겸한 것이 된다. 그럼 辛壬과

乙丙이 같이 있는 것이 된다.

 만약 壬水 月令에 辛金은 없고 乙丙이 있으면, 辛壬은 하지 않고 乙丙으로 탈바꿈을 하는 것이다. 하지만 이건 調和가 아니다. 이런 것을 따지는 것이다.
 이렇듯 壬水가 癸水를 보면, 壬水가 丙火를 보면, 이런 경우의 수들을 알아야 한다.

 만약 사과나무에 사과가 있는데 키가 작아 딸 수 없다면 먹어야 하나, 먹을 수 있는 여건이 되나 봐야 하나? 초식동물이 다리도 짧고 몸집이 작으면 먼저 포식자가 있나 경계근무부터 서야 하나? 먹을 것이 있으니 막 먹어야 하나? 왜냐하면 먹이를 먹다가 자칫 자기가 먹히기 때문이다. 그러니 원하는 것을 하다가 모든 것을 다 놓칠 수가 있는 것이다.
 그러므로 먼저 자기 조건을 알아야 運이 와도 원하는 것을 취할 수 있지, 아니면 통째로 다 놓치는 것이다. 調和도 안 된 것에 調和 운에 왔다면 공부도 못하는 것이 정신적 무장도 안 된 것이 도전하게 되니 8년을 놓치게 된다.
 자기가 강자인지 약자인지 강중(強中)인지 중약(中弱)인지 네 개로 구분해서 자기 자신을 봐야 한다. 調和가 맞으면 強이다. 中和가 맞지 않으면 強中이다.
 中和까지 맞으면 強이다. 調和가 맞지 않으면 弱이다.
 調和가 1번이다. 계절에 맞추어야 한다.
 그리고 자기에게 맞추는 것은 별로 중요한 게 아니다.

調和는 天干에 드러나 있어야 인정을 하는 것이다.
그래야 계획에 동참하는 것이다. 中和도 마찬가지다.
地支에 있으면 調和와 中和가 시간에 따라서이다.
　가령 癸水가 있으면 調和를 天干 辛金이 아닌 巳酉丑으로 맞춘다고 하면, 天干 辛金이 온다고 해서 되는 것이 아니다. 사주의 생긴 대로 맞추어야 한다. 辛金 운이 와도 효과가 없다.

　만약 月支가 子月인데 子午沖이나 合에 의해서 이사를 간다면, 그럼 子가 方合으로 되었으면 方合 運에 이사를 하고, 六合이면 六合 運에 이사하고, 子午沖이면 子午 沖運에 이사를 가는 것이다. 모두 해당 사항이 있는 게 아니다. 국경 마을에 근무하려면 月支가 相沖을 맞아야 국경 마을에 근무하게 된다. 그런데 사주에 方合이 없는데 어느 날 方合이 왔다고 국내인들이 그곳을 점령할 리가 없다. 교류가 많은 것을 相沖이라 한다.
　국경 마을은 교류가 많으니 相沖이 있어야 한다. 직업적으로 따지면 극장 같은 곳은 외부인이 많이 오니 그것이 바로 月支 相沖이다.
　우리나라로 보면 부산이나 동해 묵호쯤이 될 것이다. 이태원도 月支 相沖인데 三合이 배경이면 산업 시찰형 관광객이라 하고, 方合이 배경이면 지역 순환형 관광객이라 한다. 六合이 배경이면 예방(豫防)차라 한다. 인사하는 上下 교류라 한다. 이런 의미가 들었다.

　月支가 相沖 맞은 사람이 스트레스가 가장 많은 것은 낯선 사람들을 계속 만나야 한다는 것이다. 그래서 낯선 사람들에게 태도가 가장 좋지 않은 것이 月支가 相沖된 것이고, 낯선 사람들에게 가장 태도가 좋은 것이 月支가 相沖이다. 그럼 태도가 좋은 것과 좋지 않은 것에 대한 긍정과 부정으로 구분을 하면 調候가 맞았나 맞지 않았나이다.

月支가 三合이면 자기 재능을 꾸준하게 계발하는 것이다. 그래서 '재능계발이 참 우수하십니다. 10년에 한 번씩 재능을 새롭게 만드시네요' 한다.

그런데 調和가 맞지 않으면 '10년에 한 번씩 퇴보하시네요' 한다. 이렇게 차이가 큰 것이다. 調和가 맞지 않으면 시간이 있으면 공부를 하느냐, 낚시 가고 등산을 가느냐이다. 계속 다른 것을 개발하는 것이니 퇴보를 하는 것이다.

가령 子丑 月令인 丑月에 巳酉丑이 되었다면 三合이 되는 運이 들어와야 개발된다. 항상 개발하는 것이 아니라 그때 운이 들어와야 개발되는 것이다. 天干에 調和가 맞으면 항상 개발한다. 丙火가 巳月에 태어났다면 調和가 맞으려면 天干에 乙木이 있으면 된다. 그런데 卯나 辰중 乙木에 調和가 맞았다면 그 運이 들어와야 한다. 그럼 순행해야 그런 運이 들어온다.

運이 들어오지 않으면 개발하지 않는다.

卯月 乙木으로 태어났다면 天干 丙火가 있으면 中和가 맞는 것이다. 그런데 丙火가 아니라 地支의 巳에 맞추었다면 巳 運이 와야 계발을 한다.

午中 丙火도 시간에서 運이 와야 개발하는 것이지, 자기가 알아서 하는 것이 아니다. 그런데 逆行하면 巳午未가 평생 오지 않으니 맞추지 않는 것이다. 자기가 맞춘 것이 와야 맞추는 것이지, 다른 것이 와야 맞추는 것이 아니다. 地支에 있으면 눈에 보여야 하는 것이고, 天干에 있으면 항상 머릿속에 있는 것이다. 뇌(腦)라는 공간에 가둬놓고 있는 것이다. 地支는 눈에 보여야 하는 것이다.

甲木의 調和는 癸水, 乙木의 調和는 丙火다. 먼저 調和가 맞은 다음 中和를 맞춘다. 調和는 사주에 맞아야 하지만, 中和는 運에서 맞아도 된다.

天干에 調和가 맞았다는 것은 머릿속에 항상 있는 것이고, 地藏干에 있는 것은 때가 되어서 눈으로 봐야 한다. 調和가 地藏干에만 있는 사람은 책꽂이에 책은 있으나 읽은 책은 없는 것과 같다. 하려고 준비를 한 것이다. 그러나 준비한 것과 쓰는 것은 다른 것이다. 中和가 맞으면 쓰는 것이다.

中和가 맞지 않으면 中和 운이 와도 다른 것으로 전환을 하는 것이지, 中和를 맞추는 것이 아니다. 그럼 수준을 낮추면 된다. 그럼 항상 病藥用神을 따라가면서 낮추면 된다. 그러니 불평불만을 하면서 어디 가냐고 뭐 하러 가냐고 계속 불평을 하면서 따라가는 것이다.

다음은 자기 사주에 있는 五行이 相生하는지 相剋하는지 알아내야 한다. 用神이라 하는데 用神이 相生형인지 相剋형인지 알아내야 한다. 알아내기가 쉽지 않지만 그래도 알아내야 한다.

가령 子月 癸水가 用神인데 辛金이 있으면 調和가 맞는 것이다. 甲木이 있으면 中和도 잘 맞는 것이다.

司令用神으로는 辛癸가 調和고, 甲이 中和가 되는 것이다. 當令으로 맞추면 癸甲丙이 調和고, 庚이 中和가 되는 것이다. 그럼 己土가 필요하다.

이렇게 하나씩 필요한 것을 찾아가는 것을 有用之神이라 한다. 그럼 그 사람은 己土만 하면 된다. 그럼 土剋水이니 자기가 맞은 調和나 中和를 항상 검증받는 인생을 살아야 한다. 경쟁에 참여하는 인생을 살아야 한다. 자기가 자기를 검증하면 안 되고 남이 나를 검증해야 한다. 이것이 살아가는 방법이다.

相剋형으로 有用之神이 필요하냐, 相生형으로 필요하냐이다. 癸水 用神인데 甲木이 없으면 甲木이 먼저 필요하다. 그다음에 己土가 있어야 한다. 그런데 甲木은 없고 己土만 있는 사람이 많다. 그럼 이 사람은 土生金인 己辛癸가 아니다. 金生水 土剋水이다. 이것을 찾아내야 한다. 그럼 검증을 받아야 하는데 甲木이 없으니 잘한 것을 검증받는 것이 아니라 잘못한 것에 대한 검증을 받는 것이다. 자기가 잘못 살아온 것, 고칠 것 등을 검증받는 것이다. 그럼 잘한 것을 검증받는 것이 있고, 잘못한 것을 검증받아서 고치는 방법도 있다. 효과는 어느 것이 더 좋다는 것이 없다.

그런데 相剋형은 調和가 맞지 않으면 자신이 비난을 받는다고 생각한다. 相生형이 調和가 맞지 않으면 공부를 어떻게 10년이나 하느냐 금방 끝나는 단기속성반은 없느냐고 한다.

사주에 調和가 맞지 않는데 상담을 업으로 하면 調和가 맞지 않는 제자가 오고 調和가 맞지 않는 고객이 오니 참 편하다. 그런데 調和가 맞으면 삶의 질은 어떻고, 우주의 調和는 어떻고 이런 것들을 물으러 오니 괴로운 것이다. 그러니 調和가 맞지 않으면 보이는 수준도 다른 것이다. 그러니 본질적인 이야기를 하면 모르는 것이다. 그럼 실력 없는 사람이 실력 좋은 사람을 볼 때 아무것도 모르는 이론만 하는 것처럼 보일 뿐이다. 그러니 調和가 맞지 않으면 合과 沖만 보이면 최고의 실력자이다. 이것밖에 보이지 않기 때문이다. 이것도 실력이다.

이편에서는 調和와 中和를 본 것이지 病藥을 본 것이 아니다. 이걸 알고 病藥을 해야 한다. 調和가 자체적으로 된다고 되는 것이 아니다. 甲木에게 癸水가 있으면 調和가 맞는다고 했는데 丙火가 있으면 中和도 맞는다고 했다. 그럼 癸水가 너무 많으면 지나친 것이다. 또 甲木이 너무 많으면 中和는 맞았는데 水를 부족하게 먹은 것이다. 이런 것이 病藥에 들어가는 것이다.

12

병약(病藥)용신
자축(子丑) - 사오(巳午)월령

1. 子丑月令

辛癸甲
① 辛癸 ② 癸甲

1) 辛癸: 환경으로부터 배우다. 부모, 학교 등과 주변 여건으로부터 배우다.

① 金: 寒風, 찬바람이 분다. 霜(서리)이 내려서 얼어붙었으니 견고하다. 딱딱하게 굳다. 춥다. 세찬 바람을 말한다. 추운데 바람이 센 것을 연출하면 된다. 金多(2개)하면 金寒水冷이다. 주변에서 아주 매몰찬 것을 말한다.

열악한 환경에서 돌봄서비스를 받지 못하고, 초년에 자기계발의 기회를 얻지 못한다(20대 때 하지 못하면 나이 먹어서 하면 된다).

이때, 운로(運路)가 동남방이면 봄을 만나니 생존이 가능하다. 성실하면 먹고사는 건 지장 없다. 만약 조후용신(調候用神)이 아무것도 없으면 運에서 찾아야 한다.

② 水: 세찬 바람이라기보다 온도가 춥다. 水冷이라 한다. 미끌거리다. 비틀거리다.
辛癸나 癸甲은 열 명이 와도 한 명 만나기 힘들고, 백 명이 와봐야 한 명 정도 말이 통하고, 나머지는 모두 병약(病藥)으로 봐야 하니 병약(病藥)이 더 중요하다.

해결은,
① 丙火: 바람이 훈풍이니 추위를 멈출 수 있다. 유리한 환경을 만나다. 따뜻한 배려를 받다. 배우고 익히는 환경을 만났다는 뜻이다. 금한수냉(金寒水冷)이 되지 않았으면 배려를 받을 필요가 없다.

子丑月令에 金寒水冷인데, 아무것도 없고 丙火 하나만 있다면, '남들은 사막에서 고구마 농사도 짓는다고 하는데, 왜 당신은 환경이 좋은데도 견디지 못합니까?', '열악한 환경이 있으니 스스로 재능계발을 해야 합니다' 이것은 인도자가 있는 것은 아니다. 그러니 丙火 하나만 있으면 굶어 죽기 안성맞춤이다.

사람이란 견디어내고, 누군가가 인도하고, 생존력이 있어야 한다. 丙火가 있으면 환경이 열악한 게 아니라 유리한 환경으로 변했다. 그러다 보니 재능만 키우려 하고 위기의식을 느끼지 못하니, 丙火 有用之神 하나만 가지고 있으면 크게 사용하지 못한다.

② 戊土: 바람을 막는다. 견뎌내다.
子丑月令에 모두 없고 戊土 하나만 있으면 '열악한 환경이지만 인도자가 없으니 스스로 자기 자신을 인도하고 생존 문제도 해결되지 않았으니, 내 식구 내가 책임진다는 마음으로 견뎌내야 합니다' 이렇게 말해주어야 한다.

③ 甲木: 인도받다. 인덕이 있다.
한 가지 기술(재주)을 배울 수 있는 사람을 만날 수 있다.
子丑月令에 金寒水冷되고 甲木 하나만 있으면 '열악한 환경으로 혼자 스스로 견디기도 힘들고, 넉넉한 살림은 아니지만 그래도 한 가지 기술이나 재주는 배울 수 있는 사람을 만날 수 있습니다'라고 말해야 한다. 없는 것은 없는 것을 그대로 통변해야 한다.

사람이란 자기가 가진 것보다 가지지 못한 것을 더 생각하는 법이다.

④ 寅: 굶주리지는 않는다.
子丑월령에 金寒水冷된 사람이 寅 하나만 있으면 '열악한 환경을 만나 스스로 견디기 힘들고 인덕도 없지만, 먹고사는 재주(생존력)는 있으시네요' 이렇게 말하면 된다.

2) 癸甲: 자기 자질을 계발하여 지식을 쌓다. **개인적 자질, 개인적 특기를 쌓다.**
  ① 癸: 지식, 상식, 도덕, 가치관, 자비로움을 말한다. 기타 감성, 창의력, 말, 글 등을 뜻한다.
  ② 甲: 지식을 쌓다. 실력을 쌓다. 지식을 습득하는 과정을 거치다.

  ※ 辛癸는 환경이고, 癸甲은 가장 중요한 습득과정이다.
  습득과정은 시간이 오래 걸린다.

  그런데 水가 지나치면(水가 2개만 있어도 지나친 것이다. 天干에 두 개가 있거나 天干 地支에 각 하나씩만 있어도 지나친 것이다. 그러나 地支에만 둘이 있는 건 지나치다고 하지 않는다.) 또 金生水가 안 된다는 것은 水가 흐르지 않고 멈췄으니 나무뿌리가 썩었다는 뜻이다. 부패)

  癸甲에 水가 지나쳤으니 부정적 작용으로 일어난다. 그러니 정신상태가 긍정적으로 발전되지 않고 음성적으로 발전한다. 뿌리가 썩었으니 부정을 습득한다. 이성적이지 않고 감정적이다. 치우친 감정으로 나타난다. 자포자기가 된다.

  해결방법은 물을 흐르게 해야 한다.
  ① 金生水로 하면 긍정적으로 개량되고, 청(淸)하게 하여 새로운 감성이 되고 깨달음이 있다. 그런데 추우니 자칫하면 얼어붙

는다. 그러므로 丙火로 목적의식을 가져야 한다. 金生水로 淸하게 한 다음 丙火란 목적의식으로 흐르게 한다.

② 만약 申酉戌 金이면 물은 흐르는데 빨갛게 녹슨 물로 오수나 폐수가 흐르는 것과 같다. 나무뿌리도 썩고 물도 녹슨 물이다. 이것은 부모의 징크스, 환경의 징크스 작용이 일어나서 사회적 폐단에 대한 저항을 한다. 이지러진 감정이 나타나니 사회적 부적합한 자로 자라난다. 그래서 申酉戌의 金生水는 안 된다. 巳酉丑의 金生水는 괜찮다.

2. 子丑月令의 문제점

1) 辛癸에서
① 金多하면 金寒水冷이다.
② 戊土가 天干에 있으면 癸水 계곡물이 얼음 위로 흐르지 못하고 계곡 속으로만 흐른다. 丙火가 天干에 있으면 戊土라는 산이 해를 가렸다. 음지의 자식이 되는 것이다. 회화(晦火)가 된다. 戊土가 있으면 火를 가리기 때문에 재능이 드러나지 않는다. 사회성이 좀 부족하다. 도회지에 살지 못하고 변두리나 시골에 산다.

戊土가 있는데 丙火도 있으면 이인자가 된다. 丙火를 가린다. 그럼 계곡 밑에서 살아야 하니 이인자이다.

토다회화(土多晦火)라 해서 戊土가 너무 높다. 丙火가 있으면 자태가 드러나지 않는다. 즉 재능이 드러나지 않는다. 이인자가 되다. 지위가 누락되다.

지난 戊戌年은 첩첩산중에 둘러싸였으니 내 모습이 드러나지 않았다. 남에게 인기가 없다. 이인자가 되다. 여기에는 방법이 없다. 항상 때가 되어야 한다.

戊土가 있는데 丙火가 없을 때는 지식이 개발되지 않았다. 丙火가 없으면 해를 가리지 않았으니 노동자가 된다.
이때는 그냥 그렇다는 것이지 有用之神이 필요한 건 아니다. 물이 흐르기는 흐르는데 계곡 밑으로 흐른다. 이때 庚金이 기술 능력 개발로 전향한다. 기술자이다. 이것이 직업이다.

2) 癸甲에서
① 水多하면 수다목부(水多木腐)
② 丙火가 염상(炎上)하면(火가 2개 이상, 天干에 있고 地支에 巳午未가 있으면 염상이다. 그러나 三合은 해당 사항이 없다) 겨울에도 金寒水冷이 안 된다. 그럼 얼음이 녹아서 없어졌으니 화류(花柳)가 된다. 열매는 맺지 못하고 매화처럼 꽃만 핀다. 그러니 화류라 한다.
각종 여가산업 종사자, 연예인과 같은 인기산업 종사자, 한량 짓을 하려고 한다. 이를 각종 서비스산업이라 한다.
그러나 이곳은 癸甲 동네이므로 학교 옆, 사찰 옆, 교회 옆에서 이런 현상이 일어난다. 요즈음 교회나 절에서도 음악회가 열린다. 그러니 문화예술, 공연예술, 여가산업 등으로 해석하면 된다.

※ 子丑月令 임상 연습 반드시 할 것

戊丁辛丙 乾
戌卯丑寅 6

월령별 맞춤식 통변방법이다. 순서에 맞춰 맞춤식으로만 통변하면 된다.

연습과제

1. 위 사주에서 월령의 특징과 당령용신과 사령용신을 찾아라.

2. 당령 상생식: 癸甲丙을 설명한 후 癸甲과 甲丙을 나누어서 기술하라.

3. 사령 상생식: 辛癸甲을 설명한 후 辛癸와 癸甲을 나누어서 기술하라.

4. 당령 상생식과 사령 상생식의 차이를 설명하라.

5. 丑月의 調候用神에 대해 기술하라.
   1) 丙火:
   2) 戊土:
   3) 甲木:
   4) 寅:

6. 丑月의 病藥 중 토다회화(土多晦火)에 대한 내용을 기술하라.

* 답은 위에서 모두 기술된 내용들이기 때문에 별도로 하지 않는다.

3. 寅卯月令

당령 상생식은 癸甲丙: 癸甲, 甲丙. 배우고 익혀서, 그에 따른 활용을 하다.

1) 癸甲: 학습상태와 습득상태를 합치니 실력을 쌓다(고유한 실력).
하지만 木이 多하면(天干 2개가 있거나 天干과 地藏干에 있으면 木多), 金生水가 안 되면 木이 수축(水縮)된다. 그럼 긴 학습과정에 비해 습득내용이 없다. 그러니 학교는 다녔는데 공부한 건 아니다. 전공을 살리지 못한다. 배운 게 없다는 뜻이다.

해결방법은 金生水이다. 목다수축(木多水縮)되면 학습과정에서 배운 내용이 없다.
金生水를 통해 지속적으로 공부를 시켜줘야 한다. 金生水로 부분적 특기생, 전문가가 되어라. 다양성이 아닌 한 분야의 전문가가 되어라. 재능 및 기능 그리고 지식이 필요하지 않은 기술로 전향해라. 木이 많아 수축(水縮)되니 전공을 변화해라.

2) 甲丙은 학력, 경력이니 평가실력이 된다.
공부한 고유한 실력에 대해서 검증을 거친 것이다. 癸甲으로 배우고 익혀서, 甲丙으로 그에 따른 활용을 하다.

하지만 火多하면 화다수갈(火多水渴)이 된다. 가지는 안 나오고 줄기만 굵어진다. 경쟁이나 사회적 활용에 쓰이지 못하는 재능이 된다. 역사를 전공해서 은행에 근무하는 것과 같다. 배웠는데 水가 없어졌다. 그러니 배운 것을 통해 경쟁이나 사회적 활용에 쓰이지 못하는 재능이 되니, 직업적 재능변화를 요구한다.

해결 방법은 배운 것은 놔두고 진로를 수정해라.
영어 배워서 영어로 쓰지 말고 다른 것으로 써라.
金生水로 재교육을 통한 진로를 모색해라(진로변화).
火가 多해서 水가 부족하니 전공을 바꾸지 말고 진로를 수정하라. 火가 많으면 그냥 수갈(水渴)이다. 힘들게 가르쳐놨더니 그건 안 쓰고 다른 것으로 전향해서 쓴다. 이렇게 전향하는데 金生水가 되면 진로를 변경해서 성공할 수 있는 사람이다.

그런데 정상적으로 된 사람은 사주를 보러 거의 오지 않는다. 그러니 잘못된 것을 잘 찾아서 볼 줄 알아야 성공을 한다.

子丑월령에서는 병약이 4가지가 있었지만, 寅卯월령에서는 목다수축(木多水縮), 화다수갈(火多水渴) 두 가지만 알면 된다. 土가 높으면 晦火가 된다고 했지만, 寅卯月令에는 이 두 가지가 가장 중요하다. 子丑월령은 환경이 중요하기 때문에 그렇고, 寅卯월령은 자기 재능이 중요하기 때문에 두 가지만 해도 된다.

※ 寅卯月令 임상연습

壬辛甲戊 乾
辰卯寅寅 7

연습과제

1. 월령의 특징과 당령용신과 사령용신을 찾아라.

2. 당령상생식: 癸甲丙을 설명한 후 癸甲과 甲丙을 나누어서 기술해보라.

3. 사령 상생식: 癸甲丙이다. 당령의 상생식과 사령의 상생식이 癸甲과 甲丙으로 똑같은데 차이점을 구분하라.

4. 寅卯월의 희신(喜神)의 배합은 己辛癸甲丙이다. 위 사주에서 기신(忌神)을 찾아서 긍정적인 역할과 부정적인 역할을 기술해보아라.

5. 위 사주 월령의 특징에서 방합의 특징은 무엇인가?

6. 寅月의 調候用神에 대해 기술하라.
   1) 戊土:
   2) 甲木:
   3) 寅:

7. 寅月의 病藥 중 목다수축(木多水縮)에 대한 내용을 기술하라.

4. 卯辰月令

당령 상생식은 癸乙丙: 癸乙, 乙丙으로 나누어야 한다.

1) 癸乙의 통변은 '조직의 규칙에 맞는 임무를 수행하기 위한 각 개인별 재능과 지혜'이다. 그러니 개인에게 적합하면 안 되고, 조직 활동에 적합한, 규칙에 맞는 임무를 수행하는 것이 乙丙이고, 거기에 맞춘 자기 개인의 재능은 癸乙이다. 즉 木生火를 하려면 水生木하라. 조직에서 발생하는 임무를 수행하려면 그에 맞게 癸乙로 적합한 능력을 지녀야 한다. 합쳐서 癸乙丙이다.

卯辰월령은 乙木이 水生木 木生火하는데, 여기서 丙火는 조직이고, 癸水는 개인별 재능인데, 癸乙은 적합한 관계력이라 하고, 乙丙은 조직에서 적합한 임무를 내린다고 한다. 그럼 분리해서 乙木에 대한 해석도 해야 하는데, 乙丙의 乙은 조직에서 하달한 임무의 적합성이고, 癸乙의 乙은 내가 적합하다고 생각하는 개인적 적합도다.

하지만 지나치면 병약(病藥) 문제가 발생할 수 있다.
① 水가 지나쳐서 陰濕한 것이다.
水가 지나치다는 의미는 천간에 癸水 2개이거나 天干 癸水와 地支에 癸水가 있으면 음습한 것이다. 水가 지나치면 음습해서 구부러진다. 펴지를 못한다. 이건 개인감정의 문제가 발생한다. 이유는 '자기 자신 때문'이다.

해결 방법은 庚金으로 金生水하여 마음을 청하게 해야 한다. 정신수련, 마음수행, 훈련 등을 통해 스스로 청(淸)하게 하다.

② 木이 지나쳐서 음습(陰濕)한 것이다.

木이 지나쳐서 음습하면 가지가 엉킨다. 이는 대인관계에 관한 문제이다. 이유는 '타인들 때문'이다.

해결 방법은 辛金으로 사람을 실용적이냐, 비실용적이냐를 가려서 구조조정해야 한다. 인원 구조조정에 들어간다.

③ 염상(炎上)하면, 丙火가 지나치면 木이 시든다.

사회적 혼란과 과중한 임무에 대한 문제인데 조직 운영의 혼란이다. 주변의 리더들의 문제가 발생한 것이다. 丙火 多는 조직 운영에 대한 문제이다.

火多하면 내가 속한 조직이 자꾸 혼란스럽다. 집에 가니 부모가 조용하게 잘 사는 게 아니라 자주 싸운다. 丙丙이면 둘이 앉아 싸우지만, 丙丁이 혼잡이면 하나는 서울에 있고, 하나는 대구에 가 있고 한다. 따로 떨어져 있다.

해결 방법은, 戊土가 있어야 긴축재정, 조직 운영을 다시 할 수 있다. 戊土가 있으면 자기가 속한 조직이 혼란스럽지만 깨지지는 않는다(丙多 + 戊土 = 긴축재정).

2) 乙丙: **丙火는 조직에 맞춘 적합도이다.**
조직 활동, 규칙에 맞는 임무를 수행하기 위한 것이다.

※ 水多는 자신의 감정 문제, 乙木 多는 주변 사람들과의 대인관계 문제, 丙火 多는 조직의 운영 문제이다.

(1) 부족한 것에 대한 문제점이나 통변 방법
① 토다회화(土多晦火): 戊土가 너무 높다. 丙火가 있는데 회화(晦火)됐다(子丑月令과 같다).
외모가 드러나지 않다. 즉 재능이 드러나지 않다. 누락되다. 이인자가 되다. 첩첩산중에 둘러싸인 것과 같으니 내 모습이 드러나지 않다. 남에게 인기가 없다. 여기에는 방법은 없다. 항상 때가 되어야 한다.

※ 卯辰月令 임상할 것

己癸庚乙 坤
未卯辰巳 5

연습과제

1. 월령의 특징과 당령 용신과 사령 용신을 찾아라.

2. 이 사주의 당령 상생식은 癸乙丙이다. 癸乙과 乙丙의 특징을 나누어서 설명해보아라.

3. 사령 상생식은 癸乙丙이다. 이 사주가 가진 특성과 적성에 맞는 직업군(群)을 논해보아라.

4. 卯辰월의 희신(喜神)의 배합은 庚癸乙丙戊이다. 위 사주의 기신(忌神)을 찾아서 긍정적인 역할과 부정적인 역할을 기술해보아라.

5. 위 사주 월령의 특징에서 방합의 특징과 배열의 특징의 차이는 무엇인가?

6. 卯辰月의 과습으로 인한 病藥에 대해 기술해보아라.
   1) 癸水 多 과습(過濕):
   2) 乙木 多 음습(蔭濕):

5. 巳午月令

巳午월의 相生식은 乙丙庚이다. 木生火로 조직 활동을 열심히 하면 거기에 따른 가치 성장이란 기득권자가 될 것이다. 乙丙으로 조직 활동을 열심히 하면 丙庚으로 실적이 높아져서 그에 따른 가치 성장이라는 기득권자 될 것이다. 子丑월령의 상생식은 辛癸甲이다. 이 辛癸甲이 시간이 지남으로 인해 乙丙庚으로 바뀌는 것이다.

1) 乙丙: 巳午月의 乙丙은 주어진 임무만 잘 수행한다고 되는 게 아니라 조직관리 활동도 잘해야 한다. 그래서 공(功)을 세우다. 모범을 보이다. 이것이 巳午월령의 乙丙이다.

2) 丙庚이란 실적을 내다. 실적이 올라간 것이다. 반드시 실적이라 해야 한다. 가치가 상승되다. 총괄하다. 대외교류 활동을 하다. 乙丙의 관리는 내부관리를 주로 하고, 丙庚은 대외관리, 교류까지 가는 것이다.

그러나 ① 火多하여 염상(炎上)하면 수갈(水渴)이 된다. 여기서는 기획력 부족, 작전 능력 부족, 어리석다. 어리숙하다. (寅卯월령이 화다수갈(火多水渴)되면 전공과 진로가 달라진다고 했다.) 원래 巳午月令에서는 조직관리자로서 공도 세우고 모범도 보여야 하는데, 화다수갈이 되면 순서 없이 늘어놓기만 하고 방만하다는 뜻이다. 어수선하게 이것저것 뭔가 하는 일이 많기는 한데 결과가 없는 것을 말한다.

 사람이 무엇을 하는 것도 중요하지만 어떤 방식으로 하느냐가 더 중요하다. 巳午月令은 丙火가 조직이므로 이것이 잘못되면, 자기만 잘못되는 것이 아니라 전 구성원이 모두 힘들어진다. 巳午月令이 丙火나 金이 많은 사주는 확장하거나 크게 발전하려고만 하지 않는다면 정말 잘산다.
 지나친 확장만 하지 않으면 최고다. 그러니 앞으로 남고 뒤로 밑진다. 매출은 좋은데 남지 않는다. 커피숍을 하는데 커피만 잘 팔면 되는데 인테리어를 과하게 하는 경우처럼, 불필요하게 외모를 너무 꾸민다.

 巳午월령에 水가 충분하면 사람을 만날 때 실력으로 만난다. 그런데 火가 많고 水가 부족하면 보여주는 것으로 승부를 보려한다. 리스로 산 벤츠로 사람을 만나거나 스위스 최고급 시계로 장식을 하고 상대를 만난다.
 어리석다와 어리숙하다란 뜻은 세상 이치를 모른다는 뜻인데, 寅卯月令은 어리숙하다, 巳午월령은 어리석다고 말한다. 뭘 모른다는 뜻이다.

 해결 방법은 戊土로 긴축재정, 실속 경영이다.
 戊土로 실속 있게 해결해야 하니 구조조정을 해야 한다.
 사람도 내보내고 쓸데없는 것들을 조정해야 한다.
 土를 병약(病藥)이나 억부용신(抑扶用神)으로 쓸 때는 상황 정리를 지역적 방법으로 할 줄도 알아야 한다. 지방으로 이전을 해라.

그러나 사주 원국에 戊土가 없으면 土運이 1, 2년 온다고 구조조정이 잘 되는 건 아니다. 그러니 火多하니 대개 丙火 運이 오면 확장하려고 할 것이다. 그럼 丙火에 확장하고 戊土운이 오면 바로 구조조정에 딱 걸리게 되어 있다.

그러나 ② 金多하면 공약(公約)을 과다하게 하고 지키지 않는다(정치인들이 공약(公約)을 과다하게 발표하니 공약(空約)이 된다). 목표를 과다하게 정해놓고 실천하지 않는다. 약장사의 허위 과장 광고와 같다.

그럼 목표를 포장하거나 과장한 것은 火이고, 지나친 과장 광고를 한 것은 金多이다. 그러니 피해가 발생한다. 金多로 목표를 너무 과다하게 잡았으니 구성원들을 과중 과로시킨다는 의미다. 너무 지나친 목표치를 잡아서 乙木에게 삽질을 너무 많이 시키니 상처를 당한다. 그래서 금다목절(金多木折)되니 사람들이 상처를 당한다.

해결 방법은 나중에 午未월령에 金多하면 화식(火熄)이 되지만, 巳午월령에 金多하면 목절(木折)이 되어 사람들이 상처를 당한다. 그러니 甲木이 藥이다. 甲木을 통해 현명하고 실용적, 실속적인 판단을 해야 한다. 庚甲으로 벽갑(劈甲)해서 甲木의 판단으로 감당할 수 있다는 뜻이다. 그러므로 甲木의 판단 능력이 해결책이다.

※ 부족한 것에 대한 문제점
1. 巳午月令에 火多하지 않으면 방만하지 않고 사치하지도 않다. 마치 절간에 앉아 있는 것처럼 너무 조용하다. 사람이 방만과 자기과시로 개인기도 발달해야 하는데, 개인기가 발달하지 않는다. 이렇듯 너무 방만하지 않은 것도 문제다.

2. 金多하지 않으면(金이 없거나 부족하면),
과장해서 광고하거나 오버 행동을 하지를 않는다. 지나치게 소극적이니 金이 하나도 없는 것도 문제가 된다. 金이 하나도 없어도 성공하지 못한다. 망할 기회가 없다.

이런 경우 유용지신(有用之神)은 과장되고 오버도 좀 해야 한다. 자숙하면 안 된다. 선비는 子丑寅卯月令 生이나 하게 해야 하고, 巳午月令은 병(病)이 있어서 방만하게 운영해야 성공할 기회도 생기고, 망할 기회도 생긴다.

丙火가 없어 방만하지도 않은데 戊土가 있다거나, 金이 多하지도 않은데 甲木이 있는 경우, 규제위원처럼 무엇을 하지 못하게 막는 것처럼 보인다. 약(藥)은 있는데 병(病)이 걸리지 않았거나, 병(病)이 없는데도 약(藥) 처방을 하는 사주가 있다. 이 또한 문제이긴 하나 남편이나 부인감으로는 최고이다. 100원을 달라고 하면 70원만 주는 좀생이다. 조금만 아프면 약도 미리 먹고, 노후대책도 30대에 미리 다 세워놓는다. 이런 사주는 잘못되는 것을 관리하는 사람으로, 직업은 리스크관리 분야가 좋다.

※ 卯辰巳午月 시작하면서부터 戊土가 병약용신이 된다.
 病도 없는데 藥이 있는 사람과, 病이 있는데 藥이 없는 사람이 있다. 病은 있는데 藥이 없으니, 발전을 하려 하지만 대책이 없다. 리스크 계산을 하지 않는 것이다. 그런데 藥이 있는데 病이 없는 사람이 있다. 이런 사람은 미리미리 준비하는 사람이다. 이 사람의 돈은 연금, 저축, 보험에 다 들어가 있다. 이 또한 문제는 있다. 리스크를 관리하는 사람이다. 이를 미래 전략기획실이라 한다.

 임상을 계속해서 경우의 수를 넓혀야 한다.
 子丑月令이면 辛癸甲하고, 病藥이 네 개씩 있는데 둘이 중요하다. 예) 금한수냉(金寒水冷), 수다목부(水多木腐).
 노트 정리를 이렇게 항상 해야 한다.

 子丑月令 하나의 월령당 임상을 8개 정도를 해야 실력이 늘어난다. 病이 있다, 病이 없다. 藥이 있다, 藥이 없다는 것이 중요하지, 喜神이 있다, 忌神이 있다는 별로 중요하지 않다. 病이 중요하다. 명리학의 꽃이다. 항상 病이 승패를 좌우한다.

※ 巳午月令 임상할 것

癸己丁癸 坤
酉亥巳未 4

연습과제

1. 당령 상생식은 乙丙庚이다. 상생식을 갖추지 못한 사주의 특징은 무엇인가?

2. 巳月 희신의 배합은 癸乙丙戊庚이다. 상생식 5개와 상극식 5개를 해석해보아라. 기억나지 않으면 앞으로 다시 돌아가서 복습한 후 다시 하도록 한다.

   1) 상생
      (1) 癸乙 水生木:
      (2) 乙丙 木生火:
      (3) 丙戊 火生土:
      (4) 戊庚 土生金:
      (5) 庚癸 金生水:

   2) 상극
      (1) 癸丙: 水剋火
      (2) 戊癸: 土剋水
      (3) 乙戊: 木剋土
      (4) 丙庚: 火剋金
      (5) 庚乙: 金剋木

3. 이 사주의 희신(喜神)에 대한 기신(忌神)의 특징과 장단점을 논하라.

4. 月令의 합충(合沖)변화에 대해 논해보아라.
   (巳酉 三合, 巳未 方合, 巳亥 相沖)

13

병약(病藥)용신
오미(午未) - 해자(亥子)월령

1. 午未月令

1) 火多木焚: 과거 경력 단절, 과거 소멸 현상, 부모의 망함

2) 火多金銷: 미래가 없어지는 현상, 미래 경제적 불량현상, 직업적 불량현상

3) 火多土燥: 土가 너무 많으면, 현재 정착에 대한 불안감이 있다. 사주보다 運에서 봐야 한다. 대개 아이들은 중고등학교 시절부터 오거나, 남편은 50이 넘어서 임원으로 넘어가느냐, 못 넘어가느냐가 이때 오게 된다.

火多土燥는 나중에 보는 것이 좋다.
火多土燥는 거주 불량 현상과 신체 불미 현상으로 오는데, 신체 불량과 거주 불량 중에 어느 것이 더 나쁜가?
癸水가 있으면 몸으로 친다. 이는 火多土燥(火多金銷)가 아니라, 수갈토조(水渴土燥)가 되어버린다(火多木焚).

그러니 己癸일 때 신체가 불량이고, 己丁일 때 거주가 불량이다.

이렇게 되어도 당하지 않을 때가 있는데, 午未月令은 세월의 중간현상이니 사람은 누구나가 다 아이들은 크고 나이는 먹었으니, 더 벌어야 할 때가 있다. 그리고 승진하지 않으면 잘려야 하는 시절이 있다. 이런 지점에 들어와서 과(過)하지만 않으면 벌어지지 않는다.
작은 辛金으로는 많이 벌 수가 없는데 많이 벌겠다는 욕심들, 乙木으로 높아지겠다는 생각을 버리면 된다.

이 모두를 해결하는 방법이 있는데, 죽을 고비를 넘겨도 살아날 수 있는 방법은 壬水이다. 이는 적재적소에 필요해서 행하는 짓이다. 그러니 모두 다를 살릴 수 있는 것은 壬水인데, 화다목분(火多木焚)을 살리는 것은 癸水다. 그럼 지위 유지는 할 수 있는 것이다. 壬水는 미래지위 및 재산 가치까지 유지할 수 있는 것이다.
목분(木焚)과 금소(金銷)를 했는데, 癸水가 木焚은 막을 수 있지만, 金銷는 막지 못한다. 그런데 양대 산맥인 금한수냉이 있고 화다목분이 있는데, 금한수냉은 초목이 나오지 않았으니 나와서 중간에 죽은 것이 아니니 손해가 덜 하다. 火多木焚은 중간에 벌어지니 대개 40대쯤에 잘못되니 무너지는 것이 많다.

이때는 화다수갈(火多水渴)과 화다토조(火多土燥)가 되어버린다. 午未월 天干에 火가 투간되면 거의 모두 수갈(水渴)이 된다고 봐야 한다. 오래가지 못한다는 뜻이다.

午未月令에 火多木焚, 火多金銷, 火多土燥되면 모든 것이 대부분 불량품이다.

4) 금다화식(金多火熄)이란 것도 있는데, 庚金이 너무 많으면 일어나는 현상이다. 이는 木이 없어서 생긴 것이다. 일거리는 많은데 실력이 없는 것이다. 그래서 금다화식(金多火熄)이라 한다. 감당할 수 없다는 뜻이다.

해결 방법은 당연하게 인화(引火)를 해야 한다. 물론 引火를 한다고 되는 것이 아니라 직접 생산하거나 개발하려 하지 말고 완제품을 떼다가 팔아라.

자기 실력으로만 하려고 하니 이런 현상이 벌어진다.

그런데 없는 실력으로 직접 하려고 하니 작품이 나오지 않는다. 유행이나 디자인이 뒤처진 작품성 없는 것들만 나오게 된다. 만약 명리학 상담 세계에서도 금다화식(金多火熄)이 되면 직접 상담하려 하지 말고 직원을 채용해서 해라. 그런데 자기보다 실력이 더 좋은 사람을 채용해야 한다. 그러나 자칫하면 고객을 다 빼앗길 우려는 감수해야 한다. 이것이 삶을 사는 방법이다. '제발 직접 만들지 말고 차용해서 쓰세요' 브랜드를 차용해라. 상표차입, 지입해서 써라. 완제품 사입해서 팔아라. 이런 것이 금다화식(金多火熄)을 해결하는 방법이다.

① 午未月令에 가장 필요한 것은, 망하지 않으려면 壬水다. 그럼 乙木도 지키고 辛金도 지킨다.

② 실력으로 잘 살려면 甲木이 있어야 한다. 乙木은 亥卯未가 있어야 한다. 망하지 않으려면 壬水, 실력이 있으려면 甲木이다.

명리학에서 태과불급(太過不及)보다는 희용(喜用)공부를 많이 하는데, 잘되는 방법보다는, 망하지 않는 방법이 최고다. 그러니 子丑寅卯 辰巳午의 夏至까지는 어떻게 해서든지 넘어간다. 그다음부터는 외부환경의 영향을 받으며 살아야 하니 견디어내고 망하지 않으려면 壬水, 잘되려면 甲木인데, 잘되게 하는 것만 보지 말고, 망하지 않게 하는 기준으로도 보는 습관을 자꾸 들여야 한다. 그런데 壬水가 없이 甲木만 있으면 남들보다 낫기는 한데 돈은 벌지 못한다.

지장간(地藏干)에 있으면 생존환경이 있으니 환경에 맞추기만 하면 된다. 亥卯未가 그래서 좋다.

자기 식구를 볼 때는 방어력을 보고, 남을 볼 때는 공격력을 보는 법이다. 의사도 자기 식구에게는 약 먹으라 하고, 남의 식구가 오면 수술하라고 하듯, 子月부터 午月까지는 꼴찌를 하지 않는 방법으로 해라. 그럼 丙火다. 丙火가 있으면 꼴찌는 하지 않고, 壬水가 있으면 망하지는 않는다.

그러니 火多木焚, 火多金銷의 해결책은 壬水다.

만약 癸水가 있으면 乙木으로 과거 경력을 쌓았으나 金銷는 癸水가 막지 못한다. 그러니 辛金의 보호자는 壬水다.

똑똑한 것은 甲木과 庚金이지만, 남는 짓은 乙木과 辛金이 한다. 그래서 天干에 甲木과 庚金이 없으면 아무리 똑똑해도 싹이

나지 않는다.

 다시 말하지만 午未月令에 망하지 않으려면 壬水, 똑똑하게 잘 나려면 甲木, 그리고 病藥은 화다목분(火多木焚), 화다금소(火多金銷)가 주관한다.

 己土의 거주 불량과 신체 불미는 예민한 문제이니 함부로 쓰면 안 된다. 癸水와 壬水이다. 己土가 있으면 癸水가 수갈(水渴)될 확률이 거의 없는데, 午未月令에 天干의 火만 뜨면 水渴이 된다. 오래 버티지 못한다.
 午未月令에 火氣가 왕해서 화다목분(火多木焚)도 되고 금소(金銷)도 되었다고 칠 때 이 속에 모든 것이 다 불량품이다. 일하지 못하는 사람들(木焚), 싸게 나오는 물건들(金銷), 그럼 내 사주가 木焚이 되어서 일하지 못한다면, 일하지 못하는 사람들을 모아놓고 일을 시키는 것이 용역사업, 인력사업, 직업소개소이다.
 根이 없어서 용역사무실을 열지 못한다면 자격증이 있어야 하고, 상담도 할 줄 알아야 하니 박사학위라도 있어야 하고 컨설팅도 할 줄 알아야 한다. 아니면 용역이라도 뛰어야 한다.

 또 金銷가 되었으면 못 쓰는 물건이 많으니 고물상, 중고상을 하면 된다. 과거에는 덤핑상품, 땡처리라 했다. 요즘은 아웃렛 상품이라 한다. NPL, 사채, 뒤로 나오는 물건을 로스분이라 하는데 이런 걸 취급하는 것이 모두 여기에 들어간다.

저당 물건, 압류 물건 등이 NPL이다.
庚金이 多하면 차용을 하면 된다.
화다토조(火多土燥)하면 셋방을 살든지, 몸이 아프니 입원을 하면 된다. 午未月令이 잘 넘어가면 부자가 된다.

亥中 壬水는 원래 생존 현장이 있음이다.
그러나 天干 壬水는 재능 발휘 현장에 적합하다.
지장간(地藏干)과 天干을 구분할 줄 알아야 한다.
地藏干은 재능이 있건 없건 생존 현장이 있으니 내가 할 일이 있는 것이다. 그러니 亥中의 壬水는 木生火가 되지 않아도 된다. 그러나 天干 壬水는 木生火가 안 되면 재능 때문에 가치가 확 떨어진다.

丙火도 마찬가지다. 지장간(地藏干)에 巳가 있으면 金生水가 없어도 水生木 木生火로 잘 먹고 산다. 그러나 天干 丙火는 재능 위주로 보는 것이니 水源이 없으면 가격이 싸진다. 壬水 丙火가 地藏干에 있으면 먹고사는 현장이 있으니 별도의 引火나 水源이 없어도 된다. 그러나 天干에 壬水가 뜨는 순간, 계급이 나누어지고 실력이 나누어지는 것이다.

우리나라에는 어느 분야에서든 잘 아는 사람, 모르는 사람, 대충 아는 사람이 있었던 때가 있었는데, 75년에서 95년 정도까지의 일이다. 그런데 대충 아는 사람들이 속을 썩이다가 2000년 초반부터 서서히 정리되기 시작했다. 그럼 화다목분(火多木

焚)은 주변이 다 망하게 되고, 이치를 아는 사람이 이 모든 걸 거두어가게 되니 하나당 200억을 번다고 했다. 그러나 대충 아는 사람은 산꼭대기 국유지에다가 자기 밭을 일구어서 산다. 그러다가 나중에 누가 와서 나라 땅이니 '나가' 하니 그냥 나가는 것이다.

대충 아는 사람은 얻어터지고 나갔다. 그런데 잘 아는 사람은 조사하고 항의하고 데모해서 내 땅이 아니라도 다 보상을 받고 나갔다. 불과 20년 전만 해도 지금처럼 투명한 세상이 아니었기 때문에 잘 아는 사람들은 자기들끼리 다 해먹었다. 그러니 공무원들이 배불렀던 시절이었고, 모르는 사람들에게는 서러운 시절이었다.

임상

甲己丁壬 坤
子酉未戌 6

未月에 丁火가 투간됐는데 화다목분(火多木焚)이 안되니 과거에 하던 일을 계속하면 된다. 화다금소(火多金銷)는 壬水가 지키고 있다, 화다토조(火多土燥)는 金生水가 잘되니 안된다. 그럼 살던 곳에서 계속 살면 된다. 뭔가 부수는 게 없으면 다시 건축할 게 없다.

病藥이 없으면 헝그리 정신이 없다. 실업자 사주이다. 무병장수할 것이다. 壬水가 천간에 투간되었으니 망하지 않는다. 방어력과 공격력이 있으니 아무 일도 없다. 病이 없으면 반전 드라마가 안 된다. 성공하고 싶은가? 성공은 아니더라도 망하지 않을 것인가? 이것만 해라. 병이 있으면 죽지만 않으면 성공한다.

甲木으로 引火는 하고 있지만 劈甲이 없으니 引火 되려면 30년 정도 걸린다. 그때까지 기다려야 한다. 왜냐하면 引火는 하지만 젖어서 불에 타지는 않는다. 이 사주의 甲木은 벽갑(劈甲)하고 丙火로 말려야 한다. 그러려면 너무 오래 걸리고 힘드니 3~40년 동안 전문가 되고 박사학위 받고 하느니 노는 것이 더 낫다. 자식 사주에 病藥이 없으면 그 복을 부모가 다 감당해주어야 한다. 그러니 病藥이 있어야 자기 할 일을 다 감당하고 산다.

임상

甲戊戊戊 乾
寅辰午戌 6

午未月令의 病인 화다목분(火多木焚)이 없다. 화다금소(火多金銷)도 없다. 화다토조(火多土燥)도 없다.

그럼 이 사주도 병이 없으니 원하는 게 없다. 아주 무병장수 사주다. 나중에 戊土가 많아서 생긴 병인 토다매광(土多埋光)이 있어서 甲木으로 자기 자신을 넘어서기 위해서 재교육을 계속 받아야 한다. 직업의 재설정, 재개발을 계속해야 한다. 土가 병을 일으켰으니 시시때때로 변화하는 세상에 맞는 자기계발을 다시 해야 한다. 이것을 金으로 할까 木으로 할까? 金으로 하면 개량이라 한다. 정신으로 하려면 甲木으로 하면 된다. 그러나 火多로 된 병은 없다. 아주 대한량에 백수 같은 사람이다.

2. 申酉月令: 庚金

寅卯月令의 甲木에서 목다수축(木多水縮), 화다목분(火多木焚), 목다화식(木多火熄)을 했는데 가장 위험한 것이 목다수축(木多水縮)인데, 申酉月令에 가장 위험한 것이 금다화식(金多火熄)이다. 태풍이 불어와서 과일이 떨어지면 속상하다. 많이 수확해놓았는데 거두지 못하는 것이 금다화식(金多火熄)이다. 庚金이 지나치게 많은데 丁火가 너무 약한 것이다. 木生火가 안 되기 때문에 불량이 났다. 실력이 없다, 재능이 없다는 의미다.

　가령 같은 학교를 졸업했어도 삶이 같지 않듯이, 누구에게나 똑같은 기회를 주었지만 1등 하는 사람, 2등 하는 사람이 있는 것이다. 추수의 차이, 수확의 차이가 나는 것이다.

　木生火가 안 되면 실력이 내려간다. 그때 사는 방법은 수준을 내리는 것이다. 수준을 높이려 애쓰지 말고 수준을 내려라. 木生火가 조금도 안 되면 수준을 낮추면 조금도 문제가 안 되는데, 가령 木生火가 乙木 하나밖에 없으면 熱은 많이 나지만 금방 타버린다. 그런데 이 사람은 죽어도 포기하지 않고 전력 질주를 하니 연탄재에 불을 붙이는 것과 같다. 그러니 수준을 낮추면 된다. 결과 부실, 기대 부실, 심사 부실 등이다. 3년 동안 정말 열심히 노력했는데 떨어지는 것이다. 그럼 투자한 돈이 회수가 안 된다. 준공검사가 나오지 않는 것 등도 여기에 해당한다.

　여기는 木이 아주 약한 형이 있고, 木이 없는 형이 있다.
　그럼 木이 없는 형은 큰 것에 도전하지 않으니 문제가 별로 없다. 그러나 木이 아주 弱한 사람은 곧 죽더라도 일을 만들어 문제를 일으킨다. 소위 '못 먹어도 고'해서 독박을 쓴다. 午未月 슴이나 申酉月슴도 마찬가지다.
　木生火가 전혀 없으면 괜찮은데, 未中의 乙木 하나라도 있거나, 天干 乙木이 하나밖에 없으면 열심히 해도 결과가 나오지 않는다. 사람은 결과가 중요하고 추수가 중요한 것이다.

木生火가 안 되어서 30년 전에 것을 지금 만들어내면 안 된다. 건조기술도 요즘은 1~2시간이면 다 말려서 나온다. 과거처럼 정성스럽게 몇 날 며칠씩 걸려서 태양에 말리면, 파리가 똥만 쌓고 가지 효과가 없다. 그러니 기계화 작업, 컨베이어 장치, 신개발 작업 등이다. 이런 것이 木生火 引火에서 바쁘게 돌아가는 것이다.

木生火가 충분하지 않으니 유행에 뒤떨어진 것들이라 생각하면 된다. 그럼 시대에 뒤떨어진 집을 짓는 것이다. 원시 형태로 하는 것이다. 원시 체험, 고택 체험, 농촌체험같이 옛 풍취 등 옛날로 거꾸로 돌아가는 것이다.
요즘 말로 체험형이라 한다. 도시에서 농촌체험을 할 수 없으니 이런 것들을 하면 되지 않느냐이다. 네가 알아서 해 먹어, 셀프서비스다. 그럼 그 사람은 引火가 되지 않았다고 보면 된다.

寅卯月令에 金生水가 안되어서 실력이 모자라면 '네가 알아서 공부해' 하면 된다. 그럼 독서실을 하면 된다. 공부하는 곳이긴 한데 네가 알아서 공부하라는 것이다. 그런데 자기가 가르친다고 하거나 컨설팅을 한다고 하다가 체면만 구기는 것이다. 만화방처럼, '네가 알아서 봐라' 이런 방실터장(房室攄場)형, 독서실처럼 하면 된다. 引火도 안 되고, 水源도 안 되면 '네가 알아서 먹어', '네가 알아서 공부해' 하면 된다.

식당을 개업하는데 引火가 안 되었으면 주방 시설이 갖추어져 있는 공간을 주고, 두부, 달걀, 소금 같은 부식을 주고 '네가 알아서 해 먹고 가' 하면 된다. 셀프방식의 식당을 운영하면 어떨까? 두부 장사를 한다면 콩만 주고 만들 수 있는 체험공간, 도자기를 팔면 도자기를 직접 만드는 체험을 하게 한다.

　引火가 시원찮으면 할 수 있는 건 별로 없어도 상향하고픈 마음은 간절하다. 그럼 丑中의 辛金으로 金生水 水生木 木生火 하려는 사람이 있고, 未中 乙木으로 木生火 하려는 사람이 있는데, 이런 사람을 처음과 시작이 다른 사람이라 한다.

　병약(病藥)은 水火의 병약만 알면 되는데, 생명은 육체적 생명이 있고, 정신적 생명이 있다. 뼈가 부러졌다면 육체적 생명이고, 水가 차단되면 정신적 생명이 잘못된 것이다. 그러니 몸이 나빠진 것이 있고, 氣가 나빠진 것이다.
　그럼 금다목절(金多木折)이 되면 몸을 다친다. 그럼 몸이 아프다. 그러니 金이 多한데 火가 弱하면 재능을 밑으로 다운시키면 살 수 있다. 그런데 金은 多한데 木이 弱한 사람이 있다. 이를 죽음이 코앞이라고 말한 고서(古書)도 있다. 木이 弱한데 金多하면 木이 절(折)된다는 뜻이다. 木이 끊어진다는 뜻이다.

　申酉月令이니 辛金이 아니라 庚金을 두고 하는 말이다.
　庚金이 많고 木이 弱하면 금다목절(金多木折)이 된다고 생각하면 된다. 그럼 다친다. 안전사고가 발생한다. 심하게 다칠 수도 있으니 金多木折은 항상 조심해야 한다.

丙火가 있으면 금다목절(金多木折)이 두렵지 않다. 무서워할 것이 없다. 그러나 丁火가 있으면 안전하지만 않은데 이는 실수로 인한 사고가 일어날 수가 있다. 木 자체가 극설교가(剋泄交加)가 일어난다. 그럼 실수나 안전사고이니 난간에 기대어 서지 마라. 장난질하지 마라. 넘어짐을 주의하라. 낙상을 주의하라. 금다목절(金多木折)은 걱정, 불안, 건강, 염려증 등이 많아진다. 지난 사고에 대한 트라우마까지 생긴다.

그럼 申酉月令에 木生火가 안 되면 고집부리지 말고 실력을 낮추어라. 이기려고 하지 말고 양보해라. 왜냐하면 자기 수준이 떨어졌기 때문이다. 나이를 먹으면 金은 많은데 木生火 引火가 잘 안 되거나, 木은 많은데 金生水가 잘 안 되면 어딘지 모르게 가다가 뒤처지게 된다.

특히 引火가 안 되면 뒤처지는 것이 눈에 보인다. 말해도 알아듣지 못하거나, 화르륵 타오르는데 듣고 나서 바로 잊어먹거나 한다. 그러나 木이 아예 하나도 없으면 조금도 처지지 않는다. 이미 마음을 비우고 모든 것에서 떠났기 때문이다. 木이 弱하게 있는 것이 항상 문제가 된다. 그러니 낮춰라. 이기려고 하지 마라. 임금도 낮추고, 재능의 가치도 낮추어라. 그럼 살 수 있다.

걱정이나 불안의식, 피해의식 등이 가장 무섭고 힘들다. 자기 남편에게 혼나고, 모든 남자가 다 그렇다고 생각한다. 몸도 많이 쑤시고 아프다. 유용지신(有用之神) 丙火가 있으면 두려워할 필요가 없다. 丁火로 하면 안전사고를 주의하라. 丙火는 항상 체크하고 다 보이니 괜찮은데, 丁火는 항상 밤길을 걷듯이 조심해야 한다.

그러니 申酉月令은 전체적인 통변은 引火가 되지 않으면 수준을 낮추어라. 火가 없이 木만 있으면 두려워하지 마라. 火가 없으면 금다목절(金多木折)이고, 木이 없으면 금다화식(金多火熄)이다.

3. 酉戌月令: 辛金의 계절이다.

세상에서 가장 대인관계가 활발한 것이 辛金이고, 두 번째도 활발한 것이 乙木이다. 이 둘이 세상을 온통 흔들어 놓는다. 辛金의 손을 잡으면 빙글빙글 돌아서 손짓 발짓에 혼이 다 날아간다. 세상을 혼란하게 만든다. 乙木이 세상을 혼란하게 만드는데 이를 무성하다고 한다. 이는 辛金으로 乙木을 잘라야 한다. 그런데 丙火가 너무 많으면 辛金이 치어서 산다. 똑같은 것이다.

1) 중요한 것은 辛金이 多하면 세상을 어지럽히는 사람, 가짜, 짜가, 이런 것들이 금다수탁(金多水濁)이다. 망신, 음지의 직업, 전염병 등이다. 탁(濁) 자가 들어갔으니 세상을 어지럽히는 것이다. 사이비, 사기 이런 것과 같다. 金이란 자기 자신의 상품가치

는 나가는데, 지나치게 많아서 흙탕물처럼 壬水로 나갔으니 망신을 당한다.

그럼 이것을 해결해야 한다.
(1) 유용지신(有用之神)은 庚金으로 신상품을 내놔야 한다. 탁(濁)한 것을 조율하는 것은 모두 庚金이다. 그리고 제품성능을 향상시켜야 한다. 辛金이 좋은 것이라 내놨는데, 썩었고 가짜이니 庚金 신상품으로 품질을 향상시켜야 한다.

(2) 戊土로 해결할 수도 있다. 이는 다른 곳으로 도망가는 방법이다. 떴다방이라 한다. 36계(計)라고도 한다. 세상에서 가장 강한 해결법이 도망법이다. 그 자리를 떠서 다른 자리로 옮기는 것이다. 이렇게 두 가지 방법이 있다. 두 개가 있으면 둘 다 써도 된다.

금다수탁(金多水濁)을 요즘 말로 안티 발생, 클레임, 반품, 브레이크 걸림 등을 말한다. 막상 상품을 까보니 별 볼 일이 없는 것이다. 동네방네 소문났네. 고개를 들기가 어렵다. 이름은 쓰여 있지 않았지만, 누구네 집 물건인 것 같다고 소문이 난다. 은밀한 소문이 도는 것이다. 이를 金多水濁이라 한다. 그러니 모두 재고품이라 팔리지 않는 것이다. 金多水濁이란 물건은 쌓였는데 팔리지 않는 것이다. 이건 추수해놓은 것이니, 완성해놓은 물건이니, 재산적 손해가 많은 것이다.

2) 반대인 수다금침(水多金沈)은 물건이 없는 재고품이다. 해결방법은 庚金이다. 庚金이 없으면 戊土가 있건 없건 도망가야 한다. 야반도주해야 한다. 날짜 잡고 도망가면 들킨다. 그리고 이름도 바꾸고 살면 된다. 戊土가 있으면 도망갈 곳이 있어서 간 것이고 없으면 그냥 간 것이다. 그러니 결국 수다금침(水多金沈)은 부도이다.

가짜와 안티가 있어도, 그 안티가 생기는 것이나 팬이 생기는 것도 印劫 + 財이다. 그러니 印劫이 財星을 봐야 한다. 財星을 봤으니 爭財가 발생하니 안티가 생기고 안티가 발생한 만큼 내 식구가 생기는 것이다. 六神으로 印劫 + 財이다(예: 辛金 日干이라면 戊庚 → 甲).

그리고 辛金의 金生水다. 그럼 金生水는 잘 팔린다는 것인데, 그것이 아닌 금다수탁(金多水濁)이나 수다금침(水多金沈)을 해서 이상한 짓을 해야 한다.
그럼 金多水濁하거나 水多金沈하면 망신을 당해서 재기할 수 없는데, 재활하려면 庚金이 있어야 한다. 그러니 印星과 劫財 그리고 財星이 있어야 하고, 水多金沈과 金多水濁 되면 庚金이 있어야 한다고 생각해라.

3) 화다금소(火多金銷)가 된다. 火가 旺하면 辛金이 금소(金銷)가 된다. 그럼 폐기물이라 한다. 가치 폐기, 가격 폐기, 무효라 한다. 이건 아주 큰일이다. 10억짜리 건물을 사느라 3억을 대

출받았는데 집값이 1년 후에 7억으로 떨어졌다. 그럼 대출을 갚으라고 한다. 그럼 빚이 6억이 되는 것이다. 현상이 그런 것이다. 가치하락이다. 기업 임원을 하다가 퇴직하면 어떤 사람은 다시 임원으로 가고, 어떤 사람은 월 1천만 원 받다가 퇴직했는데 갈 곳이 없어 아파트 경비를 서는 사람도 있다. 화다금소(火多金銷)가 되면 이런 일이 벌어진다.

가게에 물건을 많이 비축해놓아야 장사가 되는 집이 있는데, 미안하게도 반품이 안 되는 물건이 있고 반품할 때 반값만 인정하는 물건도 있다. 폐업할 때 잘못되는 현상이 바로 丁火 辛金이 壬水가 없을 때 이런 현상이 벌어진다. 午未月令에 壬水가 있으면 방어력이 생기니 문제가 없다. 그런데 酉戌月令도 망하지 않으려면 壬水가 있어야 한다. 火多金銷는 가치하락, 폐업, 처분이다. 팔 수 없어서 폐업하는 것이니 처분이라 한다.

주의할 점은 몸이 아프면 치료가 안 된다. 복구가 안 되기 때문이다. 그리고 낙상 조심, 壬水가 안전장치인데 壬水가 없으면 낙상을 조심해야 한다. 갑자기 땅이 무너질 수가 있다. 그런데 丁辛이 壬水가 없으면 꼭 위험한 짓을 한다. 각종 안전사고를 조심해야 한다. 차라리 죽으면 좋은데 죽지 않고 처분이 되면 참 힘들다. 壬水는 방어력이다. 그러니 망하지 않으려면 壬水가 꼭 있어야 한다. 그럼 살아가는 방법은, 화다금소(火多金銷)가 되었으면 壬水가 없으면 처리할 방법이 없다. 딱 하나 방법이 있다면 빨리 망할수록 덜 손해 본다. 이것밖에 없다.

임상
丁戊己壬 坤
巳申酉戌 6

금다수탁(金多水濁), 화다금소(火多金銷)가 안되니 病藥이 없다. 그러니 실업자급에 들어간다. 그럼 억지로 病藥을 찾아내야 하니 지장간에 金이 많으니 金多火熄이다. 그럼 할 일은 많은데 재능이 부족하다. 급수를 낮춰라. 판사를 하려 하지 말고 변호사를 해라.

申酉月令은 급수만 낮추면 아무 문제가 없다. 처방이 급수 낮추기이다. 下向하기. 이렇게 말하면 듣는 사람, 안 듣는 사람 있다. 木이 약하게라도 있으면 말을 안 듣는데, 위 사주 木이 아예 없으니 잘 들을 것이다. 그러니 최소한 연탄재에 불붙이는 무모한 일은 하지 않는다. 그런데 급수를 너무 낮추면 안 되는 이유가 壬水가 있다. 방어력과 안전장치가 되어 있으니 한가한 사주다. 고시를 봐야 한다.

4. 亥子月令

'내가 보기에' 잘나가는 시장이 열려 있는 것이다. '나도 저 시장에 참여할 수만 있다면 잘 먹고 잘살겠지' 하고 착각해서 사기당하는 것을 조심해야 한다. 그럼 방어력이 있으려면 戊土를 가지고 있어야 한다. 戊土가 있으면 다 같이 보기에 알맞은 시장이 섰다. 戊土가 없으면 내가 보기에 참여하면 부자가 될 것 같은 시장에 서 있다. 그러니 잘못될 확률이 매우 높다는 것이다. 戊土가 있으면 알맞은 시장이다. 亥中의 戊土는 쓸 수가 없다. 亥子월생에 戊土가 없는 사람치고, 거의 다 돈을 떼여보지 않는 사람 없다.

巳午月令도 마찬가지다. 戊土가 방어하지 않으면 안 된다.

사기당할 수가 있다. 戊土가 알맞은 시장이라고 생각하면 된다. 그런 다음 필요한 것을 한다.

1) 水多하면 金沈한다.

알맞은 시장인데 팔 재능이 없는 것이다. 그럼 팔려가야 한다. 시장은 알맞은데 金이 너무 미약하다. 戊土가 없으면 이런 일이 벌어진다. 그래서 용병이 되거나 용역이 되거나 점원이 되거나 해서 팔려가야 한다. 과거에는 보부상이 된다고 했다. 요즘은 보따리상이라 한다. 밀수한다는 말은 하면 안 된다. 알고만 있어야지 절대 말을 하면 안 된다. '세탁소 하시나 봐요', '돈세탁, 환전 전문가 같아요', '환율 조작 같은 거 하시나 봐요' 이런 말은 하면 절대 안 된다. 水多金沈은 못 먹어도 한 방 하려고 한다. 보따리상을 해도 거기에 밀거래, 환치기 등 많은 불법을 할 수 있다. 요즘은 호객행위가 없어졌다.

수다금침(水多金沈)이니 환심 수법을 사용하고, 陰地의 기법에 능한 자들이라 한다.

그러니 대체로 辛金이 그렇게 똑똑한데 욕망에 아주 어리석어지는 것이다. 노인을 상대하는 약장사, 에너지가 나오는 침대 등 음지의 기법으로 기막히게 잘 산다. 불법 성형 기법, 각종 에이전시 등 사람들의 정신을 혼미하게 하는 기법들이 있다. 요즘은 글로벌하게 한다.

수다금침(水多金沈)이 조심할 것은 天干 辛金 運에 들통날 수 있으니 조심해야 한다. 水多해서 金沈이 된 여자가, 예쁘게 차려입고 나왔어도 남자일 수 있으니 조심해야 한다. 위장 전술에 뛰어나다. 세금도 안 내고 최고다. 만약 인다관설(印多官泄)이 이러면 최고다.

가짜 목사, 가짜 스님 등 세금 도둑의 왕이다. 土가 없으면 그런 것이다. 조심해야 한다. 국경 근처 마을을 말하는데 우리나라는 이태원이 가장 큰 국경이다. 좀 있으면 평택도 국경도시가 된다.

2) 금한수냉(金寒水冷)이다.

戊土가 없으면 金寒水冷이 되고, 金水가 많으면 金寒水冷이 된다. 水가 얼어붙었다는 뜻이다. 戊土가 있고 金生水가 되면 보온이라 한다. 戊土가 없으면 金寒水冷인데, 이런 경우는 결빙 현상에 의해서 보관 효과, 저장 효과, 숙성 효과, 창고 효과, 시세차익 효과, 투자 효과 등인데 이런 효과가 나타나지 않는 것을 말한다. 결빙 현상 때문에 효과가 없다. 戊土가 있으면 金寒水冷이 안 된다. 이는 저장 효과라 한다. 戊土가 없으면 매점매석 효과가 나타나지 않는다. 그리고 시간이 지나면 가격이 더 올라야 하는데, 이런 것이 나타나지 않는 것이다. 戊土가 없을 때 그런 것이다. 방어력이 없어진다.

午未月令에도 壬水가 없으면 온갖 환란이 생기지만, 酉戌月令도 壬水가 있어야 살아나는데 壬水가 없으면 모두 폐기가 되니 환란이 일어난다. 酉戌月令에 壬水가 없으면 금반지도 똥값이 되지만 壬水가 있으면 똥도 귀하게 쓴다.

그러나 亥子月令은 戊土가 생명줄이다.
그러니 亥子月令에 戊土가 있어야 결혼을 늦게 해도 제 가격이 유지된다. 그럼 戊土가 없는 사람의 해결 방법은 농산물을 추수 전에 통째로 팔거나, 직거래 등을 해야 한다. '말려서 팔 거야', '건어물로 팔 거야' 이런 것을 하면 안 된다. 무조건 통째로 팔거나 도매를 해야 한다.

임상
癸癸丁庚 坤
丑卯亥午 9

亥子月令이니 金寒水冷과 水多金沈을 조심해야 한다.
壬水 투간이 없으니 水多金沈은 아니다. 그러나 金寒水冷이 병이 될 수 있다. 원인은 戊土가 없기 때문이다. 장기 저장 효과가 떨어지는 사람이다. 水多金沈이 있었으면 값나가는 인재가

될 수 있다. 이 사주는 水多金沈이 아니라 일반값이라 생각하면 된다. 위 사주는 金寒水冷으로 자기 능력을 크게 써먹지 못하고, 저장 효과가 부족하다. 오래되었다고 잘나가는 게 아니다. 저장 효과가 부족하다.
 골동품 가격이 나가는 것은 金寒水冷에는 戊土가 있어야 한다.

 해결책은 해동(解冬)시켜야 한다. 해동을 시키려면 東南方운으로 가면 인덕을 본다. 그것도 안 되면 자기가 힘들게 먹고 살아야 한다. 자기를 가만히 두면 가격이 올라가는 것은 金寒水冷에 戊土가 있으면 가치가 계속 올라간다. 손상시키거나 죽지 않고 있으면 가격이 올라간다.
 丙火는 調候用神이니 여기서는 필요하지 않다.
 病藥에는 戊土가 필요하지 丙火가 필요한 게 아니다.
 辛丑年 辛金운에 들어오니 춥다. 가서 자격증을 따라고 하면 된다.

 逆運으로 평생 날씨가 추워서 인덕을 볼 수 없으니 방법은 국가자격증을 따야 한다. 추위가 해결이 안 된다.
 위 사주 병이 있는데 약이 하나도 없다. 이때 日干이 根弱하면 국가자격증을 따려 하지 않고 걱정만 하게 된다. 天干에 丙火나 壬水가 없으니 조후는 계절만 보는 것이다. 丁火는 調候用神이 아니다. 위 사주는 水冷이다.

임상

辛丙辛己 乾
卯寅未丑 4

午未月令에 壬水가 없으면 일단 병에 걸릴 수가 있다.
金이 있으니 火剋金을 해야 한다. 그러려면 引火로 木生火를 해야 한다.
亥子月令의 약은 戊土, 酉戌月令은 壬水, 午未月令은 壬水, 申酉月令은 제발 급수를 낮춰라.

壬水가 없으니 병에 걸릴 수 있다. 그럼 병증을 찾아내야 한다. 天干에 木이 없으니 火多木焚은 안된다. 그럼 전에 있던 경력이 사라지지는 않는다. 다음에 火多土燥를 해야 한다. 丑중의 癸水가 있다. 그럼 火多土燥가 될 수 있다.
天干은 머리가 안 돌아가지만 地藏干은 몸이 안 돌아간다. 金을 製鍊해야 하는데 火多金銷도 없다. 金이 왕한데 火剋金을 丁火가 아닌 丙火로 하니 잘 안 된다. 그럼 낮추어야 한다. 그런데 未中의 乙木이 있으니 연탄불을 놓고 불을 피운다. 그럼 낮출 줄 모른다. 낮추지 않으면 낮아지는 것이다. 그러니 상향하려는 것은 문제가 발생한다.
아직 어린 학생이라 해줄 말이 없다.

참고

1. 재다신약(財多身弱) 사주 보는 법

財格의 財多身弱은 官이 억부용신(抑扶用神)으로 미관말직이라 해서 공무원으로 취직하면 된다. 그러나 傷官格의 財多身弱은 官을 抑扶用神으로 쓰지 못한다. 그러니 소속을 정하지 못하고, 자기가 독립해서 뭔가 하려고 한다.
그런데 財星이 天干에 있으면 나이가 들면 부인에게 권력을 넘겨야 한다.

남자 사주에 財星이 天干에 있고 財星의 根이 地支에 튼튼하게 있는 사주들은 집안 살림을 부인이 책임져야 한다. 여자 사주에도 財星이 透干되어 있으면 자기가 가장이 되어야 한다. 남편은 한량이 된다.

財格의 抑扶用神은 官殺이다. 그러니 소속을 정하거나 직장을 다니고 공무원을 하는 게 대다수이다. 그런데 食傷格의 財多身弱은 官殺을 剋하게 되니 官殺을 抑扶用神으로 쓰지 못한다. 그러므로 자기가 반드시 업(業)을 일으키고, 책임자는 부인을 시켜야 한다. 부인이 사장이 되고 자기는 직원이 된다.

官殺格의 財多身弱은 부인이 남편의 신분을 뛰어넘고 아랫사람이 윗사람의 신분을 뛰어넘는다. 부인이나 자식 밑에서 일하거나 나이 어린 상사 밑에서 조직 생활을 하는 것이다. 官殺格은 이미 格 자체가 抑扶用神이 된 것이다.
부인이나 자식을 위로 올려놓고 자기가 밑에서 일하거나, 나이 어린 상사를 모시고 일한다고 생각하면 된다. 미관말직으로 살라는 것이다.

印星格의 財多身弱은 官이 抑扶用神이다. 食傷을 통제해주므로 官殺을 抑扶用神으로 잘 쓸 수 있다. 그러므로 교육직, 프리랜서 용역직으로 어울리며, 지적 능력을 통한 컨설팅이나 에이전시 능력의 소유자다. 印星格은 財多身弱이 되어도 부인에게 권력을 넘기지 않는다. 이혼이 허다하다.

財星이 日干을 身弱하게 하지 않는 사주는(예: 無財사주), 미관말직을 할 수가 없어서, 또한 집안에서도 미관말직을 할 수가 없어서 독선적인 삶을 살아간다. 부인에게 권력도 넘겨주지 않고 직장생활도 하지 않으려고 한다(陽刃格과 建祿格은 財多身弱이 존재하지 않는다).
財星이 日干을 身弱하게 해야 財星에게 권력을 빼앗긴다. 無財 사주는 절대 부인에게 권한을 양보하지 않는다. 양보해야 하는데 하지 않는 것이 문제이다.
가장 나쁜 궁합 중에서, 한 사람은 財星이 天干에 뜨고, 한 사람은 天干에 財星이 안 뜬 사람이다. 財星이 뜬 남편은 부인에게 권한을 주려고 하는데, 여자가 天干에 財星이 안 뜨면 경제권을 가지고 가라고 해도 절대 안 가져간다.

財星이 없으면 印星이 왕해진다. 그럼 食傷生財를 철저히 통제해버린다. 그럼 자기 기분 내키는 대로 행동하게 된다. 대개 이런 사람들이 하는 말은 자기는 많이 참는다고 한다. 그러므로 財星은 꼭 있어야 하는 것 중의 하나다.

구몰(俱沒)은 삼족(三族)을 멸하니 집안 3대가 다 조사를 받는 것이다. 爭財이니 자식으로부터 시작된다. 財星은 자식 이야기부터 시작한다. 財星은 내 자식의 사회활동이다. 比肩이 財星을 치면 '가까운 이웃들이 내 자식의 사회활동을 막다'가 爭財이다.

2. 여자가 남자를 대신하는 이유

1) 인다관설(印多官洩): 무능의 이유, 신체 부실의 이유로 남편이 편찮으시다. 그래서 여자가 남자를 대신해서 생존경쟁을 한다. 지체가 높고 부자인 남편을 만나면 3년을 가지 못한다. 남자가 부자이면 망하는 폭이 크다. 없는 사람 만나기를 권장한다. 무능과 건강 때문에 남자를 대신해서 여자가 책임진다.

2) 식상태과(食傷太過) 官殺 弱: 공동관계로 출발하였으나 현장 일의 99%를 부인이 한다. 일은 같이 하는데 남편은 모자에 선글라스 끼고 골프나 치러 다닌다. 여자는 노예처럼 다 해낸다. 대개 부인이 남편을 존경한다.

3) 財多身弱: 남편의 처세술이나 경영 능력 부족에 의하여 어쩔 수 없이 부인이 앞으로 나서게 된다. 남녀 모두 財多身弱은 여자가 생존능력을 책임진다. 결국 부인이 나서서 주인 노릇을 하게 되어 있다.

4) 身太旺: 남편의 태도와 직업능력과 상관없이 자기가 좋아서 일한다. 남편이 잘나가는데도 자기가 알아서 하는 것이다.

5) 살중신경(殺重身輕): 주먹, 폭언, 욕설, 폭력 등을 견디지 못하니 나가서 일하는 게 낫다고 생각하여 남편 대신 생존경쟁에 참여한다. 요즈음은 이것이 통하지 않는다.

백발백중은 印多官洩에 무재(無財) 사주다. 財星이 있으면 언젠가는 남편이 살아난다. 지금까지 말한 건 편중된 사주다. 남녀 모두 편중된 사주는 여자가 일하게 된다.

편중(偏重)인데 편중이 안 되는 사주가 있다.
食財官, 官印比, 比食財, 印比食과 같이 3개가 똘똘 뭉쳐서 相生으로 돌아가는 것이다. 2개만 합쳐진 것은 편중된 사주다. 이건 다른 해결점은 없다. 여자가 일하고 남자는 노는 것이 해결점이다.

6) 日干이 身太旺해서 食傷을 방해하는 경우가 있다.
이럴 때는 할 수 없이 남자가 살림하고 여자가 일해야 한다. 이건 無財 사주와 無印星 사주에게는 있을 수 없는 일이다.
① 食傷이 日干에 의해서 정지당했을 때
② 食傷이 印星에 의해서 정지당했을 때 여자가 일하고 남자는 살림해야 한다.

토다금매(土多金埋)로 戊土日干에게 辛金이 埋金되니 내 문제로 역할이 없다. 내가 스스로 食傷을 묻어버렸으니 食傷을 써먹을 수 없다.
印星이 지나치게 旺하고 食傷이 무력할 때도 내 생각이 내 행동을 묻어버렸다. 이때는 할 수 없이 남자가 살림하고 부인이 사회생활을 해야 한다. 이것도 요즈음 얘기지 옛날에는 말도 안 된다. 옛날에는 이럴 때 속세를 떠난다고 했다.

지금까지 모두 계절별 病藥용신이다. 이 외 시간과 시기를 초월한 病藥용신도 많다.

7) 戊己土의 병약(病藥)
戊土는 높다, 막다, 두텁다. 이걸 구분할 줄 알아야 한다.
丙火를 보면 戊土가 높다. 壬水를 보면 막다. 癸水나 丁火를 보면 戊土가 두텁다고 한다.
똑같은 戊土가 아니라 무슨 五行을 가지고 있느냐에 따라 처리할 줄 알아야 한다. 산 아랫마을에 있으면 산이 높다. 바다에 있으면 산이 막다.

모래 백사장에 있으면 土가 두터운 것이다. 모래 백사장을 걷어내야 싹이 난다. 戊土가 두터워도 무너질 수 있다. 癸水가 많으면 땅이 물을 먹어서 허물어진다.

己土가 비습(卑濕)하지만 濕氣가 지나치면 무너져서 밟으면 발자국이 생긴다. 그런 것도 감안해서 보아야 한다.

戊己土의 病藥이 왜 중요하냐 하면, 오늘 다르고 내일 다르니 시시각각 변화하는 어제와 오늘 대처하는 방법이 들어가 있다. 이것이 燥濕이다. 한난조습(寒暖燥濕)이란 시화(時化)의 변화를 해결해주는 것이 戊己土인데 이들이 잘못되면 울타리가 끊어진 것과 같다. 亥子월의 戊土는 방파제이니 방어를 위한 것이다.

나중에 寒暖燥濕이 지나가는 病藥을 또 해야 한다.

14 유용지신 (有用之神)

格에 대한 有用之神을 볼 때 내가 속한 환경이 유용하게 되어 있나를 보는 것이라면, 日干에 대한 有用之神을 별도로 논하게 되는데 이는 각 개인이 자기 환경에 적합하게 대처하고 있는가를 보는 것이다.

1. 순용(順用)

1) 正官格이라면 格에 대한 有用之神은 正財지만, 日干에 대한 有用之神은 正印이다. 그럼 格에 대한 유용지신은 正官이란 환경에 맞게 구성되었나를 보는 것이라면, 日干에 대한 유용지신은 내가 속한 환경에 유용하게 대처하고 있느냐? 대응 능력을 갖추고 있느냐를 보는 것이다.

2) 正財格의 有用之神은 正官이 먼저이다. 자신을 지켜야 하기 때문이다. 日干의 유용지신은 正印으로 되어 있어야 한다. 格에 대한 有用之神은 내가 속한 환경을 유지할 만한 것인가? 日干의 有用之神인 正印은 내가 속한 사람들을 책임지는 기품을 가졌는가? 책임감이 있느냐? 이다.

3) 正印格의 有用之神은 正官이다. 내 능력에 대한 적합한 실력을 갖췄는가? 내 능력을 발휘할 환경을 만났는가?

日干의 有用之神은 劫財를 갖추어야 한다. 개인기를 연출할 재능을 갖췄는가 보는 것이다. 劫財는 나의 재능을 공유할 수 있는 대인관계를 가졌는가? 혹은 독립팀을 구축하는 능력이다.

4) 食神格은 格에 필요한 것이 比肩이다. 누군가를 위해서 내가 위해주어야 할 사람, 내가 구해주어야 할 사람이 있는가? 내가 보살필 사람이 있는가이다. 그러니 根旺해야 한다. 日干의 有用之神도 比肩과 根에 있어야 하는 것이다. 比肩은 다른 사람을 설득하는 것으로 필요하지만, 根은 자기 실력이 있어야 한다. 根이 없으면 殺을 制할 수 없으니 다른 생명을 앗아간다. 의료사고 같은 것이 벌어진다.

5) 偏印格은 偏官이 있어야 자기가 만든 실력이 쓰이는 곳이 있는 것이다. 日干도 比肩으로 身旺해야 하고 根으로 身旺해야 한다. 쓰이는 곳은 比肩은 다른 사람을 설득하는 것으로 쓰이고, 根은 자기 실력을 갖추는 데 쓰인다.

根이 없으면 자기 실력이 없으니 남의 실력을 차용해야 한다. 根이 없으면 倒食이 되니 자기 잘못이나 실수가 벌어지는 것이다.

6) 偏財格은 偏官이 있어야 한다. 보호를 받아야 하기 때문이다. 침입을 막기 위해서 보호구역이 설치되어야 하는 것과 같다. 日干은 比肩을 갖추어야 한다. 이것도 根과 같다. 比肩은 다

른 사람을 설득하는 실력을 갖추는 것이고, 根은 자기 실력을 갖추는 것을 말한다. 대체로 比肩과 劫財는 설득 능력을 갖추는 것이다.

가령 食神格이 比肩 運에 왔다면 환경을 만들 運이다.
比肩이니, 환경이 만들어지는 運이니 내가 구해줄 사람이 생긴다는 뜻이다. 根運이 오면 고유한 자기 실력을 만드는 運이다. 格을 이야기하는 건 직업을 의미하는 것이다.

正印格이 劫財運이 왔다면 자기 개인적인 독립팀을 구축해야 한다. 사회적으로 무엇을 마련하려면 官運이다. 官運이 오면 직업적 환경을 구축하는 運이다. 이때 잘못되면 직업적 환경이 무너지고, 잘 되면 직업적 환경이 구축된다. 格에는 吉凶이 분명한 구역이다. 환경이기 때문이다.
日干은 吉凶이라기보다는 자기가 성실하냐 불성실하냐의 문제이다.

偏印格에 比劫運이 오면 사람들을 설득할 運이다. 그럼 짜증 날 일이 생긴다. 그럼 설득할 運이라 해야 하나, 짜증 날 운이라 하느냐 구분하는 것이 調和와 調候에서 나타나는 것이다. 偏官 運이 왔다면 자기 재능에 대한 환경이 마련되는 것이다. 이때 吉凶이 생기는 것이다. 도저히 이 환경에서 살겠다. 못 살겠다는 것이 생긴다. 그러니 格에서 길흉을 설명하고, 日干은 자기의 성실과 불성실을 의미하는 것이다. 이때 吉凶은 내가 만드는 것이다. 格에서는 吉凶을 환경에서 만들어내는 것이다.

正印格이 正官運에 오면 자기가 배운 것에 대한 쓰임이 나타나는 운세이다. 쓰임이 생긴다는 운이다. 그리고 比劫 運이 오면 설득력으로 개인기가 통하는 자기 팀을 구축하고 자기 영역을 구축하는 것이다. 단어의 적용 방법에 따라 다르지만, 생각의 폭을 계속 넓혀나가야 한다.

2. 역용(逆用)

1) 傷官格은 有用之神이 正印이다. 日干에게 필요한 것은 劫財로 旺해야 한다. 그리고 傷官格은 根旺하면 안 된다. 왜냐하면 내가 나를 인정하는 것이 아니라, 남이 나를 인정해야 하기 때문이다. 내 편이 나를 인정하는 것이 아니라 다른 편이 나를 인정해야 한다. 범죄자를 잡으면 범죄자가 인정하거나, 외부 사람이 인정해야 한다.

劫財가 나를 인정한다는 것을 이해해야 한다. 이를 차별화된 실력이라 한다. 逆用격은 항상 이도(異道)를 할 수 있다. 正財가 傷官을 살릴 수 있는 것이다. 전통적으로는 正印을 좋지만, 현대 사회에서는 正財가 더 좋은 것이다.

2) 偏官格은 食神이 有用之神이다. 逆用格의 有用之神은 항상 자격조건이 된다. 모두 남이 나를 인정해주는 자격조건이다. 이

도(異道)는 내가 나를 인정하는 자격조건에 들어간다는 뜻이다. 偏官格이니 日干은 比肩으로 旺해야 한다. 比肩이란 경쟁 실력이고, 根으로 왕한 것은 자체 실력이다. 인명과 재산을 구하는 마인드를 가져야 한다. 根이 있어야 하는 이유는 힘든 일을 견뎌야 하기 때문이다. 실력만으로는 안 되기 때문이다.

3) 陽刃格은 偏官이 有用之神이다. 최근에는 化 正官을 有用之神으로 써먹을 수 있는데, 통변 때만 써야지, 강의에서 이론으로는 이런 말을 하면 안 된다. 요즘은 나라에 큰 위기가 없었기 때문에 이런 말을 써도 되는 것이다. 하지만 比肩으로 이도(異道)를 할 수도 있는 것이다. 食神生財로 써먹는다.

日干은 偏印으로 身旺을 이루어야 한다. 根이 왕한데 또 身旺하냐고 하면 안 된다. 月令이란 天時를 얻은 것이다.

偏印으로 身旺을 얻어야 公的인 마인드를 갖는 것이다. 이는 자기희생을 통한 公的인 삶을 중요하게 생각하는 위엄이 된다.

4) 建祿格은 正官이 有用之神이다. 正官은 자격조건에 해당한다. 이도(異道)로서 劫財가 透干되면 개인이 자격조건을 인정해서 개인화된 것을 말한다. 日干은 正印으로 身旺해야 한다. 그래야 어리석은 사람을 인도하는 기품이 있다.

이것이 格마다 필요한 有用之神이다.

월령별 太過不及 두 개씩 16개, 格局의 有用之神, 국세(局勢)의

편중(財多身弱 등)을 모두 따로 정리해두어야 한다. 앞은 나를 만들다. 뒤는 나를 쓰다. 계속 연습해야 한다.

가령 子丑月令이면,
當令의 有用之神: 癸(전체환경에 맞는 환경 적합성)
준비된 실력: 辛癸(先이니 이건 사주에 있어야 쓴다.)
만약 사주에 없는데 運에서 오면 바꿔서 다시 시작해야 한다. 있는데 오면 더 업그레이드다.

後는 개인별 활용 적합성, 활용하는 능력: 癸甲(後이니 이건 運에서 와도 쓴다.)
사주에서 있어야 쓰는 것과 運에서 와도 쓰는 것을 구분할 줄 알아야 한다.

(1) 子丑월의 癸水 當令의 有用之神은 辛癸, 癸甲이다.
앞엣것(辛癸)은 배우다. 뒤엣것(癸甲)은 쓰다.
앞은 실력, 뒤는 능력, 앞은 준비, 뒤는 활용이다.
합해서 辛癸甲이다.
辛癸 무엇을 배웠는데? 癸甲 무엇을 썼는데? 항상 연결해서 생각해야 한다.

비교에는 품질, 재능등급, 실력의 정도가 있다.
품질 등급은 수원(水源)과 윤택(潤澤), 소토(疏土)다.
수원(水源)은 유전인자가 좋다.

윤택(潤澤)은 주변 환경을 잘 만나서 좋다.
소토(疎土)는 개인 노력이 빛난다. 성품이 좋아야 한다.

(2) 寅卯월의 甲木 當令은 癸甲, 甲丙이다.
앞은 항상 준비력, 배우다, 실력을 쌓다, 이고, 뒤는 능력, 활용하다, 배출하다, 이다. 水生木과 木生火를 따로따로 설명해야 한다. 품질 등급은 수원(水源)과 소토(疎土)이다. 水源은 스승을 잘 만난다. 疏土는 개인 노력이 빛난다. 여기서는 공부를 잘해야 한다.

癸水가 當令이면 지나간 己亥年은 己癸 윤택(潤澤)이었다. 그럼 주변 환경이 좋아져서 자기 실력을 더 쌓는 것이다. 甲木이 있으면 己甲 소토(疎土)라 한다.

(3) 卯辰월의 乙木의 有用之神은 癸乙, 乙丙이다. 품질 등급은 원원유장(遠源流長)이다. 미래로 가는 것이다.
乙丙이란 발생(發生)은 시작이다.
乙丙戊, 發生이 되려면 세상에 맞게 행동해야 한다.
戊土는 간새(間塞)라 한다. 이는 차양(遮陽) 역할을 한다.
만약 戊土가 없고 乙丙만 하면 사회생활에 지쳐서 들어와 집에서 논다. 戊土가 있으면 어제 힘들었어도 오늘 또 나간다. 戊土가 없으면 지치니 간새(間塞)가 매우 중요하다. 間塞는 조직 생활을 잘하는 것이다.

(4) 巳午月의 丙火 당령의 有用之神은 乙丙, 丙庚이다.

乙丙庚이다. 子丑월에서 辛癸의 辛金이 출생(出生)하고, 巳午月의 丙庚에서 출산(出産)을 한다.

巳午月 품질 등급에서 원원유장(源遠流長)이란 庚癸 水源이 나오고, 간새(間塞)가 나오고, 단련(鍛鍊)이 나온다.

間塞는 소통을 잘해서 대외교류를 잘해야 한다. 卯辰월의 乙木의 間塞와는 내용이 다르다.

(5) 午未월의 丁火 당령의 有用之神은 乙丁, 丁庚이다.

품질, 재능등급에서는 벽갑(劈甲), 홍로(紅爐=丁己), 인화(引火 또는 引丁) 乙丁이다. 등급이 완전히 다르다.

(6) 申酉월의 庚金 당령의 有用之神은 丁庚, 庚壬이다.

재능등급은 인화(引火), 春節의 소토(疎土) 대신 秋節은 제련(製鍊)이 반드시 필요하다.

(7) 酉戌월의 辛金 당령의 有用之神은 丁辛, 辛壬이다.

재능등급은 引火인 甲丁이라 한다. 이때는 間塞(차양) 대신 제방(堤防)이 된다. 戊壬辛이다. 戊壬이 제방이다. 戊土로 잘 막아내야 좋은 상품을 구성한다.

(8) 亥子월의 壬水 당령의 有用之神은 辛壬, 壬甲이다.

재능등급은 引火가 잘 되어야 한다. 甲丁, 間塞 대신 堤防작용을 잘해야 한다. 戊壬甲은 전수(傳授), 제방(堤防)은 戊辛壬이다.

堤防은 저수지에 물을 가두듯이 상품을 가져다가 비축을 한다는 것이다. 이를 戊辛壬이라 하고, 이를 밖으로 내보내야 하니 戊壬甲이라 한다.

先이 있고 後가 있는데, 先은 원국에 준비되어 있어야 적합한 환경에 맞는 실력을 갖춘 것이고, 運에서 오는 것은 새롭게 갖추어야 하는 것이다. 後는 運에서 들어와도 능력을 충분히 쓸 수 있는 것이다.

子丑月令 癸水 當令은 辛癸甲,
寅卯月令 甲木 當令은 癸甲丙,
卯辰月令 乙木 當令은 癸乙丙,
巳午月令 丙火 당령은 乙丙庚,
午未月令 丁火 當令은 乙丁庚,
申酉月令 庚金 당령은 丁庚壬,
酉戌月令 辛金 당령은 丁辛壬,
亥子月令 壬水 당령은 辛壬甲이다.
사령(司令)이 아니라 당령(當令)으로 보는 법이다.

3. 日干의 성향

일간의 성향은 단점과 장점으로 구분해야 한다.
왕쇠강약(旺衰強弱)에 따른 성향이라 하는데 일간 각자의 성향도 있지만, 왕쇠강약에 따라 추구하는 바가 다르다.
그럼 劫財로 旺하면, 比肩으로 旺하면, 正印으로 旺하면, 偏印으로 旺하면, 根으로 旺하면을 먼저 구분한다.

다음은 根으로 旺하면 寅申巳亥 生支냐, 子午卯酉 旺支냐, 辰戌丑未 墓支냐에 따라 의미가 다르다. 그러니 모두 순서별로 정리해두어야 한다.

日干의 각자 성향이 있고, 旺衰强弱에 따른 성향이 있다.
日干이 根으로 旺하면, 官殺의 힘겨움을 견디는 힘과 그리고 財星을 개척하려는 도전정신과 食傷으로 生化하여 자기 재능을 현장에 활용하려는 행동력과 印星에 대한 환경 적합성보다는 능력을 개인화시켜서 쓰려는 독립정신이 강하다.

1) 日干의 根旺
견디다(官殺): 사람들은 거의 이 견디는 힘이 없어서 실패한다. 根旺하면 殺星이 있어야 견딘다.
개척정신과 도전정신이 강하다(財星).
실천 능력이 강하다(食傷).
독립적 성향이 강하다(印星).

2) 偏印으로 旺하면: 선악을 구별하는 기질을 가졌다(官殺이 있을 때).
전략과 모사적 기질을 지녔다(財星이 있을 때).

창의력과 저작 기질을 가졌다(食傷이 있을 때).

독립적 기질, 문화단체나 조직을 만드는 기질을 가졌다. 사설 기관 설립 기질이 있다(比劫이 있을 때).

보스기질이 있다(比劫이 있고 根旺하면).

이를 나쁘게 말하면 파벌을 만드는 기질이다. 더 나쁘게 말하면 뒷구멍으로 호박씨 까는 성질이다. 이런 식으로 설명하는 것이다.

3) 正印으로 왕하면 환경에 적합하게 따르는 것이다.

財星을 만난 正印은 자중지란으로 자기편끼리 싸우는 것이다. 고부갈등, 좌보우필(左補右弼)의 다툼이다. 상하나 장유유서(長幼有序)가 잘못되는 것이다.

창의와 저작, 행위예술, 교육 문화 예술이라 한다.

요즘 용어로는 콘텐츠 구축이라 한다.

4) 比肩으로 旺하면 대행하다.

官殺을 보면 대행사업을 하는 대행적 기질이 있다.

① 比肩으로 旺한데 財星을 보면 동업, 공동 작업을 하는 팀을 만든다. 개인이 아니라 팀이다.

比肩은 財星을 볼 때 조합을 만들거나 공동 작업을 하는 팀을 만든다. 동업이라 하는데, 요즘은 동업이란 말을 하지 않고 공동 작업, 팀 작업이라 한다. 개인이 아니라 팀을 구축하는 것이다. 그러니 比肩의 대행은 소속 대행이라 하기도 하고 직영점,

또는 족벌체제라 하기도 한다.
② 比肩이 食傷을 봤으면 인력사업이 된다. 인력활용, 인력투입이니, 사람을 말하니, 팀이나 조직이 아니라 개인이다.
③ 比肩이 印星을 보면 콘텐츠 구축, 브랜드 구축, 권리확보를 말한다.

5) 劫財로 왕해도 대행인데 독립 대행이고, 比肩 대행은 소속 대행이다. 그래서 劫財는 대리점이라 하고, 比肩은 직영점이라 하고 족벌체제라고 하기도 한다. 그러나 劫財는 족벌이 아니라 독립이다.

① 劫財가 財星을 만나면 팀을 구축한다.
② 劫財가 食傷을 만나면 용역사업이라 한다(프리랜서, 인력).
③ 劫財가 印星을 만나면 권리확보가 아니라, M&A, 투자관리를 통해서 자기 것을 만든다.
劫財가 正印으로 旺하면 根이 있나 봐야 한다. 그럼 根의 성향을 가지고 하는 것이니 자중지란이라 한다.

6) 偏印으로 왕한데 劫財가 오면 사설기관을 설립할 運이다. 사설기관을 설립하려면 根이 偏印보다 더 旺해야 한다. 偏印이 根보다 더 왕하면 사설기관에 편입되었다고 한다. 용병이라 한다.

이것으로 月運도 보고 日辰으로도 본다.
① 偏印으로 旺한데 食傷 日辰이라면 창의, 저작, 제작하는 運

이란 뜻이다. 창의력이나 깨달음을 아는 것이다.

② 日干이 劫財로 旺한데 偏印 運에 왔다면 M&A 운이라 한다. 다른 영역에 가서 합병을 하는 것이다. 공간영역 합병, 劫財이니 겁탈에 가깝다. 그러나 根이 旺하지 않으면 겁탈을 당하는 것이다.

// 15 //

당령(當令)의 상생식

1. 當令별 有用之神과 재능의 등급
2. 格局별 有用之神
3. 월령(月令)별 태과불급 정리(16종)
4. 국세(局勢)별 태과불급(太過不及)(재다신약(財多身弱), 살중신경(殺重身輕) 등 5개
5. 각 개인(日干)별 활성도

이것이 잘 정리되어 있어야 사주 볼 때 도움이 많이 된다.

위 다섯 가지 중 한 가지로만 잘 봐도 된다. 하나의 전문성을 만들어야지, 그렇지 않으면 처음에는 헷갈리게 된다.
有用之神을 이야기하는데 태과불급(太過不及)을 논하거나, 格局 이야기를 하는데 當令별 有用之神을 말하는 사람이 있다. 格局 이야기를 하는데 日干 이야기를 하는 것이다.
그러니 왜 하는 것인지 5가지를 정리해놓아야 한다.

1) 戊土

① 丙火: 내부현실에 맞게, 사람의 요구에 맞게 운영하다.
② 壬水: 외부현실에 맞게, 고객의 요구에 맞게 경영하다.

2) 丙火(戊丙)

① 乙木: 인력관리, 대인관계 소통 원활

戊土가 세상만사 모든 것을 조율하는 왕이다. 그러려면 丙火를 보아야만 모든 것에 맞게 운영을 잘할 수 있다.

戊土와 丙火가 있어야 甲木과 乙木으로 넘어가는 것이다.

② 甲木: 각 개인별 재능 향상, 乙木은 전체를 말하고, 甲木은 개인별이다.

나중에 사주 볼 때 戊土를 써놓고 丙火가 있으면 누구다, 누구다, 하고 점만 찍으면 된다. 戊土 하나만 가지고 말해도 된다. 그런데 戊土가 태산처럼 높아서, 丙火를 가리고, 乙木을 고초(枯草)시키고, 甲木도 인정하지 않고, 癸水는 흐르지 못하게 막아서 썩게 만들 수도 있다.

3) 癸水(戊癸)

창의와 창작 및 새로운 기획, 연구 개발, 아이디어 등을 중요하게 여겨서 항상 새로움에 도전한다.

일단 여기까지 다 있으면 모두 실천해야 하니 인생이 피곤한 것이다. 없으면 없을수록 편하게 살 수 있다.

4) 壬水(戊壬)

① 辛金: 물품 및 상품기획 관리, 고객관리

② 庚金: 各 개인의 전문직화, 전문 교육 및 훈련을 중요하게 여긴다. 왜냐하면 壬水의 경영 때문에 그런 것이다.

5) 丁火(戊丁)

신기술 도입 및 신개발을 통한 새로움에 도전한다. 癸水와 똑같다. 여기까지 戊土다.

亥子月생이 戊土가 있으면 시장이 있는 동네에 산다는 뜻이다. 그건 내가 할 일이 아니다. 그러나 壬水가 있으면 내가 만들어야 한다. 辛金이 있으면 상품계획도 하고, 庚金이 있으면 열심히 훈련해서 전문가가 되고, 또 전문가 양성을 하도록 노력해야 한다. 丁火가 있으면 신기술과 신개발을 통한 새로움에 도전하는 것이다.

壬水라고 해서 辛金과 庚金만 있어야 하는 게 아니라, 乙木이나 甲木이 있어도 관계가 없다. 그래서 '나는 어디에서 사느냐' 해서 戊土와 辛金을 연결하고 庚金을 연결하면 이것이 이 사람이 평소에 해야 할 일인 것이다. 壬水 동네에 살면서 辛金과 庚金을 하는 것이다. 戊土라는 세상에 맞추어서 내가 해야 할 일이다. 戊土가 있으면 癸水도 해야 한다. 방패처럼 연결해서 모두 해야 한다.

사람이라면 누구나 최대한 네 개가 있어야 한다.
壬水에 辛金 庚金이 있는데 丁火는 없고 癸水가 있다면 이과(理科) 성향이 문(文)만 연구하는 것이다.
이것이 戊土로 보는 방법이다. 戊土는 하나의 형상체인데 추상적 개념이다. 큰 틀로 시대가 흘러가는 하나의 시간적 개념이다. '그 시간 동안 너는 뭐 하면서 살래?' 하는 것이다. 이걸 六神에 개입하면 안 된다.

　戊土는 큰 시간이니 대입을 해야 하지만, 己土는 자기가 사는 시간이니, 戊土를 대입해도 맞지 않는다.
　자기 마음이 그렇다는 것이다. 戊土가 있는 사람만 이렇게 본다.

　己土는 개인적인 심상이니 사용하지 않는 것이 좋다.
　지난 己亥年에는 누구나 壬水가 왔고 天干에는 己土가 왔는데, 그럼 이때 세상은 무엇 하는 세상이었을까? 己亥年 운세는 壬水에 대한 설명을 해야 한다. 지난 己亥年 운세는 亥中의 壬水이니 대외관계가 중요하고, 내부보다는 외부의 요구에 부응하는 것이 중요한 것이다.
　이익을 만들려면 대인관계가 매우 중요하다. 그러니 지구상에 모든 인간이 己亥年에는 대외관계를 통해서 이해관계를 추구하다 보니, 어떤 사람은 이익이 되고 어떤 사람은 이익이 되지 않으니 외교관계, 대외관계가 마찰도 일어나고 성사도 일어나는 중요한 시기였다는 것이다.

　庚子年은 天干은 庚金이고 암장(暗藏)은 癸水다.
　各 개인별 전문성이 중요한 시대가 온 것이다. 庚子년의 國運 해설은 各 개개인별 전문성이 있어야 하고 전문성이 부족한 사람은 교육 훈련을 다시 받아서 전문성을 높여야 한다. 지난 庚子年은 各 개인별 전문성을 중요하게 여기는 시대가 온 것이다.

또한 암장(暗藏)에는 癸水가 왔으니 미래의 시스템, 새로운 콘텐츠, 새로운 문화에 맞춰서 무언가 신규사업에 투자하거나 새로운 사업이 중요할 때가 왔다. 새로운 창작이나 창의적 아이템 개발이 중요할 때가 왔으며, 스타트업이 중요할 때가 온 것이다. 이것이 지난 庚子年 운세였다.

그럼 이것에 맞추어서 이렇게 살아야 한다.

戊土는 세상이 흘러가는 시간이며 그때마다 年마다 무엇을 요구하느냐, 자기 사주의 생긴 것과는 아무 관계가 없다. 자기 사주로는 위에서 말한 것처럼 戊土로 판을 짜고, 가령 壬水 마을이면 辛金 庚金 丁火가 중요하다. 그러나 사람에 따라서 壬水에서 甲木이나 乙木이 더 중요할 수도 있다.

年運을 볼 때는 세상이 돌아가는 형편을 보는 것이다. 國運이 아니다. 전 세계적으로 보는 것이다. 지구상에 사는 인간은 전문성 우대가 중요하며 전문가가 되려고 악착같은 노력을 해야 하는 것이 중요한 것이다. 모두가 각 개인이지 단체가 아니다.

그리고 地支이니 아이디어가 있어야 먹고 산다. 생존이라 생각해야 한다. 자기 사주가 중요하게 여기는 것이 있는데, 亥子月 生이면 壬水란 환경에 辛金이란 상품도 내놓고, 庚金으로 계속 연구하는 개인적 전문성도 중요하게 여기며 산다. 그리고 癸水가 있으면 창작활동도 해야 한다. 運 따라 변하는 것이 아니라 정해진 것이니 그냥 사는 것이다. 그런데 이것으로 運을 보면 전 국민이 다 똑같다고 생각하면 된다.

戊土란 세상이 돌아가는 시계추와 같은 것이다. 시간이 갈 때마다 사람들이 공통적으로 어떻게 생각하느냐가 여기에 든 것이다. 실질적으로 지난 시절 1년 중 가장 중요한 것이 亥中 壬水는 各 나라들이 이윤을 내려고 외교 관계, 외교 단절, 대외문제로 시끄럽기만 했다. 그러니 외교와 대외문제가 매우 중요했다.
　己土는 보지 말고 무조건 戊土를 놓고 봐야 한다. 내 사주를 보는 것이 중요한 것이 아니라, 세상이 돌아가는 형편을 봐야 한다. 그러니 戊土를 봐야 한다. 요즘 세상이 어때? 이달에는 경기가 어때? 하면 戊土를 본다.

가령 己亥年 丙子月이면 조직 생활에 필요한 새로운 아이디어가 중요하다. 조직 관계도 중요하니 누구든지 상하좌우의 대화도 통해야 한다. 이것이 세상의 기류이니 어쩔 수 없이 세상이 그렇게 돌아가게 되어 있다. 癸水가 들어왔으니 이건 고객서비스 차원에서 해야 하는 게 아니라, 자기 발전을 위해서 해야만 하는 것이다.
　이런 자기 발전을 위해서 丙火라는 조직과 전체를 위하는 것도 필요하지만, 개인적으로 새로운 창의와 아이디어도 필요하다. 세상이 돌아가는 형편이 이러하니 이것이 丙子月의 國運이라 해도 된다.

또 日辰이 乙巳日이면 상하 소통 문제들이 벌어진다. 내부관리, 상하 관련, 소통과 존대의 문제이니 인사 발령 등 새해 새로운 업무와 관련된 일들이 생기는 날이라고 보면 된다. 이렇게 전후좌우 일주일을 하나로 잡아서 내부관리, 적재적소, 새로운 소통 문제가 벌어지는 때이다. 세계는 하나의 시계로 돌아간다. 하나의 시계 속에서 하나의 사람처럼 일률적으로 기운이 돌아간다. 하나로 통하게 움직이는 것을 생각해낼 줄 알아야 한다. 이것이 戊土로 보는 방법이다.

戊土가 지나치게 많으면 소통하지 않으려 하고, 戊土보다 丙火가 지나치게 많다면 乙木이나 辛金이 죽는다. 乙木이 고초(枯草)가 되고 마르고 辛金이 녹는다. 그럼 소통에 대한 징크스가 있는 사람이다. 그러니 사회성이 더 악화가 되는 것이다. 똑같은 시간이라도 똑같이 지내는 사람은 없다.
 소통하라면 어떤 사람은 소통을 더 악화시키기도 하니 그런 걸 감안해야 한다. 세상이 시키는 것이니 하늘에서 천둥이 치면 온 지구가 천둥이 치는 것과 같다고 생각하고 전체가 이런 맥락에서 돌아간다고 생각하면 된다.

庚辛金 年에는 丙火日에 비가 온다. 金이 녹아야 비가 온다. 그럼 丙火가 와야 녹는 것이다. 己土年에 비가 오는 날은 己土日이어야 물이 넘쳐서 온다. 庚辛金 年은 丙火일에 비나 눈이 온다고 생각하면 된다.

또 중요한 것은 庚辛金 年은 庚辛金이 天干이니, 즉 木金이 天

干에 있으니 하늘의 뜻에 움직이는 것이 아니라 인간들의 뜻이다. 水火가 天干에 있으면 하늘의 뜻이라 생각하면 되고, 金木이 천간에 있으니 인간의 뜻이다. 인간들이 뜻을 내서 세상을 움직인다.

戊己土는 시대의 요청에 의한 세계의 흐름이다.

그럼 지나간 己亥年은 30년이 변했으니 열심히 노력하지 않은 사람들은 庚子年부터 큰일이 난 것이다. 庚子年은 새로운 시대에 맞는 전문성을 요구하는 시대가 왔다. 각 분야에서 자기 전문성을 닦으라고 했는데 이젠 끝났다.

戊己土가 왔으면 세상이 변한다. 내가 변하는 것이 아니라 세상이 변한다고 보면 된다. 丙火라는 해가 뜨는 것을 방해하거나 해가 지는 것을 방해하는 것도 戊土다. 그럼 세상이 변해야 한다. 새로운 해가 떴다. 지금까지의 세상은 가고, 새로운 시대가 온다고 생각하면 된다.

그럼 지나간 戊己土란 2년 동안 세상이 변했으니, 庚子年은 지나간 세상이 오는 것이다. 그럼 己亥年 庚午月에 시작해서 庚子年 庚辰월부터 庚金이 뜬 것이다.

그럼 새로운 세상이 庚辰月부터 왔다고 생각하면 된다.

또 자기 사주로 봐서 나는 어떤 특기로 사는지 봐야 한다. 辛乙이 똑같고, 甲庚이 똑같고, 癸丁이 똑같고, 壬丙이 똑같은 것이다. 하나씩만 있으면 된다. 壬水가 있다면, 庚金이나 甲木을 다 똑같이 취급하면 된다. 다를 것이 없다. 戊土를 기준으로 하나의 기준을 만들어낼 줄 알아야 한다. 戊土가 세상에 있다고 생각하고, 天干에 丙火가 있느냐, 巳午月에 났느냐, 天干에 壬水가 있느냐, 亥子月에 났느냐이다. 그러니 기준을 壬水 丙火에 맞춘 것이다.

丙火가 없으면 맞추지 않으면 된다.
丙火가 없으면 '나는 내부조직을 운영하지 않을 거야'
壬水가 없으면 '경영은 하지 않을 거야', '나는 나만 만들어갈 거야' 하면 된다. 甲木이 있으면 各 개인별 재능을 만들면 된다. 乙木이 없으면 남과 대화하지 않으면 된다. 丙火가 없으면 조직운영을 하지 않으면 된다. 辛金은 남에게 드러내야 할 것이고 庚金은 내가 닦은 것이다.
癸水는 내가 사유(思惟)하는 것이다. 癸丁은 사유체계에 들어간다. 자기 재능을 만들기 위해서 열심히 노력하는 것이 甲庚이고, 남에게 보여주기 위한 것은 乙辛이다.

乙甲癸가 다 있으면 이것도 보여주고 저것도 보여주고 다 보여주어야 하니 피곤한 것이다. 없을수록 좋지만 없을 수는 없다. 대인관계도 하고 인력관리도 해야 하고, 개인별 재능도 쌓아야 하고, 사유체계도 가져야 하니 癸甲乙이라 한다.

各 개인별 우수한 실력은 甲庚이다. 甲庚은 절대 실력을 보는 것이다. 그런데 乙로 드러났는데 甲이 없으면 절대적 실력은 없고, 드러난 것만 드러난 것이다. 그럼 乙이 드러났는데 癸가 없

으면 생각 없이 드러난 것이다. 그럼 육체적 행동에 불과한 것이다.

결국 세상은 戊土로 시시각각 돌아간다. 壬丙으로 세상이 운영되어야 하고, 木金으로 그에 합당한 짓을 해야 한다.
네가 해야 하고 그러려면 네가 재능이 있어야 하며, 네가 사고체계도 구축해야 한다.

丙火는 세상에 맞는 인품과 인격으로 운영되고, 壬水는 시장에 맞는 물품으로 운영된다. 세상은 이렇게 운영되고 있다.
그럼 너는 거기에 합당한 짓을 해야 한다(乙).
그러려면 재능이 남들보다 뛰어나야 하며(甲)
왜 사는지에 대한 이유도 알아야 한다(癸).

그런데 癸水가 없이 乙木이 있다면, 그럼 합당한 짓을 하는데, 내가 왜 사는지는 모른다. 나는 어떻게 살겠다가 없다. 乙木은 무엇을 하며 살겠다. 癸水는 어떻게 살겠다. 乙木이 없는데 甲木만 있으면 재능은 뛰어난데, 癸水도 있으면 나는 어떻게 살겠다고도 했는데, 잘 쓰이지는 않는다. 이런 뜻으로 통변하면 된다.

이 戊土라는 판을 가지고 계속 연습하면 도움이 된다.
세상이 돌아가는 것이니 月令과 아무런 관계가 없다.
네 사주도 세상에 얼마나 적합하게 태어났는지 네가 맞출 것이 있다. 너는 乙木과 辛金이 있으면 네가 세상에 맞출 것이 있다. 세상에서 너의 재능을 요구한다.

그런데 甲木과 庚金이 있으면 네가 만족할 만한 재능을 쌓아야 한다. 乙木과 辛金은 세상에 맞출 것이 있는 것이다.
그러니 乙木 辛金을 보면 '세상에 맞춰 서비스해야 합니다'
甲木 庚金을 보면 '재능을 닦으셔야 합니다'
癸水 丁火를 보면 '어떻게 살 것인지 사유체계를 갖추어야 합니다', '미래에 대한 계획을 세우셔야 합니다'라고 통변한다.

戊土가 다(多)하면 '세상과 담을 쌓으셨군요' 이런 뜻이다.
戊土가 많으면 세상과 담을 쌓은 것이다.
이런 식으로 세상이 돌아가고, 사주는 이렇게 돌아간다.
이것이 戊土로 보는 방법이다. 日辰으로 봐도 잘 맞는다.
戊土가 많으면 전화가 안 온다. 세상과 담을 쌓았기 때문이다. 戊土가 가득하니 辛金이 나간 적이 없고, 인간관계를 한 적이 없고, 乙木이 나간 적이 없으니 서비스를 한 적이 없다. 서비스를 한다고 해도 억지 춘향으로 한 것이라 할 수 있다. 戊土가 너무 많으면 癸水와 丁火의 사고(思考)가 또 막힌 것이다.
그러니 우울증과 화병이 걸린 것이 戊癸과 戊丁이다.
戊土가 너무 많으면 그런 것이다.

우리나라는 언제부터 우기기 전법이 통한다. 또 우리 편과 남의 편이란 경계선이 분명하다. 법보다 강하다.
甲木과 庚金이 天干에 투간되면 우기기나 갈라치기 전법은 할 수 없다. 자기가 주인이기 때문에 안 된다.
 甲木과 庚金이 天干에 없으면 우기고 싸우면 통한다.

 위의 ① 월령별 태과불급(16종), ② 격국별 有用之神, ③ 當令별 有用之神과 재능등급, ④ 각 개인(日干)별 활성도, 이렇게 네 개를 가지고 이 중 하나를 특기로 가지면 된다.
 이것으로 틀을 만들어서 무엇이 뛰어난지 사주를 놓고 하면 된다.

 ※ 六神의 유용지신
 재다신약(財多身弱)은 官殺이 用이다. 그리고 살중신경(殺重身輕)은 比劫으로 代用을 해야 한다. 누가 나를 구해주어야 한다. 이런 것은 모두 日干을 기준해서 하는 것이다. 食傷이 太旺하면 日干은 泄氣되고 官殺은 파극(破剋)된다.
 日干과 官殺이 잘못되는 것을 말하는 것이다.
 財多身弱이나 殺重身輕은 日干이 잘못되는 것을 말하고, 食傷太旺은 官殺도 잘못되고 日干도 잘못된다.
 印星이 과다(過多)하면 官殺이 泄되고 食傷이 破剋된다. 日干과는 아무 관련이 없다. 자식이 잘못되고 남편이 잘못된다. 자기와는 아무 관계가 없다. 그러나 자식이 잘못되고 남편이 잘못되니 연대책임을 져야 한다.
 比劫이 太旺하면 日干과는 아무 관계가 없다.
 財星이 잘못되고 印星이 泄氣된다. 印星이 泄氣되니 부모이고, 財星이 破剋되니 부인이다. 그러니 나와는 관계가 없는 것이다.

그럼 뭐가 身太旺하면 뭐가 잘못되는 것은 日干이 잘못되느냐, 주변이 잘못되느냐인데, 財多身弱하면 日干이 기운이 빠진 것이고, 살중신경(殺重身輕)하면 日干 이야기를 하는구나, 생각하면 된다. 나머지는 주변 환경이 잘못되는 것을 말하는 것이다.

가장 중요한 것은 위의 네 가지를 어떻게 운용하느냐이다. 格은 어떻게 운용을 하고, 當令을 어떻게 운영하느냐이다. 서울이란 최고 도심지로 진출을 하려면 강남이나 서초구, 대전 연구단지 등에서 근무를 해보겠다면 當令별 有用之神을 해야 한다. 그러나 일반인들을 상대하려면 當令은 할 필요가 없다.

그러나 일반인들이 머릿속에 아는 것은 많다고 생각하면서 일을 하지 않는 사람들은 재능등급은 있는데 當令 상생식이 없는 사람이 대다수이다. 甲木이 水源이나 이런 것은 많은데 癸甲丙이 없거나, 庚金은 많은데 癸水가 없어서 水源은 많은데 물이 안 나오는 것 등 이런 것들이다. 그러니 양반 체면에 일은 할 수 없는 것이다.

當令적합도 검사는 두 번을 해야 하는데, 癸甲丙을 한 후에 등급별을 또 한 번 해야 한다.
그러니 임상자료를 月令별로 몇 개씩 연습해봐야 한다. 요즘은 재능이 중요한 시대이다. 格局보다 더 중요한 것이 재능이다. 그러니 머릿속으로 相生 20개와 相剋 20개를 그려봐야 한다. 水生木은 癸甲, 癸乙, 壬甲, 壬乙을 머릿속에 그림을 그리고 있어야 한다.

 가령 當令 적합도에서 寅卯月令에 癸甲인데, 壬甲이면 秋冬節 壬甲이 春節에 와서 壬甲을 하는 것은 무엇인가, 이것만 알면 다 맞출 수 있다.

 寅卯月令은 癸甲丙을 해야 하는데 癸가 아니라 壬水가 있으면 壬甲이다. 그럼 秋冬節 壬甲이다. 그럼 문화 문명의 완성 값을 전수받은 것이다. 이는 완성도가 높은 것을 공부하는 것이다. 癸甲은 원래 초보자부터 하는 것이다. 이렇게 의미가 다른 것이다. 그것을 하나둘씩 하다가 보면 알게 된다. 相剋도 火剋金을 하면 春節은 丙辛, 夏節은 丙庚, 秋節은 丁庚, 冬節은 丁辛이다.

 癸甲丙 하면 癸丙이 相剋이다.
 이것이 나중에 金生水를 하면 丙辛 丙庚이 相剋인데 水源이다. 水源은 金生水만 水源이 아니라 火剋金을 해야 水源의 목적이 생긴다. 배우기만 할 것이 아니라 쓰기 위해서 배워야 한다. 그러니 丙辛 火剋金과 丙庚의 火剋金이 다르다. 水源은 火剋金을 받아야 水源이 되고, 引火는 劈甲을 받아야 引火가 된다. 水源이나 원원유장(源遠流長)이 辛癸나 庚癸가 있다니까 깊이 하는 줄 아는데, 火剋金이 없이 水源을 하면 목적 없이 한 것이다. 이런 생각이 머릿속에서 얼른 떠올라야 한다. 相生相剋이 같이 어울려서 當令의 相生식을 여덟 개만 떼면, 거기에 등급을 먹이는 것까지 하면 되는데, 모르고 하니 긴가민가하게 되고, 자신감도 없어진다. 그러니 머릿속으로 상생상극이 빙글빙글 돌아다녀야 한다.

16 임상 연습

팔품	子丑	寅卯	卯辰	巳午	午未	申酉	酉戌	亥子
당령	癸	甲	乙	丙	丁	庚	辛	壬
상생식	辛癸甲	癸甲丙	癸乙丙	乙丙庚	乙丁庚	丁庚壬	丁辛壬	辛壬甲

이론을 만들어놓은 것으로 임상을 여덟 개 정도 한다.
당령 상생식으로 업무 적합도를 한다.
病藥 발생도 약 처방이 가능한지 불가능한지까지 해야 한다.

月令이란 게 있고 當令이란 것이 있는데,
月令은 子丑이고, 當令은 癸水인데 相生식은 辛癸甲이고 金生水 水生木으로 업무 적합도를 따지는 것인데, 앞에 붙은 辛癸는 업무에 접합하기 위해서 실력을 만든 것이고, 뒤에 癸甲은 활용도이다. 적합도와 활용도이다.
임상을 하면서 여기에 따른 설명을 해보기로 하자.
當令 相生식은 환경에서 요구하는 업무 적합도이다.

다음에 업무 효과가 나타날 수도 있고, 病藥 발생으로 효과가 없을 수도 있다. 이를 '업무 적합도 검사방식'이라 한다.

當令의 업무 적합도란 나에게 적합한 것이 아니라, 환경의 업무 적합도이다.

1) 子丑月令의 임상

己己乙戊 坤
巳丑丑午 5

月令은 子丑月令, 當令은 癸水, 相生식은 辛癸甲이다.
辛癸란 金生水가 있으면 때에 맞추어서 조화롭게 업무 실력을 계발했다. 癸甲은 때에 맞추어서 환경에 요구하는 능력을 발휘해왔다. 月令이니 '때에 맞추어서'라고 한다. 사주를 보면 巳丑 三合이 있으니 辛癸가 있다. 그럼 때에 맞추어서 자기 능력을 계발해왔다. 癸甲은 없다.

그럼 辛癸甲이 辛癸乙로 변했다. 그러니 자기에게 필요한 자질을 계발한 것이 아니라 환경에 필요한 자질을 계발한 것이다. 그러나 활용은 癸甲이 없으니 잘되지 않는다.

그럼 甲木이 들어오는 運에 자기 활용을 잘한다는 뜻이다. 그러니 준비를 잘해왔다. 이것으로 준비하는 조화가 잘 맞았다고 한다. 癸甲이 있으면 발휘하는 조화가 잘 맞았다고 하는데 발휘하는 것은 부족하니 甲木이 들어올 때 발휘할 기회가 온다. 그러니 많이 준비하고 조금 쓰는 스타일이다. 그러나 조화가 맞지 않는 건 아니다.

그럼 업무 효과를 봐야 한다.
(1) 水源이 있어야 업무 효과가 있는 것이다.
(2) 효과는 水源을 해야 한다.
① 이때 水源은 癸水를 기준으로 辛癸가 되었는가 본다. 이것의 효과는 깊이 있는 학습의 전문성 효과다.
② 己癸의 潤澤도 있어야 효과가 된다.
환경 적합성 효과라 해서 최적화 효과라 한다. 요즘은 이것이 최고이다.
③ 甲己는 소토(疎土) 효과다. 이는 자질계발 효과다.
그럼 전문성만 있어야 할 것이 아니라 자질 효과라 한다.
자질은 발휘하는 게 아니라 가격이 높아지는 것이다.
金生水란 水源이 三合의 장기적인 水源이니 나이가 많이 먹어야 드러난다. 윤택(潤澤)도 있으니 최적화 효과도 있지만, 소토(疎土) 효과는 없다.

다음에 病藥이 발생되었나 봐야 한다.
(1) 辛癸로 金寒水冷이 되었나 봐야 한다. 金寒水冷이 아니니 계발이 가능하다. 金寒水冷이 되었으면 미개발이 된다.
(2) 다음 己癸의 癸水가 너무 많아서 수다목부(水多木腐)가 되었나 봐야 한다. 水多木腐가 되었으면 뿌리가 썩는다. 썩을 부(腐) 자다. 그럼 최적화가 아니라 환경에 적합하려 하다가 정신적 스트레스를 받는다.

(3) 土가 너무 높으면 돈후(敦厚)가 된다. 戊土가 있으니 두텁다. 그럼 己甲 소토가 없는 상태에서 戊土가 있어 돈후(敦厚)하니 자질계발 효과가 없다. 이렇게 病藥이 발생하면 庚金으로 해결해야 하니 노동시장으로 가야 한다. 그러니 子丑月令에 똑똑하게 태어났는데 돈후(敦厚)에 걸렸다고 생각하면 된다.

[통변] 이 사주는 子丑月令의 癸水 當令에 相生식이 辛癸甲 중에 金生水가 되었으니 꾸준하게 때에 맞추어 준비를 철저히 하는 사람이나, 水生木이 되지 않았으니 활용성은 처진다. 그러니 甲木 運에 활용성이 드러나게 된다. 효과는 水源 金生水가 되어 있으니 깊이 있는 특기를 갖추거나 라이선스를 갖추는 운명이다. 그러나 최적화된 자질계발 효과인 소토(疎土)는 戊土의 돈후(敦厚)로 인해 病藥이 되었으니 개인적 스트레스와 자질계발이 안 되고 환경에 적합하게만 하게 되니 자질계발은 부족하다. 그럼 재능이 계발되지 않았다는 뜻이다.

庚子年에 병약용신(病藥用神)인 庚金이 왔다. 그동안에 적합하지 않은 것을 구조조정하고 모두 팔고 다시 시작하는 運이 왔다. 2020년에 病藥用神 庚金이 출현했다. 그럼 구조조정이라 하면 된다. 病藥用神이 運에서 온 것은 병을 고치는 것이니, 병든 것을 구조조정해야 하니 부정적으로 나타난다. 만약 病藥用神이 사주에 있었으면 항상 나쁜 것을 고쳐가며 살아가는데, 病藥用神 運에 오면 특별한 계기라 해서 특별하다, 기특하다, 묘하다고 되어 있다. 病藥用神이 없으면 병을 누적시켜 놓았으니 구조조정한다. 그러니 2020년 運은 病藥用神 출현이다. 그럼 살던 방식을 바꿔야 한다. 이런 방법으로 통변하는 것이다.

2) 寅卯月令의 임상

丁乙甲癸 坤
丑丑寅酉 7

(1) 當令相生式: 癸甲丙이다.
① 癸甲 ② 甲丙

癸甲이 있으니 때에 맞춰서 자기 준비를 철저히 잘해 오다. 환경에 적합하다는 뜻이다.

그런데 甲丙이 부족하다. 그럼 運에서 맞이하면 된다.

寅에 丙火가 들었으니 天干 丙火를 맞이하는 것보다는 기회가 더 많다. 寅午戌로 10년에 세 번의 기회가 들어온다. 때에 맞는 준비는 잘 되어 있고, 발휘는 잘못하는 것이다. 그런데 가령 癸甲은 없고 甲丙만 있는 사주가 있으면, '때에 맞춰서 준비가 안 되어 있으니 나이가 들어서 전공을 바꾸어 다시 준비할 일이 생깁니다' 하니 앞에 있는 것이 잘 맞아야 한다는 의미다.

(2) 효과

효과는 水源이다. 이때 수원은 辛癸다. 또 윤택(潤澤)이 있어야 한다.

이 사주는 水源도 좋고 潤澤도 좋다. 水源이 좋으니 자기 재능이 깊고 높으니 전문성을 가지려고 하는 경향이 있다. 丑中의 己土가 있으니 潤澤도 참 좋다. 그런데 癸水가 天干에 올라갔으니 자기가 공부를 열심히 해야지, 저절로 되는 것이 아니다. 자기가 열심히 할 수밖에 없다.

그리고 癸水가 天干에 올라갔으니 조금 있다가 病藥이 발생하게 된다.

수다목부(水多木腐), 세상에 맞추려다 보니 짜증이 날 때가 되었다. '나 못 살아' 하는 스트레스가 발생하게 되었다. 목다수축(木多水縮)은 되지 않는다. 또 疏土도 해야 한다. 己甲이다. 辛癸는 전문성 효과, 己癸는 환경에 적합하기도 하고, 疏土로 자기계발도 열심히 한다. 이것이 病藥이 발생했나 봐야 하는데 天干에 金이 투간되지 않았으니 금한수냉(金寒水冷)이라 하지 않는다.

윤택(潤澤)에 수다목부(水多木腐)는 된다. 天干에 癸水가 있으니 환경에 적합해서 최적화하려 하니 스트레스가 많다. 戊土가 없으니 돈후(敦厚)도 아니다. 그러니 자질개발을 하는 데 걸림돌이 없으니 노동으로 갈 필요는 없다.

그럼 이 사주의 病藥用神은 庚金이다. 癸水가 썩으니 庚金으로 개량을 해야 한다. 이 사주는 庚金이 있다. 왜냐하면 이 사주는 天干 庚金을 요구하는 사주가 아니라 巳酉丑으로 病藥用神이 있는 것이다. 天干 庚金보다는 巳酉丑이 더 좋다. 庚子年에 庚金이 들어왔다. 이 庚金은 水多木腐를 돕는 庚金이니 자기가 이제 '환경에 적합하게 살아야겠구나' 작심하는 運에 들어왔으니 스트레스는 항상 있다. 조직적합도, 환경 적합도에 대한 최적화다. 그러니 자기가 원하는 최적화된 환경은 도저히 만날 수가 없다는 뜻이다.

　라이선스를 따는 것은 水源, 己癸는 환경 적합성이다.
　항상 환경이 원활한 환경이 아니다. 그러니 내가 적합하게 해야 한다. 거기에 病藥用神이 庚金이다. 거기에 水源도 왔다. 疏土는 있으니 남들보다 값나가는 특기를 갖출 운세가 庚子年과 辛丑年에 온 것이다.
　그런데 지금은 고민할 때가 아니라 金生水로 水多木腐를 제거해야겠다고 추진력을 발휘해야 할 때다. 病藥用神, 病藥이 들어왔지만 효과라는 水源도 들어온 것이다. 나중에 癸水를 기준해서 病藥을 한 것이지, 甲木을 기준하면 木多水縮이라 하는데 이 사주는 木多水縮이 아니다.
　木多水縮은 '과정 중에 부실이 드러나다'라는 뜻이다.
　이건 나중에 하고 지금은 病藥을 癸水와 丙火에만 맞추어서 만든다. 이 사주는 水源이 왔고 病藥이 왔다. 그러니 스트레스가 조금은 덜하다. 그리고 열심히 해서 水源을 할 것이다. 그러니 자격화를 갖춘다. 특허를 낸다, 특기를 낸다고 한다.

3) 卯辰月令의 임상

庚壬甲壬 乾
戌申辰子 8

(1) 월령은 卯辰이고 當令은 乙木이며 相生식은 癸乙丙이다.

① 癸乙: 癸乙이 되어 있다. 그럼 때에 맞추어 철저히 준비하는데, 癸乙이 化되어 壬乙이 되었다. 그러니 선진문물도 공부해야 한다. 선진문화도 도입해야 한다. 일단 癸乙인데 壬乙도 하니 다양한 공부를 해야 한다는 의미다. 壬乙은 인문학이 아니라 경제학도 공부해야 한다. 그러나 癸乙이 아닌 것은 아니다. 癸乙도 너무 잘 되어 있다.

② 乙丙: 그런데 乙丙은 안 되었다. 그럼 실력은 좋으나 발휘 능력은 저조하다. 나중에 丙火가 오면 쓴다. 이 사주도 寅午戌 중 戌을 가지고 있으니 寅午戌 운만 들어와도 활용성이 매우 높은 것이다.

(2) 효과

遠源流長인 庚癸다. 배운 것보다 앞으로 현장 적응력이 더 중요한 것이다. 庚癸가 있으니 현장에 적합한 전문성이 있다. 자질로서 적합한 전문성은 辛癸라 한다. 辛癸는 水源, 庚癸는 遠源流長이라 한다. 그러니 가치가 남들보다 더 높다. 그다음에 乙木이니 水多木浮를 봐야 한다. 壬乙로 水多木浮를 하고 있다.

효과에서 水源 다음에는 木生火인 발생(發生)을 봐야 한다. 乙

丙으로 활용성을 봐야 한다. 활용성 효과, 파급 효과다. 그런데 春分이 지나면 전문성보다 더 중요한 것이 파급 효과다. 그러니 癸乙보다 중요한 것이 乙丙이다.

子丑寅卯 月令은 水生木이 중요하고, 卯辰巳午는 木生火가 중요하다. 이 사주는 거꾸로 되었으니 파급 효과가 좀 작은 사주다. 그럼 이 사주는 연구집중형 사주이지, 영업 집중형 사주가 아니다. 이 정도만 되어도 아주 양호하다.

(3) 病藥을 보니 癸水가 天干에 떠서 농습(濃濕=過濕)한지 아니면, 乙木이 무성해서 음습(陰濕)한지 봐야 한다. 乙木이 天干에 뜨지 않았으니 음습(陰濕)하지는 않다.

丙火가 天干에 떠서 乙木을 목고(木枯)시키지도 않으니 病이 없는 사주다. 그럼 특별하게 구조 조정해서 재설립할 일이 생기지 않으니, 묘한 발전을 이루거나 어려운 난(難)은 만나지 못하니, 사회적 혼란이나 유사시 발생 등에 대한 효과는 적다. 혼란을 틈탄 효과가 적으니 아파트를 살 때도 제 돈을 다 주고 사야 한다. 혼란을 틈타지 못하니 상사 유고(有故)로 인해 진급할 기회도 없다.

病藥이 되면 기묘하니, 보궐이나 무슨 일이 발생하면 내가 그 자리를 차지할 수가 있다. 그런 것이 안 되는 아주 일반적인 사주에 들어간다.

庚子年 운세는 현장에 적합한 遠源流長, 자기 재능을 더 만든다. 미래에 쓸 자기 재능에 투자할 運이 온 것이다. 水源이 들어

온 것이다. 재능에 적합한 것을 업데이트시킨다. 이를 현장경험이라 한다. 辛癸 수원으로 가치가 올라가는 실력이 아니라, 庚金이 왔으니 현장에 경쟁하기 적합한 실력이 올라간다는 의미다. 辛金은 자질 업데이트이니 가격이 높아야 하고, 庚金은 경쟁력이 높아져야 한다. 또 2022년에 해외 진출을 해야 한다. 수다목부(水多木浮)가 되었으니 해외 진출을 해야 한다.

이 사주는 病藥 문제가 발생되지 않아서 파급 효과나 인기 효과가 떨어진다. 그럼 인상이 웃는 인상이 아니거나 자기표현 능력이 부족하다. 연기력이 부족하다고 한다. 乙丙이 있어야 과장된 행동을 한다. 壬水나 丙火가 있으면 과장된 말투나 애드리브 등을 할 수 있다.

辰月의 수다목부(水多木浮)지만, 日干이 壬水이니 춥지 않다. 日干이 乙木이면 춥다고 한다. 壬水는 춥다는 의미지만, 실제가 추운 것이 아니라 가난한 마음, 왜소한 마음, 움츠린 마음이 있다고 해서 戊土가 調候用神이다.

지금은 癸水와 丙火에 맞추어서만 病藥을 한다.

辰月의 壬水는 마음이 가난하다. 절제가 되지 않으니 戊土가 있어야 調候가 된다. 天干의 壬水 丙火 癸水 丁火는 실제 뜨겁고 추운 것이 아니라 정신이 그런 것이다.

4) 巳午月令의 임상

乙己甲丙 坤
丑丑午寅 3

(1) 相生식이 乙丙庚이다.
① 乙丙: 乙丙이 잘 되었다. 이 사주도 때에 맞추어 자기 준비를 열심히 하였으나 활용성은 저조하니 運에서 庚金을 만나서 활용하라.
② 丙庚은 안 되었다. 丙庚은 운에서 오면 쓸 수 있지만, 만약 乙丙이 없는데 運에서 오면 진로가 바뀌어버린다.

(2) 효과는 ① 乙丙, 發生이다.
이는 사회적 파장 효과, 점유율 효과, 영업 효과, 파급 효과 등이다.
② 丙戊, 間塞다. 이는 최적화 효과이다. 사회적으로 적합한 효과가 일어나느냐, 때에 맞추어서 적합하게 행동하느냐, 이다. 환경 적합성 효과, 변화하는 환경에 대한 적합성 효과다. 이 사주는 戊土가 없으니 변화하는 환경에 대한 최적화 효과란 없다. 그럼 유행변화, 환경변화, 시세의 변화에 의한 시세차익 효과가 없다.
③ 庚癸 遠源流長이다. 조직의 리더가 되기 위해 최고과정을 학습하고 최고 지도자가 되는 효과는 없는 것이다. 그럼 이 세 가지가 무슨 문제를 일으키나 봐야 한다.

(3) 病藥을 봐야 한다. 그럼 乙丙이 발생(發生)인데 丙火가 지나치게 旺하면 염상(炎上)이라 한다.

① 화다목고(火多木枯)가 되나 봐야 한다. 乙木이 목고(木枯)가 되면 사회적 파급 효과에 지쳐서 쓰러질 수가 있다는 뜻이다.

② 목다화식(木多火熄)이다. 乙木이 지나쳐서 丙火를 가려버릴 수 있다. 이는 사회적 관계 스트레스다. 가지가 너무 많아서 빛이 들어가지 않는 넝쿨 현상이니 乙木이 지나쳐서 화식(火熄)이 들어간다. 이것도 스트레스가 심하게 된다. 이때 病藥用神은 辛金이다. 위 염상(炎上)의 病藥用神은 庚金의 金生水다.

丙火가 지나쳤을 때는 戊土로 하는데, 丙火가 지나치지 않고 목고(木枯)이니 金生水로 한다. 金生水가 안 되어서 木枯가 된 것이다. 戊土가 하느냐, 金生水로 하느냐 차이가 있다. 丙火가 지나치면 戊土, 丙火가 지나치지 않으면 金生水다.

③ 戊土가 회화(晦火)작용을 하는가 봐야 한다. 그럼 뜨거워서 수그리는 게 아니라 회화(晦火)작용으로 인해 陰地가 만들어져서 木이 비틀어지고 오그라지게 되는 것이다. 이를 건새(乾塞)작용이라 하는데, 빛을 막아서 木을 시들게 만들 수 있다. 그런 작용은 하지 않는다.

만약 그렇게 되면 시대변화에 뒤떨어진 사람이 된다.

지난 庚子年은 病藥에서 金生水를 찾았어야 한다. 사주가 정상적일 때는 水源이고, 이 사주는 病藥이 걸려 있다.

火가 왕해서 木枯가 아니라 水가 없어서 木枯이다. 金生水하는 木枯이다.

火多木枯에서 辛金으로 折枝를 해도 되지만, 이는 乙木이 왕했을 때 하는 것이다. 庚金이니 金生水를 해야 한다.

두 번째 木多火熄에 대한 것은 辛金이 아니라 金剋木으로 木을 잘라낼 수는 없다. 이 사주의 乙木이 시든 것은 火旺해서 시든 것이 아니라 金生水가 안 되어서 시들었기 때문에 火旺이 아니다.
만약 火旺하고 金生水 된 것이 시들었으면 戊土가 有用之神이다. 이때는 炎上해서 乙木이 시든 것이 아니라 戊土가 없어서 시든 것이다. 이 사주는 水가 없어서 시든 것이다.

지난 庚子年 운세는 庚金이 水源을 해야 했는데, 水源이 아니라 病藥으로 들어가야 한다. 한 것이 없으니 구조조정을 할 수가 없다. 炎上에 의해서 화다목고(火多木枯)가 되었으니 직장생활이나 결혼생활로 지쳤으니 해결을 해야 한다.
젊었으니 쉴 수도 없다. 丙火는 木을 살리려고 하지 죽이려고 하지 않는다. 그런데 水가 없어 火多木枯가 되었는데, 金이 왔으니 金生水를 해야 하는데 할 수가 없다. 그럼 아무것도 아니다. 病藥用神이 왔으나 병을 고칠 수는 없다. 藥이라고 모두 효과가 있는 것은 아니다.
사실 상대가 무엇이 병인지를 모른다.
그것을 바라보는 시청자가 볼 때는 병이 있지만 자기 자신은 모른다. 水가 없으니 보충할 마음이 없으니 점점 시들어가면 된다. 포기한다고 하지도 않는 것이다.

보충한다고도 하지 않고, 포기한다고도 하지 않는다. 그럼 된 것이다. 나쁘진 않은 것이다.

목다화식(木多火熄)은 乙木이 지나치게 많으니 辛金으로 金剋木을 해야 한다. 그럼 사람마다 관계가 들어가 있다. 남편과 대화가 통하지 않거나 직장에서도 상사와 말이 안 통하니 관계가 좋지 않으니 金剋木으로 잘라내야 하지만 病藥用神이 없다. 그러니 그만두겠다는 것이 아니라, 그냥 살겠다는 뜻이다. 그러니 나쁜 것이 아니다. 그리고 丙火가 많은데 戊土가 많아서 丙火를 가려서 회화(晦火)되게 하지 않는다. 이는 病藥에 걸리지 않았다.

丙火가 왕하면 戊土가 없어서 乙木이 시드는데, 이 사주는 丙火가 왕해서 乙木이 시든 것이 아니라 水生木이 안 되어서 시든 것이다. 만약 水生木이 있고 丙火가 旺하면 戊土가 없어서 왕한 것이다. 그럼 戊土가 病藥用神이 되는 것이다. 그러니 그냥 살면 된다. 어떻게 하라는 것이 없다. 자기에게 없으면 다른 사람에게서 찾으면 된다. 가서 물어보면 된다. 이 사주의 만사 해결은 甲木에게 의지하는 것이다. 모든 것을 甲木의 등라계갑(藤蘿繫甲)에서 찾으니 비타민 주사가 명약이다. 그러니 멘토가 있어야 한다. 이 사람은 잘못한 것이 아무것도 없고, 이 사람을 인도하는 멘토 역할이 중요하다는 것이다.

5) 午未月令의 임상

庚己己癸 乾
午亥未未 6

(1) 當令相生식: 乙丁庚이다. 乙丁庚의 相生식이 다 잘 되어 있다.
① 乙丁도 있다. 때에 맞는 준비가 철저하다. 그런데 三合으로 되었으니 청년 시절보다 나이가 들어가면서 준비된 것이 가격이 더 비싸진다는 의미다.
② 丁庚도 있다. 庚金이 있으니 활용력이 매우 좋다. 다만 재능이 처음부터 좋은 것이 아니라 나이가 점점 들어가면서 비싸지는 것이다.

(2) 효과
① 庚甲 劈甲이다. 그럼 등과 효과, 기득권 효과, 최고등급 효과이다.
② 引火 효과: 乙丁 전문성 효과이다.
③ 丁己 紅爐 효과이다. 환경 최적화 효과이다.
홍로(紅爐) 효과도 있고, 인화(引火) 효과도 있는데 벽갑(劈甲) 효과만 없다. 그럼 등과를 하지 못한다. 引火는 전문성, 홍로(紅爐)는 환경 적합성 효과이다.

(3) 병약(病藥)
① 庚甲 劈甲인데 甲木만 많고 庚金이 없으면 목다화식(木多火

熄)이 되어버린다. 木이 너무 많으면 불이 꺼진다. 그럼 낙방이 된다. 과거급제 낙방, 재능 포기가 된다.

② 引火를 하는데 丁火가 지나치게 많으면 화다목분(火多木焚)이 된다. 그럼 재능단절이 된다. 나중에는 재능을 전혀 쓰지를 못한다. 처음에는 재능이 있다가 나중에 아웃 패션 현상이라 한다. 요즘은 컴퓨터로 일을 많이 하는데 이것이 화다목분(火多木焚) 현상이다.

③ 홍로(紅爐)가 있는데 丁己가 아니라 戊土가 있으면 매광(埋光)이 발생한다. 그럼 연구 개발이나 이과적 재능이 없어져버리고, 甲木으로 재학습을 해야 하니 늦은 나이에 재학습을 해서 문과로 전향(轉向)하게 된다.

그래서 홍로(紅爐)는 매광(埋光)으로 바뀔 수가 있으니 甲木이 藥이 되고, 引火는 화다목분(火多木焚)이 될 수 있으니 甲木이 또 있어야 한다. 이는 '경력이 단절되었으니 甲木으로 다른 분야로 전향하다'란 뜻이다.

病藥用神은 거의 甲木과 庚金으로 다 나온다.

④ 庚金은 많은데 甲木이 없는 사람은 금다화식(金多火熄)이 된다. 일은 많은데 능력이 없는 것이다. 이런 현상이 이곳에서 벌어지는데 이때 病藥用神은 壬水가 된다. 필요한 것만 하라는 것이다. 재능을 크게 쓰려고 하지 말고 필요한 것만 하라는 것이다. 실용적인 것만 하라고 해서 壬水가 病藥用神이다.

이 사주의 병은 戊土가 없으니 홍로(紅爐)가 잘못되지 않아서 매광(埋光)이 되지 않고, 火가 旺해서 乙木이 타서 없어지지 않고, 甲木이 왕해서 목다화식(木多火熄)이 되거나, 庚金이 왕해서 금다화식(金多火熄)이 될 수가 없으니 병이 없다. 병이 없으면 밝기가 똑같은 형광등 팔자이다. 난세(亂世)를 활용한 이득이 없다. 난세의 이득, 유사시의 이득이 없다.

壬寅年 운세는 능력을 발휘하다. 용어로는 도세(陶洗)이다. 그동안 배우고 익힌 능력을 시장에 내어 검증받는 운세다. 木生火를 하고 火剋金을 했으면 金生水(庚壬)로 능력을 발휘해야 한다. 그럼 자식을 낳는 운이다. 지난 己亥年부터 庚子年까지는 준비하는 운세에 들어간다.

6) 申酉月令의 임상

丙癸己丁 乾
辰酉酉巳 2

(1) 當令 상생식은 丁庚壬이다.
① 丁庚은 되고 있다.
② 庚壬은 없다.
준비 정신은 철저하고 활용은 좀 뒤처진다.

(2) 효과
① 벽갑(劈甲)이다.
庚金이 透干되지 않았고 甲木도 없으니, 벽갑(劈甲)이 되지 않

으니 등과는 힘들다. 劈甲은 사령관급이라 한다.

② 引火가 있어야 한다. 引火가 없다.

③ 庚金의 계절에 들어갔으니 일을 열심히 해서 상품가치를 높여야 한다.

도세(塗洗)가 있어야 한다. 丁己 홍로(紅爐)가 있으니 환경 적합성은 있다. 劈甲이나 引火가 없으니 큰 실력은 없지만, 환경에 적합하게 모나지 않게 사는 것이 뛰어난 것이다. 引火가 있고 劈甲이 있으면, 오랫동안 공부하고 경쟁이 치열한 삶을 살아야 하는데, 이 사주는 환경에 맞추어 적합하게 살아가는 아주 뛰어난 사람이다.

(3) 病藥은 午未月과 같다.

戊土가 있어서 매광(埋光)이 되었나 본다. 없다. 庚子年 운세는 丁庚 제련(製鍊)이다. 午未月令과 申酉月令의 환경 적합도는 같은데, 차이는 자질계발에 있느냐, 경력을 만드는 것에 있느냐이다. 경력을 만드는 것은 申酉月令이다. 子丑月令과 寅卯月令도 같은 것이다. 己癸나 丁己가 적합도이고, 戊丙과 戊壬이 적합도이다. 모두 마찬가지이다. 子丑月令은 己癸가 적합도인데 배우고 익히는 적합도이다.

寅卯月令도 배우고 익히는 적합도인데, 학력이나 경력을 만드는 적합도이다.

남자들 세상에서 가장 필요한 것이 劈甲으로 등과를 해서 잘 나거나, 乙丁으로 引火해서 잘난 것이 아니라 丁己란 환경 적합도가 최고이다. 문제가 되는 것은 환경 적합도는 없으면서, 劈甲이나 引火를 하고 있어서 자기는 큰 인물이 되겠다면서 환경에 적합하게 살지는 않는 것이다. 적합도는 최적화인데, 환경에 맞추는 것이 최고다. 乙丙이 있고 辛壬이 있으면 뛰어난 파급 효과를 가졌다.

요즘 유행하는 노래자랑이나, 미인대회를 나가면 1등을 할 수 있는 파급 효과는 戊丙이나 戊壬인데, 己丙하고 己壬하면 적합도가 떨어진다. 사람은 상대에게 적합하게 굴어야지 자기에게 적합하면 안 된다. 午未 申酉의 丁己는 내가 나에게 적합해야 하는데 이는 내 환경의 적합도이고, 酉戌 亥子월의 戊壬은 세상 환경에 적합하게 구는 것이다.

그런데 내 환경도 내가 사는 환경이고, 세상 환경도 내가 사는 환경이다. 나란 것을 둘로 나누어야 한다. 명리학에서는 인간은 만족하게 살 수 없고 그냥 인정한다고 한다. 위 사주는 아주 훌륭하다. 劈甲을 하지 않았으니 최고의 과정을 밟지 않았고, 引火란 乙丁이 없으니 최고의 실력도 아니다. 그러니 어영부영할 수 있는 전문가란 뜻이다. 낮추고 또 낮춘다는 뜻이다.

7) 酉戌月令의 임상

丙甲庚丁 坤
寅子戌未 4

(1) 當令 적합도: 丁辛壬이다.

① 丁辛이 잘 되어 있다. 寅戌 火局을 하고 未中 丁火까지 있다. 조직에 적합하게 해야 하고, 자기 재능도 성실 근면하게 쌓아야 한다.

② 辛壬이 없어 활용도는 떨어지지만, 직업 적합도는 나쁘지 않다. 당령 적합도란 환경에서 요구하는 업무 적합도를 검사하는 것이다. 만약 환경 적합도가 떨어지면 자기가 하고 싶은 대로 하면 된다. 하고 싶은 걸 하고 살 건지, 환경에서 요구하는 걸 하고 살 건지? 나에게 적합하게 해야 하나, 손님에게 적합하게 해야 하나? 환경에 적합하게 살라는 것은 명리학다운 말이다.

當令의 相生식이 안 되면 내가 하고 싶은 일을 하면 된다. 그럼 내가 환경 적합도가 없으니 내가 할 일을 타인이 해주면 된다. 이 사주는 복이 많다. 내가 해야 할 일을 타인이 해주기 때문이다. 이 사람은 불평불만도 많다. 내 할 일을 남이 해주기 때문이다. 배려를 받는 사람은 불평불만이 많고, 배려하는 사람은 불평불만은 없는 법이다. 이 사주도 당령 적합도가 있다. 그럼 꾸준히 노력하는 사람이다.

(2) 효과
① 辛壬 도세(陶洗) 효과가 있어야 한다.
② 戊壬 제방(堤防) 적합도 있어야 한다. 환경 적합도이다. 환경에 맞추지를 않는다. 그럼 자기에게 맞춘다는 의미다.

③ 引丁 인화(引火)는 甲丁이다. 아주 뛰어나다. 그러나 이 사주를 칭찬해줄 수가 없다. 자기계발을 할 것이 아니라, 타인에게 서비스해야 칭찬을 받을 수가 있는 것이다. 春分 이전은 水生木을 잘하면 칭찬받을 수 있다. 秋分 이후는 金生水를 잘해야 한다. 金生水를 하지 않으면 활용은 하지 않고 배우기만 하려고 할 우려가 있다. 남자가 그러면 책임에 대한 문제가 발생한다.

壬寅年은 현장 도세(陶洗) 運에 왔다. 이 사주는 아무것도 하는 일이 없으니 病藥이 발생하지 않는다. 금한수냉(金寒水冷)도 안 되고, 수다금침(水多金沈)도 안 되고, 금다수탁(金多水濁)도 안 되고, 방파제 효과도 없다. 아무것도 없다. 인화(引火)와 벽갑(劈甲)은 잘한다. 벽갑(劈甲)이 있으면 자격조건을 갖추었다는 뜻인데, 戌月은 벽갑을 하지 않아도 된다. 劈甲은 午未申酉月에 필요한 것이다. 그럼 劈甲이란 용어를 빼고는 병약(病藥)이 없다.

효과 부분이 고장 나야 병약이 생기는 것이다. 집이 무너지려면 집이 있어야 무너지지, 집이 없으면 무너질 것이 없다. 효과가 발생하려고 애를 썼을 때 병약이 나타나는 것인데, 효과가 없는데 병약이 나오지 않는다. 이 사주는 효과가 있는 일을 하지 않으니 인생에 피해가 없다. 우환이 없는 인생이다. 병약이 없으면 혼란을 틈타 이득을 취할 기회가 없다. 기묘하지 않은 평범한 사주다. 병약용신이 없으면, 혼란을 틈타서 취해야 하는데 하지 않는다. 병약(病藥)에 걸리면 난세(亂世)에 휩쓸리고 혼란한 상황에 휩쓸리게 된다. 병약이 없으면 난세가 와도 남의

집 일이지, 자기 일이 아니다. 옆집 남자는 구조조정으로 쫓겨 나는데, 우리 집 남편은 쫓겨나지 않는 것을 말하는 것이다.

그런데 병약용신이 있으면 위기 상황에서 독특하게 자기만 살아남는 것이다. 병약(病藥)이 없는 것이 더 좋겠지만, 병약이 있는데 해결하지 못하면 높이 올라가려다가 떨어져 죽어버린다. 그런데 병약이 없으면 꾸준하게 평지만 걸어가니 안전하다. 어느 게 더 좋은지 모르지만, 45세 이전에는 병약(病藥)이 있고 이걸 해결하느라 노력하면 좋겠지만, 50이 넘으면 아무 일도 없는 것이 최고라 생각한다. 위 사주는 병약(病藥)이 없다.

이 사주는 丁辛도 되고, 甲丁 木生火도 되니 가격이 비싼 사람이다. 그럼 할 일이 온다 해도 싸구려 일이라고 하지 않을 수도 있다. 만약 丁辛만 있으면 좋은데 甲丁辛이 되었으니 자기가 비싼 인물이니 싼 일이라 하지 않을 수가 있다. 남을 시켜서 해도 된다. 여하튼 일거리가 온다. 오더가 온다는 것이 사실이다. 생존력을 보강할 운세가 온다는 것이다.

8) 亥子月令의 임상

丁丙己辛 乾
酉申亥未 7

(1) 當令상생식: 辛壬甲이다.

① 辛壬은 알맞게 잘 된다. 때에 맞추어서 능력을 잘 갖춘다.

② 壬甲은 잘 되지 않는다. 運에서 되는 것이다. 활용성은 조금 부족하다. 亥月이니 運에서 甲木이 寅이나 卯가 아닌, 亥卯未가 더 우수하다.

(2) 효과

① 도세(陶洗)인데 金寒水冷인지 봐야 한다. 辛壬이 된다. 금한수냉(金寒水冷)은 안 된다. 이것도 효과다. 영업을 열심히 해야 한다.

② 제방 효과는 戊壬이다. 戊土가 없으니 제방 효과가 없다. 그럼 적합성이 떨어지는 것이다. 辛壬 도세(塗洗)는 잘 되고 적합성은 떨어지니 이런 것이 문제가 된다. 그럼 引火가 있거나 소토(疎土)가 있어야 한다. 甲戊로 疏土를 해야 한다. 이는 장기 거래 고객, 마니아층 확보 등인데 甲木이 없다.

壬寅年 운세는 볼 것도 없이 辛壬을 해야 한다. 그럼 도세(陶洗)를 해야 한다. 배우고 익힌 것을 잘 활용할 때가 되었다는 것이 도세다. 그런데 제방(堤防) 효과가 없으니 적합성이 없으니 불합격이다. 소토(疎土)가 없으니 오라는 곳이 없다. 불합격이다. 합격이 되려면 辛壬이니 합격은 한다. 그런데 戊壬이 아니니 적합한 곳에 합격이 아니니 오라는 곳으로 갈 수는 없고 부적합한 곳으로 합격을 해야 한다. 그러니 정시로 가면 안 된다. 수시로 가야 한다. 甲戊가 없으니 오라는 곳이 없다. 戊壬이 없으

니 적합하지 않다. 辛壬이 있으니 가긴 간다. 그럼 알아서 가야 한다.

病藥까지 하지 말고 효과까지만 하면 된다. 효과를 보려고 하는데 病藥이 발생할 수 있다. 病藥이 발생하면 비로소 힘겨움이 배로 더한다. 그러나 藥이 있으면 힘든 과정을 소화해냈기 때문에 더 큰 효과를 발휘한다. 그런데 病藥이 발생했는데 藥이 없으면 효과를 발휘하려다가 실패를 한다는 의미다. 효과가 크게 발생하는 것도 좋은데, 아예 효과가 없는 것이 나은지도 모른다. 평범하게 사는 것이 더 좋은 것일지 모른다.

調候用神을 해야 하는데 調和와 더불어서 調候를 보는 것이다. 지금까지 임상은 調和를 본 것이다. 調和는 子丑月令의 金生水, 寅卯月令의 水生木, 卯辰月令에 水生木 木生火가 되어야 하지만, 木生火만 잘 되어도 환경에 맞는 것이니 調和가 맞는 것이다. 巳午月令은 水生木보다는 木生火가 되어야 한다. 그러니 조화가 잘 맞으면 '때에 맞추어서 준비하다'인데 일정한 시간 동안 더 많은 것을 하려고 하는 것이 水源이나 引火와 같은 효과다. 더 많이 하려고 하니 病藥이 발생한다. 이것은 조화(調和)를 공부한 것이고, 지금부터 조후(調候)를 해야 한다.

※ 조후용신(調候用神)보는 법
水火는 자기가 자기에게 협조를 하나 보는 것이고, 木金으로 사람 사이에 협조는 하고 사는가 보는 것이 調候用神을 보는 것

이다. 水火는 자기가 자기에게 협조를 해야 하고, 木金은 남과 더불어서 협조가 벌어지나 보는 것이다.

 가령 亥子月令에 출생해서 天干에 壬水가 없으면 戊土가 필요 없다. 亥子丑에 금한수냉(金寒水冷)이 되었으면 丙火가 필요하다. 만약 丙火가 있으면 희망을 품을 텐데 丙火가 없으면 희망을 품지 않으니 내가 나에게 협조를 하지 않는 것이다. 희망을 꺾어버리니 남이 나를 인도해서 희망을 주어야 한다. 그러려면 甲木이나 寅이 있어야 한다. 庚金이나 申金이 있으면 남이 나에게 절망을 주는 것이다. 그것이 살리는 방법이다. 희망을 주어서 살리는 방법도 있지만, 절망을 주어서 살리는 방법도 있다. 절망이 희망이 되는 것이다. 調和가 맞지 않으면 調候는 보나마나다. 조화가 맞는데 庚金이 있으면 희망이 아니라 절망이다. 누가 나를 도와주려고 오면 잘 살까? 누가 나를 죽이려고 쫓아오니 도망 다니다가 보니 잘 살까? 이것도 調候다. 申金이 아닌 것이 다행이다. 甲木의 정반대는 庚金이고, 寅의 정반대는 申이다. 절망적 사실이 도착하면 調候用神이 된다. 當令 用神 상생식은 調和를 맞추는 것이라 그것을 벗어날 수 없지만, 調候用神을 믿으면 통변이 된다. 寅이나 申은 運에서도 調候用神 역할을 한다.

 임상 연습에서 조화(調和)를 한 것이다.
 子丑月令의 조화가 잘 맞으려면 金生水 辛癸, 寅卯月令은 癸甲, 卯辰月令은 癸乙만 가지고는 되지 않는다. 乙丙을 하지 않으면 癸乙을 하지 않는다. 巳午月令은 乙丙이라 한다. 癸乙하는 것보다 더 잘 맞는다. 앞으로도 卯辰月令은 癸乙만 해서 되지 않고 乙丙까지 해야 한다. 그러니 자기계발을 열심히 하는 것보다 환경에 적합하게 계발하는 것이 중요하다.

午未月令은 乙丁이다. 甲丁 木生火도 괜찮다. 申酉月令은 丁己庚인데 丁庚이다. 그럼 조화가 잘 맞는다. 酉戌月令은 金生水를 해야 火剋金을 하는 것이다. 그냥 火剋金을 하는 것이 아니다. 亥子月令도 金生水다. 그러니 亥子丑의 金生水, 巳午未가 木生火라고 말하는 것이다. 그래야 調和가 잘 맞는 것이다. 調和가 잘 맞아야 환경에 적합하다. 當令 相生식으로 하니 환경 적합도가 나오는 것이다. 그런데 그냥 넘어가지 않고 當令 상생식(相生式)을 하는 이유는, 나중에 이도(異道)가 되나 안 되나 보기 위해서 當令 상생식을 하는 것이다.

여덟 개 중에 세 개가 있었다.
卯辰 巳午月令에 乙丙해야 하는데 甲丙이 두 개가 나왔다. 이는 甲丙이 아니라 癸甲이다. 그런 사주는 乙丙으로 살려고 하지 않고 癸甲 當令식으로 살려고 한다. 환경에 맞춘 적합도 보다는 자기 적합도로 자기 자격증을 따려고 하는 것이다. 그런 것을 보기 위해서 當令 상생식을 하는 것이다. 當令 적합도가 자기 當令의 적합한 것보다 天干에 透干되었는데, 다른 當令의 적합한 것이 있으면, 當令적합도가 다른 當令으로 바뀐다.

이를 자평명리학에서는 희기(喜忌)로 나누어서 설명했는데, 적합도가 저쪽에 있으면 저쪽에 맞추어서 살면 되는 것이다. 가령 酉戌月令에 태어났는데 辛壬은 하지 않고 甲丁을 열심히 한다면, 그럼 寅卯月令에 적합한 것이다. 甲이니 癸甲에 맞는 것이다. 그럼 酉戌月令이란 理科에 살면서 하는 짓은 寅卯月令 말과 글로 바꾼 것이다. 甲丁이 癸甲으로 바뀌었다. 모든 것을 當令식으로만 따져라. 사람들이 다 정상적으로 태어나지는 않는다. 그러나 환경은 변하지 않는다. 본 계절의 當令식보다 재능은 많이 떨어지긴 하지만 효과는 있다.

9) 酉戌月令의 임상

戊甲庚丁 坤
辰寅戌巳 5

甲木이 甲丁이 있다. 그런데 寅卯月令의 甲丁으로 쓰인다. 地支에 寅을 달고 왔기 때문에 癸甲으로 쓰인다. 그러니 酉戌月令의 當令에서 癸甲 當令을 활용할 수 있다는 것이다. 그럼 이건 지식이 아니다. 酉戌月令의 癸甲은 기술이다. 활자판 만들고 글자를 만드는 것은 기술이다. 이것이 甲丁이니 기술이다. 이것이 癸甲이다. 사주에 있어야 하는 것이다. 한번 어려움을 극복하면 그 효과는 평생 간다. 고등학교 졸업하면 학적부가 있으니 運이 지나가도 졸업한 것이다. 運이 지나간다고 없어지는 것이 아니다.

癸甲 乙丙 丁庚 辛壬만 있으면 누구나 말할 수 있는 것이다.

四時의 相生식이다. 巳午月令은 乙丙인데 卯辰巳午도 乙丙이다. 卯辰月은 癸乙丙이고, 巳午月令은 乙丙庚이다. 둘을 합쳐서 90일간이면 그냥 乙丙이다. 그럼 巳午月에 乙丙庚 중에 乙丙해야 때에 맞는 것이고, 丙庚은 파급 효과가 좋은 것이다. 그런데 乙丙이 안 맞거나 丙庚이 안 맞을 수가 있다. 그러나 乙丙이 맞다고 해도 天干에 甲丙이 되거나, 天干에 丙庚이 아니라 丙辛이 될 수도 있다. 그럼 甲丙이면 甲丙으로만 보이면 안 되고 癸甲으로 보여야 한다. 丙辛이면 辛壬으로 보여야 한다. 그래야 丙庚의 파급 효과를 그 자리에서 하지 않고 辛壬으로 가서 하는구나, 하는 것이 보여야 한다.

子丑月令은 辛癸甲이지만, 天干에 丁火가 올라가면 丁庚이 생각나야 한다. 午未月令에 乙丁庚인데 辛金이 있으면 辛壬을 생각해야 한다. '내가 활용하는 것은 시장에 있구나' 생각하는 것이다. 丁庚은 지식보다는 기술을 해야 한다. 그럼 테크닉이 있어야 한다. 丁火는 생각보다는 숙달을 많이 해야 한다.

子丑이면 癸甲을 해야 한다. 運과는 아무 관계가 없다. 乙丙에 甲木이 있으면 乙丙이니 벌어진 상황에 맞추란 뜻인데, 甲木이 있으면 癸甲을 하니 甲木에 맞추어야 한다. 그럼 癸甲의 배운 대로 해야 하고, 乙丙의 벌어진 상황대로 하면 안 된다는 뜻이다.

亥月에 태어나서 辛壬이 잘 된다면 원래 생긴 대로 팔면 되는데 庚金이 天干에 透干되었으면 잘 팔리는 것보다는 똑똑하고 싶은 것이다. 그럼 庚金이 가서 丁庚을 실제로 하게 되는데 실패 확률이 매우 높다. 이는 病藥으로 보는 것이다.

子丑月令이 辛癸甲인데 辛癸가 되어 있으면 적합도가 있다. 그런데 사주에 丙火가 투간되었으면 乙丙이다. 그럼 공부를 하기보다 서비스 환경에 살고 있다는 것이다. 그럼 공부한 걸 가지고 서비스를 하는 것이다. 원래는 공부하는 것이 좋은데 서비스로 벌여놓은 것을 해야 한다는 것이다. 乙木까지 있으면 乙丙을 하는 것이다. 내가 내 마음을 알고 싶은 게 辛癸甲인데, 乙丙庚은 내 마음이 아니라 남의 마음을 알아주어야 한다. 그럼 그렇게 하고 있는 것이다. 天干에 뜨면 마음이 가니 무조건 하게 되는 것이다. 庚金이 있으면 丁火가 없어도 하는 것이다. 단지 잘하지 못할 뿐이지 하게 되는 것이다. 그런데 病藥에 걸리게 되면 가짜가 나오고 과장 광고가 나오고 하는 것이다.

調和가 이지러지면 中和를 맞추어야 한다. 이를 病藥用神이라 한다. 調和가 잘 맞으면 調候用神이라 한다. 當令의 相生식은 업무 적합도 효과이다. 當令에 맞지 않으면 환경에 맞추는 것이 없으니 자기가 하고 싶은 걸 하는 것이다. 그럼 개인의 행복도는 최고이다. 그러나 옆에서 보면 쓸모없는 일을 하는 것으로 보인다. 當令의 적합도는 환경에 맞게 업무를 개발하고, 환경에 맞게 생활하는 것이다. 여기에 효과란 病藥이 들어 있는 것이다. 그럼 때에 맞는 업무 적합도 개발이라 한다. 그러니 효과가 세 개씩 들어간다. 조화가 맞지 않으면 중화를 맞추러 가야 한다.

그럼 中和가 맞지 않으면 자기가 자기에게 맞추어 개발하는 것이니 환경에는 맞지 않는 것이다. 그런데 當令에 맞는 사람들이 當令에 맞지 않게 행동하는 사람들을 도와주어야 한다. 항상 맞게 행동하는 사람은 맞지 않게 행동하는 사람들을 보살펴주어야 한다. 그러니 맞지 않게 행동하는 사람들은 타인들이 세금을 내어서 자기를 먹여 살린다는 뜻이다. 특히 天干에서 조화가 맞는 사람들은 재능으로 먹여 살려야 한다. 그러니 더 힘이 든다. 그러니 조화가 맞는 것보다 맞지 않는 것이 더 좋은지 모른다. 그런데 남자 사주에 조화가 맞지 않으면 조화가 잘 맞는 부인을 만나게 된다.

當令 相生식이 맞지 않는 사람은 분명히 옆에 있는 사람이 맞으니 가족이나 배우자가 반드시 맞추게 되어 있다. 當令 相生식이 있으면 환경에 적합하게 행동하니 일단 좋은 것이다. 여기에 효과까지 있으면 특기까지 갖추는 것이다. 그러나 특기를 갖추려다가 病藥이 발생하면 잘못되는 것이다.

그럼 調候用神에서 水火는 내가 나를 조율하다. 木金은 타인의 인도를 받아 내가 조율을 받는다는 뜻이다. 그런데 둘 다 없으면 나도 나를 조율하지 못하고, 타인도 나를 조율할 수 없으니, 내가 내 마음에 들지 않고 다른 사람이 하는 짓도 내 마음에 들지 않는다. 그러니 내가 내 마음에도 들지 않지만, 다른 사람이 원하는 대로 하고 싶지도 않다. 當令 상생식이 맞는 사람은 病藥이 발생한 사람이 혹시 무슨 말썽이라도 일으킬까 몰래몰래 눈치를 보는 것이다. 그들이 속을 썩이지 않도록 미리미리 도와주어야 한다.

亥子丑이 丙火가 없으면 자기가 자기 스스로를 조율하지 않는다. 그런데 甲이나 寅이 없으면 상대가 나를 조율해주지도 않는다. 그러니 내가 내 마음에 들지 않고, 남들이 하는 짓도 내 마음에 들지 않으니 문제아가 될 수 있다. 그럼 무언가 속을 썩이거나 사고를 칠 우려가 있는 사람이 된다. 조현병 환자가 될 가능성이 있는 사람이다. 그러니 사고를 치지 않게 도와주어야 한다.

天干에 庚金이 있거나 甲木이 있는 사람들은 다른 사람들의 조화가 이지러졌을 때, 중화를 맞추는 데 필요한 역할을 하는 사람이 된다. 調和가 이지러졌으면 중화를 맞추어야 하는데, 中和를 맞추는 데 필요한 사람이 되는데 이는 甲木과 庚金 때문에 그런 것이다. 當令 相生식이 있는 상태에서 病藥이 나오는 것이 아니라 효과를 보려고 할 때 나오는 것이다.

丑月은 辛癸甲인데 이는 그냥 相生식이다. 그런데 金生水로 水源을 많이 하려고 하면 그것이 病藥이다. 癸甲丙이 병약이 아니라 木生火를 더 많이 하려고 할 때 病藥이 되는 것이다. 相生식에는 病藥이 나오지 않는다. 相生식이 성립되면 잘못되는 것이 하나도 없다.

當令 相生식이 있고 病이 있는 사람보다, 相生식이 되지 않는데 자기 일을 하고 싶은 사람이 남의 속을 더 썩인다. 본인은 자기가 남의 속을 썩이는 줄 모르는 것이다. 자기는 죽자고 열심히 했는데 남들이 자기를 몰라준다고 한다. 當令 相生식이 되지 못한 사람이 다른 사람을 보면 그 사람이 자기 속을 썩이는 것으로 생각한다. 자기 자신은 열심히 했는데 아무도 자기를 알아주지 않는다고 생각한다. 그러니 주변 사람이 자기 속을 썩이는 것으로 생각한다.

그리고 病藥이 걸릴 수 있는 조건이 너무 많은데, 가령 巳午月 숙의 乙丙인데 辰中의 乙木이거나 亥子月숙의 辛金인데 戌中에 辛金이라면 일단 病藥에 걸린 것이다. 이런 것을 나중에 확대해석할 때 반드시 필요한 내용이다.

그리고 寅卯月숙에 癸甲丙인데 癸水가 다른 곳에는 없고, 丑中의 癸水로 되어 있다면 病藥에 절대 걸릴 수가 없다. 土生金 金生水으로 土剋水이니 일단 효과가 있다. 그러나 丙火가 없으면 경쟁이 치열하니 정말로 혹독한 고생이다. 효과를 보려고 크게 벌여놓았으니 참혹하다고 한다. 病藥이 아닌 것도 이렇게 삶이 어렵다.

辰中의 乙木이나 戌中의 辛金으로 當令 相生식을 한 것에 비해 열배 백배가 더 참혹하다. 아무것도 하지 않고 가만히 있는 것과 하고 나서 실패한 것은 완전히 다르다. 그러나 억울한 것은

戌中의 辛金이 金生水 하거나, 辰中의 乙木이 木生火 한 것이 훨씬 더 억울하다. 왜냐하면 노력을 조금 해서 안 된 것이 아니라 엄청난 노력을 했으나 이루지 못한 것이기 때문에 억울한 것이다.

그리고 노력을 많이 하지 않은 사람도 억울하다. 왜냐하면 실제 노력은 조금밖에 안 했지만 자기는 많이 했다고 생각하기 때문이다. 반대로 노력을 많이 한 사람은 내가 조금만 더 노력했으면 하는 아쉬운 마음 때문에 안타까운 것이다. 명리학의 감성의 차이란 것이 있는데 이 감성의 차이가 엄청난 것을 알아야 한다.

사람이 억울한 것은 자기는 열심히 했는데 한 것이 없다고 하니 얼마나 억울한가? 水源과 引火를 통해 노력했는데 안되었다. 水源과 引火는 노력은 했는데 안되었다. 발생(發生)과 도세(塗洗)가 안 되었으니 안된 것이다. 그러나 이 사람이 실패하면 어디에서 무엇을 하든 다시 재기할 수가 있다. 그런데 노력을 조금밖에 하지 않아 실패한 사람은 매우 억울한 것이다. 이 사람은 어디에 가서도 성공할 수가 없다. 감기에 걸려서 병원에 간 것과 코로나에 걸려서 병원 간 것은 내용이 다르다. 작은 일을 하다가 무슨 일이 있으면, 작은 일에도 큰일이 난 것이다. 큰일을 하다가 실패해본 사람은 웬만한 일이 생기더라도 큰일이라 생각하지 않는다. 몸살이 나더라도 하룻밤 자고 나면 회복되는 것처럼 대수롭지 않게 생각하는 것이다.

맺는말

　내일 무슨 일이 일어날지 참 세상일은 모를 일이다. '들어가며'에서 나의 병에 대한 신세를 한탄했는데 예고 없이 정말 갑자기 천사가 나타나서 나에게 건강한 폐(肺)를 주고 먼 길을 떠나셨다. '떠난 분에게는 고맙고 죄송한 일이지만 이렇게 살길을 열어주는구나' 하며 수술실로 들어갔다. 폐(肺)이식 수술을 마친 후 무언가 순조롭지 못해서 기관절개를 하고 인공호흡기를 삽입하는 등 약 12일간 혼수상태에 있다가 깨어나서 중환자실에서 3일을 더 치료하며 무사히 일반병실을 거쳐서 퇴원할 수 있었다. 28일에 걸친 삶과 죽음의 문턱에서 결국 이겨내고 고통의 대장정이 마무리되었다고 생각했는데, 문제는 15일 동안 중환자실에서 꼼짝하지 못하고 스테로이드 등 독한 약품에 취해 있다가 보니 사지(四肢)의 근육이 거의 사라져버린 것이었다. 지금부터 재활훈련을 통해서 열심히 근육(筋肉) 만드는 운동을 시작해야 한다. 그러나 책을 쓰기 시작할 때 나의 비관(悲觀)된 모습과 마무리 글을 쓰는 지금 나의 희망적인 모습이 꿈을 꾸는

듯 신기하다. 희망의 무지개를 보았다. 감사하다. 모든 것이 감사하다. 제2의 인생을 다시 시작해보자.

명승재(命承齋)에서
도경 김문식